Nationalpark Eifel

Der Erlebnisführer für die ganze Region

von

Ulrike Schwieren-Höger

ISBN 978-3-934123-04-3

www.eifel-verlag.de
Eifel-Verlag ist ein Imprint im Gaasterland-Verlag
www.gaasterland-verlag.de

Der Verlag dankt Michael Wolff-Dellen
für seine ambitionierte Fotografie.

I. Hinter den Kulissen des Nationalparks

II. Die Landschaft und ihre Spezialitäten

III. Nationalpark für Kinder und Jugendliche

IV. Die acht schönsten Kurzwanderungen

Vorwort

Lust auf Natur? Dieser Natur- und Kulturführer bringt Sie an die schönsten Punkte des Nationalparks Eifel – mit Texten und Bildern, die Neugier wecken auf ein Stück wieder entstehender Wildnis in Deutschland. Die acht vorgeschlagenen Wanderungen sind bewusst kurz, zeigen aber die malerischsten Winkel. Reportagen erläutern, welche Ideen umgesetzt werden, um das Motto zu erfüllen: „Natur Natur sein lassen."

In eigenwilligen Porträts werden die Städte und Gemeinden rund um den Nationalpark vorgestellt. Sie zeigen: In diesem Gebiet hat die Geschichte seit Jahrtausenden ihre Spuren hinterlassen.

Ungezählte Tipps und Empfehlungen führen zu Burgen, Schlössern, Klöstern, Museen, Wildparks und Freizeitvergnügen in einem uralten Kulturland.

Hinter den Kulissen des Nationalparks

Am Gängelband der Ranger?

Von der Idee zur streng geschützten Landschaft

Der Wald soll den Menschen vergessen: Ein Stück Wildnis entsteht in Deutschland.

Dieser Wald ist groß, und unser Labrador-Welpe will laufen. Ein wenig ängstlich ist er und stets darauf bedacht, in unserer Nähe zu bleiben. „Da können wir die Leine mal weglassen", denken wir, und der kleine Schwarze trabt brav nebenher. Ein Autogeräusch schreckt uns auf. Schon lenkt eine freundlich-lächelnde Försterin auf uns zu. Nett, aber bestimmt weist sie darauf hin, dass im Nationalpark auch Welpen an die Leine gehören. Immer.

Wir sind in der Nähe von Wolfgarten, und hier waren wir schon hunderte Male, immer mit Hund, manchmal ohne Leine. Wir ärgern uns: „Perry verrichtet höchstens sein Geschäftchen. Dient es dem Naturschutz, wenn Sie sonntags morgens im Auto durch den Wald fahren?" - „Ich bin angerufen worden. Hier soll ein Reh verletzt liegen. Ich muss eine Nachsuche machen", sagt sie....

Seit vor fast 60 Jahren zum ersten Mal vom „Nationalpark Eifel" die Rede war, sind viele Diskussionen dieser Art geführt worden – nicht nur über die Anleinpflicht. Die einen fürchteten, ihre vertrauten Wege nicht mehr zu finden; andere glaubten, nur noch am Gängelband der Ranger in den Wald marschieren zu dürfen, die meisten bangten, kein Holz mehr im Wald sammeln zu können oder wollten partout auch weiterhin überall Pilze suchen gehen. Es gab sogar Stimmen, die verteidigten das Recht auf Gesang im tiefen Tann.

Die Bürgermeister der anliegenden Gemeinden dachten laut darüber nach, ob der Nationalpark dem Tourismus eher schadet oder nutzt.

Erstaunlich, dass trotz aller Kontroversen die Idee, in der Eifel den ersten Nationalpark Nordrhein-Westfalens und den 14. in Deutschland einzurichten, sofort nach der Gründung am 1. Januar 2004 von vielen unterstützt wurde: Der Förderverein konnte aus dem Stand rund 350 Mitglieder zählen. Der Regierungspräsident, die Kreisvertreter und Bürgermeister, die Naturschutzverbände, Vereine und Bürger beteiligten sich rege am Aufbau des Projekts: Der Nationalpark Eifel ist der erste in

Das künftige Wegenetz stand im Mittelpunkt heftiger Debatten: Selbst Wege auf dem ehemaligen Truppenübungsplatz Vogelsang, die 60 Jahre lang überhaupt nicht betreten werden durften, waren umstritten.

Deutschland, der atlantisch geprägte Buchenwälder in Mittelgebirgslage auf sauren Böden unter Schutz stellt. Vereint in dieser Idee, schmücken sich die Orte Heimbach, Hellenthal, Hürtgenwald, Kall, Mechernich, Monschau, Nideggen, Schleiden, Simmerath und die Landkreise Aachen, Düren und Euskirchen stolz mit dem Titel „Nationalparkort".

Auf einer Fläche von 110 Quadratkilometern, die gern mit 15.000 Fußballfeldern beschrieben wird, heißt es fortan

„Natur Natur sein lassen". Auf wirtschaftliche Nutzung des Waldes wird verzichtet. Im Klartext heißt das: Hier soll in den nächsten hunderten von Jahren wieder ein „Naturwald" entstehen, der in weiten Teilen den Menschen vergessen hat. Knorrige Eichen, riesige Buchen, klare Bäche, Totholz und abgelegene Felsen sind Zufluchtsstätten für gefährdete Tier- und Pflanzen-Arten.

Die Idee, die Wunder der Natur zu bewahren, damit auch nachfolgende Generationen sich an ihnen erfreuen können, umspannt die ganze Welt: Das erste Schutzgebiet wurde 1872 mit dem Yellowstone-Nationalpark in den USA gegründet. Deutschland hinkte lange hinterher und trat erst 1970 mit dem Nationalpark Bayerischer Wald ins Rampenlicht.

Nicht jedem gefällt die Idee: Hunde müssen an die Leine.

Ob an den Pleschtschejowo-Seen in Russland, im kanadischen Banff-Nationalpark, im schwedischen Nationalpark Sarek oder eben im frisch gekürten Nationalpark Eifel: Allerorts jongliert die Verwaltung mit zwei Bällen: Einerseits unterliegt sie dem Gebot, den strengst möglichen Naturschutz umzusetzen; andererseits will sie den Tourismus fördern. Der Leiter des Nationalparkforstamtes Eifel, Henning Walter, zitiert dafür gern mal ein altes indisches Sprichwort: „Tourismus ist wie Feuer. Man kann die Suppe damit kochen, aber auch das Haus abbrennen. – Wir werden uns bemühen, die leckere Suppe Nationalpark Eifel durch ein intelligentes Konzept zur Besucherlenkung naturverträglich genießbar zu machen."

In vielerlei Angeboten wird dem werten Gast auf sorgsam ausgewählten Wegen der typische Wald Mitteleuropas vorgestellt: Die Rotbuche spielt darin die Hauptrolle. Sie gedeiht bestens auf saurem Boden in Mittelgebirgslage, typisch für die Eifel, und wird nach und nach die „Preussenfichte" verdrängen, die im 19. Jahrhundert geholfen hat, die Ödlandflächen rasch wieder zu bewalden.

Im Norden des Nationalparks bietet sich bereits ein gewünschtes Bild: Auf 30 Quadratkilometern wachsen naturnahe Laubwälder mit bis zu 200 Jahre alten Buchen und Eichen weitgehend ohne Eingreifen des Menschen. Bis 2034 sollen diese Flächen auf 75 Prozent des Nationalparks ausgeweitet werden. Um dieses Ziel zu erreichen, wird mit Argwohn die aus Nordamerika stammende Douglasie beobachtet und reduziert, denn sie ist in der Lage, heimische Baumarten zu verdrängen. Auch die Fichte hat keine Zukunft. Sie wird in weiten Teilen dem gefräßigen Borkenkäfer überlassen.

Herzstück des Nationalparks ist der Kermeter, die Gebiete um die Urfttalsperre und auf dem ehemaligen Truppenübungsplatz Vogelsang, der auf seinen rund 3.300 Hektar freie Blicke über die einzigartige Wald- und Wasserlandschaft bietet. Dass hier Landwirte das Land pflegen dürfen, hat Vorteile für das nährstoffarme und artenreiche Grünland. Zudem kann in der Nähe von Dreiborn tagaktives Rotwild in freier Wildbahn beobachtet werden – wenn es sich denn zeigt.

Mehr als 1.400 gefährdete Pflanzen- und Tierarten finden im Nationalpark ihre Rückzugsgebiete. Neben botanischen Schönheiten wie Bärwurz, Wilde Narzisse, Geflecktes Knabenkraut, Englischer Ginster und Wacholder gilt das Interesse der Tierwelt: Wildkatze, Biber, Uhu, Wespenbussard, Eisvogel, Schwarzmilan, Mittelspecht und verschiedene Fledermausarten; sie alle sind heimisch im Nationalpark, wenn auch scheu – und wie im Falle der Wildkatzen – oft nur mit versteckten Kameras sichtbar.

Diese einzigartige Verbindung von Wald, Wasser, Pflanzen und Tierwelt wird mit Programmen und Wanderungen erschlossen. Nationalpark-Ranger und Waldführer mühen sich, die Besucher mit der Wildnis am Wegesrand vertraut zu machen. Der Zustrom könnte gewaltig werden: In drei Fahrtstunden ist der Nationalpark Eifel mit den Ballungsräumen Rhein-Ruhr, Aachen-Maastricht und Rotterdam verbunden: 20 Millionen Menschen sind in einer Tagesreise in der Eifel. Und schon die ersten Jahre zeigen: Die Angebote finden Anklang. Die Nationalpark-Tore konnten allein 2011 rund 260.000 Besucher anlocken und rund 40.000 nahmen an Rangertouren oder anderen Naturerlebnis- und Umweltbildungangeboten der Nationalparkverwaltung teil. Seit Eröffnung haben mehr als eine Millionen Gäste die Nationalparktore besucht.

Diese Zahlen zeigen, wie viel Logistik, wie viel Planung und wie viel Abstimmung erforderlich ist, um das Ziel in Jahrzehnten Wirklichkeit werden zu lassen: Der Natur ihr Recht zurückzugeben und den Menschen ihre Schönheit zu zeigen: Auch wenn dafür das eine oder andere Gebot beachtet werden muss.

Glitzerndes Refugium: Innige Verbindung von Wasser und Wald

Zahlen und Fakten zum Nationalpark Eifel

Größe: 11.000 Hektar zwischen Nideggen im Nordosten und der deutsch-belgischen Grenze im Südwesten.
Höhenunterschiede: Zwischen 200 Metern in den Tälern und 630 Metern in den Hochlagen.
Charakteristik: Die Rur durchzieht seit rund 10.000 Jahren das Gebiet. Der Fluss entspringt im belgischen Hohen Venn, fließt nach Osten und schließlich im Norden in die Maas bei Roermond. Neben der Rur prägen die Nebenflüsse Urft und Olef die Region. Das Landschaftsbild wird von Hochplateaus bestimmt, die durch die Flüsse tief eingeschnitten sind.
Vegetation: Auf den tiefgründigen, überwiegend sauren Böden der Hochgebiete sind die Schatten liebenden Rotbuchen zahlreich in Gesellschaft mit der Hainsimse oder dem Waldmeister vertreten. An sonnigen Hanglagen wachsen Eichen und Hainbuchen in Gesellschaft mit dem Labkraut. In Schluchten finden sich artenreiche Edellaubmischwälder. In den Talauen gedeihen Erlen, Weiden und Birken. Die Wiesen sind mit einer bunten Flora überzogen: Hier wachsen unter anderem wilde Narzissen und Bärwurz. Auf Felsvorsprüngen sind Moose und Farne heimisch. Auf den Offenlandflächen im Bereich der Dreiborner Hochfläche wachsen Ginster und Brombeere. Nach und nach werden hier Birke und Weide folgen.

Schönheiten in einsamer Lage: Wo der Eichenwald endet, sprießt der Ginster.

Seltene Pflanzen: Hirschzunge, Narzissen, Geflecktes Knabenkraut, Bärwurz, Englischer Ginster, Habichtskraut, Wolliger Schneeball, Deutsche Hundszunge, Mandelblättrige Wolfsmilch, Guter Heinrich.

Seltene Tiere: Wildkatze, Mittelspecht, Rotmilan, Schwarzstorch, Mauereidechse, Kolkrabe, Uhu. Insgesamt zählt der Nationalpark rund 6.200 registrierte Tier- und Pflanzenarten; davon über 1.400 gefährdete..

Meteorologie: Im Süden Niederschläge zwischen 900-1200 mm im Jahresmittel; im Bereich Heimbach zwischen 600-800 mm. Die mittlere Jahrestemperatur liegt bei 6,5 °C in den Niederungen. Vegetationsperiode bei Wahlerscheid: Rund 130 Tage im Jahr; bei Nideggen im Norden rund 150 Tage. Vorwiegend herrscht atlantisches bzw. subatlantisches Klima: Westwinde streifen über die Rureifel und bringen feuchte und kühle Luftmassen.

Nationalparkgemeinden rund um den Nationalpark:
Heimbach, Hellenthal, Hürtgenwald, Kall, Mechernich, Monschau, Nideggen, Schleiden und Simmerath

Nationalpark-Tore: Als zentrale Anlaufstellen für Besucher wurden fünf Nationalpark-Tore (in Heimbach, Monschau-Höfen, Simmerath-Rurberg, Schleiden-Gemünd und Nideggen) mit jeweils eigenen Informationsschwerpunkten eingerichtet.

Nationalpark-Infopunkte: Diese Einrichtungen informieren in Bad Münstereifel, Kall, Hellenthal, Hürtgenwald-Zerkall, Marmagen, Mechernich und in seinen Ortsteilen Firmenich und Kommern, Monschau, Nettersheim, Roetgen, Schleiden, Nideggen-Schmidt und Simmerath-Einruhr über die Eigenheiten und Attraktionen des Nationalparks.

Ist der Mensch ein Störfaktor?

Interview mit Diplom-Forstwirt Dr. Michael Röös über den Konflikt zwischen Naturschutz und den Interessen der Besucher

Frage: Herr Dr. Röös, seit Gründung des Nationalparks ist viel passiert: Um ein Netz von 240 Kilometern Wanderwege zu schaffen, wurden vertraute Pfade geschlossen; andere – vor allem auf dem früheren Truppenübungsplatz – geöffnet. Hunde müssen konsequent an der Leine geführt werden, und es ist verboten, Pilze und Früchte im Wald zu sammeln. Wie sind diese Maßnahmen in den letzten Jahren aufgenommen worden?

„Wir müssen Ruhezonen schaffen": Diplom-Forstwirt Dr. Michael Röös

Dr. Röös: Ein Auftrag der Nationalpark-Verordnung ist es, Ruhezonen zu schaffen, in denen der Wald, aber auch die Tiere ungestört sich selbst überlassen sind. Nach jetziger Kenntnis leben im Nationalpark mehr als 1.400 gefährdete oder vom Aussterben bedrohte Arten. Wir benötigen dringend Refugien wie die Nationalparke, in denen die Natur Vorrang hat. Dass dies nicht unter Ausschluss der Menschen erfolgt, ist eine Voraussetzung für die Anerkennung eines Nationalparks. Wir sind bemüht, ein Gleichgewicht zu schaffen zwischen Naturschutz und dem Erholungsanspruch der Menschen.

Im Großen und Ganzen werden die Schutzbestimmungen respektiert. Wir haben allerdings einzelne Personen, die bewusst und wiederholt gegen Betretungsregeln verstoßen. Es sind oftmals Ortsansässige, die gesperrte Wege gehen und dabei zum Teil auch ihre Hunde frei laufen lassen. Das können wir nicht tolerieren. Sicherlich ist es nicht bei jedem Hund nötig, an der Leine zu laufen. Aber wo wollen Sie die Grenze ziehen? Fest steht: Viele Hunde haben einen Jagdtrieb, und viele Halter haben ihre Tiere nicht im Griff. Wenn wir unserem gesetzlichen Auftrag folgen, der Natur und den Wildtieren einen ungestörten Raum zu geben, müssen wir Einschränkungen, wie z.B. die in der Verordnung festgelegte Anleinpflicht für Hunde, umsetzen.

Das Verbot Pilze und Beeren zu sammeln ist dagegen meiner Einschätzung nach vor Ort weitgehend akzeptiert. Hier müssen wir nur immer wieder im Herbst die Einhaltung des

Pilzsammelverbotes entlang der Bundesstraßen gegenüber von weiter her anreisenden, nicht selten kommerziellen, Sammlern sicherstellen. Die größten Akzeptanzprobleme haben die Menschen vor Ort weiterhin bei der nicht mehr möglichen Eigengewinnung (Selbstwerbung) von Brennholz in den Laubwäldern des Nationalparks. Diese naturschutzfachlich sinnvolle Einschränkung kann bei den vielen mit Holz heizenden Hausbesitzern einfach keine Gegenliebe finden. Für die Akzeptanz des Nationalparks als Wildnisgebiet, das hohe Totholzanteile wie im Naturwald anstreben muss, ist es daher wichtig, dass Brennholz in umliegenden, nachhaltig wirtschaftenden Forstbetrieben gewonnen werden kann. Naturschutzvertreter sollten derartige nachhaltige Nutzungen auch wegen der örtlichen Akzeptanzbildung für den Nationalpark bejahen.

Frage: Gibt es auch ein gutes Beispiel, was die Zusammenarbeit der Bevölkerung mit dem Nationalpark angeht?

Dr. Röös: Ja, wir haben auf der Dreiborner Hochfläche wirklich gute Erfahrungen mit den Landwirten und Schäfern gemacht. Vor Ausweisung des Nationalparks gab es dort mehr als 1.000 Hektar landwirtschaftliche Nutzfläche im militärischen Übungsgelände. Mittlerweile konnten wir dank großem Entgegenkommen der Bundesforstverwaltung, die hier den Eigentümer Bundesrepublik Deutschland vertritt, rund 500 Hektar kostenfrei aus der Nutzung nehmen Über vertragliche Vereinbarungen konnte die Zahl der Mähllandwirte schrittweise auf derzeit 15 zurückgeführt werden. Die Zahl der Haupterwerbsschäfer ging – aus Altersgründen – von vier auf zwei zurück. Beides konnte erreicht werden ohne Proteste bei den ehemaligen Nutzern entstehen zu lassen. Auf den aus der Nutzung genommenen Flächen kann die Natur nun machen, was sie will und wieder Wald entstehen. Eine echte Erfolgsgeschichte für den Nationalpark Eifel und die Wildnisidee. Auf den verbleibenden rund 600 Hektar landwirtschaftlich nutzbarer Fläche in der sogenannten Managementzone auf der Dreiborner Höhe sollen weiterhin charakteristische Tiere des Offenlandes wie Feldlerchen, Neuntöter, Kreuzkröten, Wachteln sowie zahlreiche Schmetterlings- und Heuschreckenarten leben können. Durch naturschutzfachlich optimierte Mahd sollen die Mähwiesen künftig auch auf großer Fläche 50 und mehr typische Grünlandpflanzenarten beheimaten. All dies ist bisher kostenfrei für das Land Nordrhein-Westfalen möglich gewesen, weil die bewirtschaftenden Landwirte und Schäfer dafür Mittel

Blick auf den Obersee

aus dem EU-Agrarhaushalt erhalten. Die Grünlandpflege warf für sie also Gewinn ab. Wir hoffen, dass das so bleibt.

Frage: Welche weiteren Maßnahmen haben Sie in den letzten Jahren umgesetzt, um das Ziel zu erreichen, natürlichen Prozessen mehr Raum zu geben?

Dr. Röös: Was den Nationalpark Eifel von vielen anderen deutschen Waldnationalparken unterscheidet, ist sein Wasserreichtum. Wir registrieren in den meisten Teilgebieten 800 bis 1.200 Millimeter Niederschlag im Jahresmittel. Das ist vergleichsweise viel und führt dazu, dass wir viele Quellen und Bäche haben, die meist ganzjährig Wasser führen. Hinzu kommt die hohe Luftfeuchtigkeit. Unsere Eichen und Bergahorne tragen zum Teil bis zu 30 Flechtenarten an einem Stamm. Zur Zeit sind wir dabei, in dem von der Europäischen Union geförderten Life+-Projekt „Wald, Wasser, Wildnis" zwei Säulen zu bearbeiten: Wir renaturieren an den Fließgewässern und in den Nadelwäldern.

Frage: Wie können wir uns dies konkret vorstellen; beginnen wir mit den Fließgewässern?

Dr. Röös: Wenn Sie irgendwo im Nationalpark einen Bagger sehen, können Sie davon ausgehen, dass wir dabei sind, einem Bach wieder die Rückkehr in seinen natürlichen Zustand zu ermöglichen. Wir prüfen beispielsweise bei allen Verrohrungen unter Wegen, ob sie wieder geöffnet werden könnten. Die Bäche in den NATURA2000-Flächen des Nationalparks sollen bis 2015 barrierefrei sein - von der Einmündung bis zur Quelle. Alles, was die Bachlebewesen behindert, wird beseitigt oder

Der alte Feuerwachturm in Schleiden-Wolfgarten lädt zu weiten Aussichten über den Nationalpark ein: Als einer der 57 Eifel-Blicke ist er mit einer Tafel ausgestattet, die das Panorama erläutert.

barrierefrei umgestaltet. Die Bachforelle z.B. muss ungestört wandern können. Da die ausgewachsenen Fische nicht dauerhaft an den Laichplätzen in den flachen Oberläufen leben können, müssen sie wieder zurück zum Hauptbachabschnitt gelangen. Noch ein weiteres Projekt ist uns wichtig: Der Steinkrebs soll zurück kommen. Er lebt in kleinen Oberläufen. Um ihn wieder in der Eifel anzusiedeln, werden aus Vorkommen angrenzender Gebiete kleine Krebse angezogen. Drei Jahre lang wollen wir an drei Bächen jeweils 300 Tiere aussetzen. Allerdings ist bei Wiedereinbürgerungen ein Scheitern nie auszuschließen: Die Jungkrebse könnten z.B von anderen Tieren gefressen werden.

Frage: Wie sieht es in Punkto Waldflächen aus?

Dr. Röös: Unser Ziel ist es, dass sich auf großer Fläche wieder ein naturnaher Laubwald entwickelt mit dem Schwerpunkt auf der Buche. Um dies zu erreichen, haben wir bereits rund 50 Prozent der nicht im Gebiet heimischen und ausbreitungsstarken Douglasie entfernt. Weitere Bäume werden geringelt; was bedeutet, dass sie stehend absterben und über Jahre für die Natur wertvolles Totholz liefern. Das ist sehr wichtig: Wir wollen erreichen, dass auf den Douglasienflächen etwa fünf Prozent der Bäume als Totholz verbleiben. Der Grund: Viele schützenswerte Waldorganismen sind an alte Wälder mit absterbenden Bäume und viel Totholz gebunden, das gilt auch für Nadelbäume. So sind z.B. die meisten der nach der europäischen Naturschutzrichtlinie NATURA 2000 geschützten Käferarten Totholzspezialisten, die in intensiv genutzten

Wäldern ohne abgestorbene Bäume fehlen. Naturereignisse sind nun einmal nicht immer schön nach den verbreiteten Idealvorstellungen von „aufgeräumten" Kulturlandschaften. Nationalparke sollen aber auch keine „heilen" oder speziellen Naturbilder zeigen. Sie sollen, wo nur irgend möglich, Freiräume für nicht direkt vom Menschen beeinflusste natürliche Prozesse schaffen.

Dort, wo viele Laubbäume sind, überlassen wir dann alles weitere der Natur. Sie soll für die Verjüngung des Laubwaldes sorgen. Wo allerdings noch überwiegend Fichten wachsen, wie z.B. im Süden des Nationalparks, müssen wir diese großflächig entfernen und junge Buchen pflanzen. Dort sind seit 2003 insgesamt 500.000 Buchen gesetzt worden.

Frage: Wie teuer sind derlei Maßnahmen?

Dr. Röös: Aus dem laufenden Life+-Projekt stehen für waldbezogene Maßnahmen bis 2015 rund 1 Millionen Euro zur Verfügung. Hinzu kommen in der Höhe nicht dauerhaft gesicherte Budgetmittel des Landesbetriebes Wald und Holz in Höhe von bisher etwa 150.000 Euro pro Jahr, die das Landesumweltministeriums über diesen Weg bereitstellt.

Frage: Eine weitere wichtige Maßnahme im Nationalpark ist die Stichprobeninventur, die dokumentiert, welche Bodenpflanzen und Bäume im Nationalpark wachsen und leben. Wie können wir uns diese Arbeit vorstellen?

Dr. Röös: Das Wichtigste: Um Inventur zu machen, müssen Fachleute wirklich in die Natur gehen und direkt vor Ort Daten erheben. Wir haben ein systematisches Stichprobengitternetz mit rund 1.600 Punkten über den Nationalpark gespannt und eingemessen. Anschließend haben wir zehn mal zehn Meter große Parzellen abgesteckt, und dort alle vorkommenden Pflanzenarten erfassen lassen. Auf diesen Dauerbeobachtungsflächen wollen wir dann mit Wiederholungsaufnahmen feststellen, inwieweit sich der Wald mit den Jahren verändert. Wir möchten ja, dass die Buchenwaldarten zunehmen und die sogenannten Störungszeiger, die auf menschlichen Einfluss zurückzuführen sind, abnehmen.

Frage: Welche Erkenntnis haben Sie aus der ersten Stichprobeninventur gewonnen?

Dr. Röös: Bezüglich der Vegetation ist der Weg noch lang. Bei uns sind noch nicht Rotbuche und Weiße Hainsimse wieder am weitesten verbreitet, sondern Arten wie Fichte oder Brombeere.

Frage: Haben Sie bei der Stichprobeninventur Arten entdeckt, die bisher nicht bekannt waren?

Dr. Röös: Wenige. Eine Orchideenart war darunter und ein seltenes Sauergras. Die Stichprobeninventur soll als Element des Nationalparkmonitorings auch eher die „durchschnittliche" Entwicklung der Pflanzendecke dokumentieren; die Erfassung bisher nicht bekannter Arten steht hierbei nicht im Vordergrund.

Die Wildkatze: Das scheue Wappentier des Nationalparks Eifel

Frage: Wie sieht es mit den Raubtieren im Nationalpark aus. Die Wildkatzen haben Sie ja in zum Teil aufwendigen Fotoreihen dokumentiert.

Dr. Röös: Derzeit machen wir keine Fotoerfassung von Wildkatzen mehr. Der Nationalpark Eifel zählt zum Kern des bedeutendsten Wildkatzengebietes in Deutschland und ganz Westeuropa. Das müssen wir momentan nicht mehr dokumentieren. Unsere begrenzten Mittel wollen wir eher für die Erfassung bisher noch gar nicht bearbeiteter Artengruppen einsetzen.

Frage: Immer wieder ging in den letzten Jahren die Nachricht durch die Presse, der Luchs sei zurückgekehrt. Was ist daran richtig?

Dr. Röös: 2003 hat eine Luchsin Junge direkt an der Grenze zum Nationalpark aufgezogen. Ein Ereignis dass für Eifel und Ardennen wohl seit über 250 Jahren nicht mehr nachgewiesen wurde und das auch uns begeistert hat. Seitdem sind allerdings verlässliche Nachweise sehr selten. Wir können nur sagen: Viele natürliche Rahmenbedingungen in unserem Raum sind für die Wiederkehr des Luchses so gut wie seit Jahrhunderten nicht mehr. Die Zerschneidung durch Straßen und Siedlungen sowie die fehlende Akzeptanz für den Luchs bei manchen Nutzergruppen sind die wesentlichen Hindernisse. An deren Verminderung müssen alle Interessierten über Ländergrenzen hinweg arbeiten, wenn Luchse wieder dauerhaft in der Eifel leben sollen.

Frage: Und der Wolf?

Dr. Röös: Der Wolf ist in Nordrhein-Westfalen jenseits des Rheins gesichtet worden. Aus den mittlerweile etablierten ostdeutschen Vorkommen zuwandernde Tiere müssten durch den Strom schwimmen, was ihnen durchaus möglich ist. Allerdings müsste die Rückkehr über Länder- und Staatsgrenzen hinweg

begleitet werden. Den Menschen müssten Ängste genommen werden. Die Ausstellung „Schatzkammer Natur" im Nationalpark-Tor Nideggen leistet z.B. hierfür einen Beitrag. Das Land NRW ist dabei Berater zu schulen und hat bereits eine Entschädigungsregelung für mögliche Nutztierverluste in Kraft gesetzt.
Frage: Noch ein Wort zur Jagd. Wie man hört, gibt es auf diesem Gebiete große Differenzen. Wie sehen Sie dieses heikle Thema?
Dr. Röös: Das ist wirklich ein Dauerthema: Die Nationalparkverordnung schreibt ja vor, dass die Jagd allgemein „ruht" und nur Rothirsch, Reh, Mufflon und Wildschwein in bestimmten Situationen reguliert werden dürfen. Eine spezielle Verordnung regelt diesbezügliche Details, um z. B. das Aufwachsen der für die gewünschte Waldentwicklung notwendigen jungen Laubbäume sicherzustellen. Diese würden von sich ungehindert entwickelnden Beständen der großen Pflanzenfresser aufgefressen. Es fehlt um und in unseren kleinen deutschen Nationalparken an Raubtieren. Es fehlt zudem an natürlichen winterlichen Nahrungsengpässen, Krankheiten und Parasiten. Wir lassen in unserer dicht besiedelten und intensiv genutzten Kulturlandschaft nicht zu, dass die Zahl großer Pflanzenfresser wirksam durch natürliche Faktoren reguliert wird. Das macht ihre Regulierung mit jagdlichen Methoden auch im Nationalpark Eifel unentbehrlich. Vor diesem Hintergrund ist das Pro und Contra groß und häufig emotionsgeladen. Die einen meinen, es würde zu viel geschossen; andere meinen zu wenig. Die Nationalparkverwaltung sitzt hier sehr unbequem zwischen den Stühlen. Zusammen mit der Wildforschungsstelle und dem Landesamt für Naturschutz muss sie jedes Jahr einen detaillierten Plan zur Genehmigung vorlegen und dabei viele Interessensgruppen beteiligen. Das ist alles andere als einfach.

Die Mauereidechse trifft man am häufigsten auf sonnenbeschienen Felsen an der Urfttalsperre.

Eine letzte Frage: Im Wüstebachtal fällt ein futuristisch anmutender Turm auf. Was hat es damit auf sich?
Dr. Röös: Sie sprechen das interessante, vom Bundesforschungsministerium geförderte Tereno-Projekt an, das seit 2007 läuft. Federführend für unseren Bereich ist das Forschungszentrum in Jülich mit den Wissenschaftlern der Helmholtz-Gemeinschaft, mit denen wir kooperieren. Ziel ist, in vier

besonders betroffenen Regionen der Bundesrepublik mit langfristigen Messungen die Auswirkungen des Klimawandels besser abschätzen zu können. Zu diesem Zweck werden in einem Waldbestand des Nationalparks für zunächst einmal 15 Jahre besonders die Veränderungen des klimarelevanten Kohlendioxid vor und nach der Entnahme von Fichten registriert. Die dafür wichtigen Faktoren Bodentemperatur und -feuchte sowie Leitfähigkeit werden z.B. an 150 Messpunkten mit jeweils 9 Sonden etwa alle 10 Minuten gemessen. Das ergibt allein 8.000 Messwerte in einer Stunde, die direkt an den größten Rechner Europas übertragen werden. Ein solches Sensornetz gibt es sonst bisher nirgendwo auf der Welt. Und es dient vor allem der Beantwortung einer Frage: Was passiert im Eifelwald, wenn es wärmer wird?
Herr Dr. Röös, vielen Dank für das Gespräch.

Besucher statt Kettensäge: Ranger Hermann-Josef Jöpen mit seinem Golden Retriever Bruce

Gestatten, ich bin Ranger

Warum Hermann-Josef Jöpen den Mounty-Hut trägt

„Wie wird man Ranger?" Wie oft Hermann-Josef Jöpen (45) diese Frage schon gehört hat, kann er nicht sagen. Aber er zögert nie, seine Geschichte zu erzählen, auch wenn er den Eindruck macht, dass sie ihn selbst erstaunt: Lange Jahre war der Vater von zwei Mädchen Forstwirt und zog im Revier Wolfgarten mit der Kettensäge durchs Gelände. Tag für Tag befreite er den Wald von überflüssigen Stämmen, damit die „Z"- wie „Zukunftsbäume" genügend Licht und Raum hatten, um zu wachsen. „Wir haben jeden Baum eigentlich nur unter wirtschaftlichen Aspekten betrachtet", erzählt er. „Unser Ziel war es, den Wald so lukrativ wie möglich zu erhalten und zu gestalten."

Dann kam das Jahr 2003 und damit die Wende: Forstwirte mit mindestens dreijähriger Berufserfahrung wurden vor die Schicksalsfrage gestellt: Wollt ihr als Ranger arbeiten, wenn der Nationalpark am 1. Januar 2004 die Pforten öffnet? Eigentlich blieb ihnen nur ein Wort: „Ja". Wenn sie „Nein" sagten, mussten sie das Revier wechseln und sich in anderen Bezirken nach einem neuen Betätigungsfeld umsehen. Doch die meisten stellten sich der Herausforderung, auch Hermann Josef Jöpen. Zögerlich zunächst und vorsichtig. „Ich habe mich schon gefragt, ob es mir möglich sein wird, vor Besuchern Vorträge zu halten und Gruppen durch den Wald zu führen. Es ist ein riesiger Unterschied zu unserer früheren Tätigkeit: Als Waldarbeiter ist man recht einsam. Acht Stunden arbeitet man mit Ohrschützern im Wald und ist weitestgehend auf sich selbst gestellt."

Insgesamt 18 Wochen Schulung, im Frühjahr und im Herbst, bedeuteten für die insgesamt rund 40 Ranger des Nationalparks den Eintritt in ein neues Leben. Der Begriff Ranger wurde kurzerhand von den kanadischen Wildhütern übernommen, die in den Rocky Mountains penibel darauf achten, dass Trophäenjäger kein Wild abschießen oder die empfindliche Flora zerstören. Hierzulande heißt der Fortbildungsberuf eigentlich „Geprüfter Natur- und Landschaftspfleger", und als solcher hat Jöpen manche Schwierigkeit zu bewältigen. „Als mir zum ersten Mal gesagt wurde, „Jetzt halte mal ein Referat von zwei Minuten Länge", dachte ich „Das kann ich nicht", sagt Jöpen.

Mittlerweile denkt er nicht mehr über ein paar Minuten Redezeit nach. Im Gegenteil: Er merkt, dass seine zurückhaltend freundliche Art gut ankommt. Deshalb hat er sich für den Dienst mit Besucherkontakt entschieden und nicht wie einige der Kollegen für die Arbeit in der Holzbauwerkstatt oder in der Verkehrssicherungstruppe, die beispielsweise darauf achtet, dass keine Äste oder umgestürzte Bäume den Weg versperren.

Wo er auch immer eingesetzt ist: Überall ist er von Männern umgeben. Bis auf eine Ausnahme sind alle Ranger männlich. Das – so hat ein im Auftrag des nordrhein-westfälischen Umweltministerium erarbeitetes Gutachten herausgefunden – kommt bei weiblichen Besuchern des Nationalparks nicht immer gut an: Frauen mögen es keineswegs, wenn ihre Geschlechtsgenossinnen auf Prospektfotos von männlichen Rangern belehrt werden.

Jöpen ist deshalb bemüht, derlei Missklänge gar nicht erst aufkommen zu lassen. Vor allem bei seiner heikelsten Aufgabe: Er muss darauf achten, dass die Besucher die Gebote des Nationalparks nicht missachten, dass sie zum Beispiel ihre Hunde anleinen und keine Pflanzen ausreißen. „Wenn wir jemanden sehen, der Fehler macht, weisen wir ihn freundlich darauf hin. Die meisten sind vernünftig und halten sich dann an die Vorgaben", sagt er.

Eine Ikone des Nationalparks: Der Ranger-Hut, markiert hier den Rangertreffpunkt auf dem Kermeter.

Golden Retriever Bruce ist oft mit von der Partie, wenn Jöpen mit einer Besuchergruppe auf Entdeckungstour geht – und auch der kanadische Ranger-Mounty-Hut darf im Nationalpark Eifel nicht fehlen. Er ist hellbraun, aus stabilem Filz, regen- und wasserabweisend, 4-fach geknifft und im Sommer schweißtreibend und unbequem. Aber mit der riesigen Krempe und dem spitzen „Dach" kennzeichnet er den Mann schon von weitem – als Experten für den Nationalpark.

Informationen:
An den geführten Wanderungen mit Rangern und Nationalpark-Waldführern kann jeder kostenfrei und ohne Anmeldung teilnehmen.

Rangertouren:
Rangertreffpunkt Wahlerscheid, jeden Dienstag
Rangertreffpunkt Abtei Mariawald, jeden Mittwoch
Rangertreffpunkt Erkensruhr, jeden Freitag
Rangertour Kloster-Route, jeden Freitag
Rangertreffpunkt Gemünd, jeden Samstag
Rangertreffpunkt Rurberg, jeden Samstag
Rangertour Hirschley-Route, jeden Sonntag
Rangertour Vogelsang-Wollseifen Route, jeden Sonntag
Spezielle Ranger-Themenführungen, jeden 4. Samstag im Monat
Nationalparktreff Dreiborn, spezielle Termine
Nationalparktreffpunkt Heimbach, sonn- und feiertags von Anfang April bis Ende Oktober
Nationalparktreff Zerkall, spezielle Termine
Nationalparktreff Nideggen, spezielle Termine
Nationalparktreff Schmidt, spezielle Termine
Weitere Termine im jährlich erscheinenden Veranstaltungs-Kalender des Nationalparkforstamtes Eifel

Anschrift
Landesbetrieb Wald und Holz NRW
Nationalparkforstamt Eifel,
Urftseestraße 34, 53937 Schleiden-Gemünd,
Tel.: 02444/9510-0, Fax: 02444/9510-85,
www.nationalpark-eifel.de.

Für Schulklassen, Kinder- und Jugendgruppen werden kostenlose Nationalpark-Schnuppertouren angeboten. Auch Wildnis-Projekttage und mehrtägige Wildcamps sind in der Wildniswerkstatt Düttling möglich. kinder@nationalpark-eifel.de.

Auf Tour mit dem Waldführer

Waldführer sind kundige Naturexperten, die die Angebote der Ranger ergänzen und unterstützen. Sie führen Besuchergruppen ehrenamtlich – gegen eine Aufwandsentschädigung von 15,- Euro pro Stunde und Gruppe – durch den Nationalpark und helfen, Verständnis für die natürlichen Zusammenhänge zu wecken.

Von Anfang an war das Interesse in der Bevölkerung groß, sich in 9-tägigen Schulungen zum „zertifizierten Natur- und Landschaftsführer" ausbilden zu lassen: Rund 600 Bewerbungen gingen ein, 194 Interessenten haben sich in Lehrgängen der Natur- und Umweltschutz-Akademie NRW und des Nationalparkforstamtes qualifiziert; 160 sind derzeit aktiv.

Die Waldführer bieten Führungen in acht verschiedenen Sprachen an, darunter auch deutsche und niederländische Gebärdensprache. Einige arbeiten vor allem im Kinder- und Jugendbereich, andere gehen gerne auf spezielle Wünsche der Gruppen ein. Ausgebildete Vogelsang-Referenten und Naturführer für das Hohe Venn sind ebenso darunter wie Heimatkundige, die ihr gesamtes Leben in der Eifelregion verbracht haben, und deshalb viel über hiesige Sitten und Gebräuche erzählen können.

Auch Spezialisten können angefordert werden: Guido Priske zum Beispiel. Der Hobbyfotograf leitet Exkursionen zu besonders fotogenen Naturphänomenen im Nationalpark entlang der Wege.

Informationen über Waldführer-Touren,
Buchungshotline: 02444/951071.
Den Veranstaltungskalender, Fahrpläne zur Anreise mit Bus und Bahn und weiteres Informationsmaterial gibt es unter www.nationalpark-eifel.de.

Fotowanderungen mit Guido Priske: Tel. 02444/9147832, www.fotoexkursion.de.

Die Kosten für eine Wanderung mit Waldführer des Nationalparks Eifel betragen 15,- Euro pro Stunde und Gruppe.

Ein Blick in die Holzwerkstatt

Weit ist der Blick, zweckmäßig sind die Bauten. Hoch oben am Ortsrand von Herhahn haben sich Betriebe zu einem

Rustikale Schilder aus der Holzwerkstatt begrüßen Gäste an den Zugängen des Nationalparks.

„Gewerbegebiet" vereint. Über einer Halle, nüchtern und schmucklos wie die Nachbarn, prangt ein Schild: „Holzbauwerkstatt – Nationalpark Eifel".

Ein Blick hinter die Kulissen zeigt einen Holzbearbeitungsbetrieb mit moderner Technik: Wegweiser, Infotafeln mit Landschaftskarten, Brücken, Stege, Bänke, Tische – alles wird hier aus Holzbeständen des Nationalparks in Eigenarbeit hergestellt.

Besonders stolz sind die Mitarbeiter auf die computergesteuerte CNC-Fräsmaschine, ein Musterbeispiel zeitsparender Computertechnologie: Selbst komplizierte Wegesysteme und Kartenbilder können in den Computer eingegeben werden. Anschließend fräst die Maschine das gewünschte Bild wie von Geisterhand alleine in ein Stück Holz.

Unter Leitung von Harald Garbotz arbeiten neun der rund 40 Ranger der Nationalparkverwaltung in diesem Betrieb und geben dem Nationalpark Gesicht – im wahrsten Sinne des Wortes. Symbole, Farben, Formen, Texte: Alles wird hier gefräst, um später in der Waldlandschaft ein einheitliches Bild zu geben. Wie es scheint, hat die Arbeit gerade erst angefangen.

Vier Tage auf dem Wildnis-Trail

Es gibt Wege, die entstehen aus Träumen. Einer davon ist der Wildnis-Trail. Der ihn erträumte, ist eigentlich in der Nationalparkverwaltung für Kommunikation und Besuchermanagement zuständig: Michael Lammertz. Ein begeisterter Mitarbeiter, der am liebsten Wanderschuhe trägt – selbst im Büro, und der auch nach neun Jahren Aufbauarbeit noch immer mit leuchtenden Augen über „seinen" Nationalpark spricht.

Sein Traum entstand in den Weiten Amerikas, genauer gesagt bei der Durchquerung des amerikanischen Yosemite Nationalparks. Dort, ganz allein auf sich gestellt, spürte er zum ersten Mal, was es heißt, in der Wildnis zu sein, nicht versorgt von Restaurants oder wärmenden Wohnungen; allein, ohne Ansprechpartner; schutzlos der Natur ausgeliefert. „Damals habe ich diese grandiose Landschaft und die Idee Nationalpark regelrecht aufgesogen", sagt er. „Ich war fasziniert von der Schönheit der Natur ringsum." – Dann, 15 Jahre später zu Beginn seiner Arbeit am Nationalpark Eifel kam ihm der Gedanke, dass so etwas auch hier möglich sein muss – ein Wildnis-Trail von Süd nach Nord durch den gesamten Nationalpark; eine Wanderung mit insgesamt 1.891 Höhenmeter Anstieg und 2.251 Höhenmeter Gefälle.

Die Idee ist mittlerweile so beliebt, dass sogar Urkunden verteilt werden – für alle „Bezwinger", die es tatsächlich schaffen, vier Tage und 85 Kilometer durch den Nationalpark zu wandern.

Eine anspruchsvolle Tour, die schon am ersten Tag vollen Einsatz erfordert: 24,7 Kilometer geht's von Höfen nach Einruhr. 483 Meter müssen bergauf, 743 Meter bergab überwunden werden. Der höchste Punkt ist Wahlerscheid mit 628 Metern. Zum Lohn winken romantische Täler, die im Frühling mit gelben Narzissen übersät sind, dazu ein besinnlich stimmender Bergpfad, der Schöpfungspfad, bei Hirschrott (Siehe auch „Du wirst mehr in den Wäldern finden", Seite 83)

Am zweiten Tag geht's weiter von Einruhr nach Gemünd, immerhin noch 20,5 Kilometer, 551 Meter bergauf, 496 bergab. Dazu Highlights wie Wollseiffen und Vogelsang sowie der „Eifelblick" „Modenhübel" mit seinem Panoramablick über den Kermeter.

Die dritte Etappe verläuft von Gemünd nach Heimbach 22,4 Kilometer, 427 Meter bergauf, 547 Meter bergab. Unterwegs gibt's einen kräftigen Kräuterschnaps im Kloster Mariawald und einen wunderbaren Blick vom Feuerwachturm Wolfgarten.

Am vierten und letzten Tag geht's von Heimbach nach Zerkall, vergleichsweise bescheidene 17,7 Kilometer, 430 Meter hoch, 465 Meter runter. Auf dem Weg liegt das schöne Schliebachtal; dazu ungezählte knorrige Eichen und majestätische Mischwälder.

Wer will, kann zwischendurch die Seele baumeln lassen in einem der Hotels und Gasthäuser am Weg und darüber nachdenken, wie Träume in der Eifel Wahrheit werden – auch wenn sie in Amerika entstanden sind....

Informationen auch über mehrtägige Pauschalarrangements: Buchungsstelle Wildnis-Trail, Monschauer Land Touristik, Seeufer 3, 52152 Simmerath-Rurberg, Tel.: 02473/9377-0, info@wildnis-trail.de, www.wildnis-trail.de.

Das Geheimnis der Nationalpark-Gastgeber

Sie haben Mut, neue Wege zu beschreiten und hoffen, dass ihre Kunden dies goutieren: Hotels, Restaurants, Pensionen, Ferienwohnungen und ein Campingplatz können sich mit dem Titel Nationalpark-Gastgeber schmücken. Und das heißt: Sie stellen sich und ihren Betrieb hinter die Idee des Nationalparks.

Bevor sie ihre Zertifizierungsurkunden in die Hand nehmen konnten, hatten sie einige Hürden zu überspringen: Sie drückten noch einmal die Schulbank, nahmen an Fachexkursionen der Nationalparkverwaltung teil, und verpflichteten sich, ihre Betriebe nach Umweltkriterien der Viabono oder Marke Eifel umzustrukturieren.

Sparsamer Umgang mit Ressourcen zählt ebenso zu ihren Aufgaben wie Lärm- und Abfallvermeidung, die Bereitstellung von Informationsmaterial über den Nationalpark für die Gäste und das Angebot regionaler Produkte. Die Forelle soll wirklich aus Eifeler Gewässern kommen und nicht hunderte Kilometer weit gereist sein, bevor sie auf dem Teller des Gastes liegt. All dies garantieren sie in dieser Selbstverpflichtung:
„Als Gastgeber fühlen wir uns dem Nationalpark Eifel und seiner Region besonders verpflichtet. Wir wollen dazu beitragen, dass diese einmalige Naturlandschaft für uns und unsere Nachkommen erhalten bleibt. Unseren Gästen möchten wir die Schönheit der Landschaft vermitteln und das Erleben der Natur mit allen Sinnen ermöglichen. Wir möchten, dass sich unsere Gäste bei uns wohl fühlen."

Die meisten Nationalpark-Gastgeber sind in Schleiden, Hellenthal, Simmerath, Roetgen, Monschau, Heimbach und Blankenheim und damit in den Kreisen Euskirchen und Aachener Land zu finden. Doch weitere werden folgen: Neue Schulungen machen's möglich.

Informationen: Insgesamt 46 Unterkunfts- und Gastronomiebetriebe haben sich inzwischen zu Nationalpark-Gastgebern fortbilden lassen. Verschiedene Genießer-Arrangements laden für einen oder mehrere Tage in den Nationalpark und zu seinen Gastgebern ein. 14 der Nationalpark-Gastgebern haben sich zusätzlich zur Barrierefreiheit qualifiziert.
Nationalparkverwaltung Eifel,
Urfseestraße 34, 53937 Schleiden-Gemünd, Tel. 02444/95100,
www.nationalpark-eifel.de, www.nationalpark-gastgeber.eu.

Mit Hilfe eines Landschaftsreliefs können sehbehinderte Menschen die Topographie ertasten.

Taubblinde erleben den Kermeter

Barrierefrei - Impressionen von einer ungewöhnlichen Wanderung durch den Nationalpark Eifel

„Wir stehen im Wald hoch über dem See. Er windet sich wie eine Schlange. Segelboote lassen sich im Wind treiben. Kannst Du Dir das vorstellen?" Der Junge nickt und reckt den Kopf nach vorne. Tief atmet er die kühle Luft, spürt den Wind im Gesicht, schnuppert vermoderndes Holz und einen Hauch von Sommer. Das lässt ihn lächeln.

„Komm, wir essen etwas." Sein Begleiter klopft ihm auf die Schultern und führt ihn vorsichtig an eine Holzbank. Der Junge beißt in sein Brot. Fühlt und schmeckt. Sehen kann er die Hirschley nicht, diesen Blick auf den Rursee; so wunderbar, dass er von Zuschauern des Westdeutschen Rundfunks auf Platz 1 der Naturschönheiten gewählt wurde, die man in NRW unbedingt erlebt haben muss.

Doch immerhin kann er hören. Und damit geht es ihm besser als einigen seiner Mitwanderer, die blind und taub sind.

Unvorstellbar. Trotzdem marschieren sie heute durch den Nationalpark. Jeder mit einem Begleiter oder Assistenten an der Seite.

Auch Ranger Sascha Wilden hat einen Helfer: Dolmetscher Michael Zymelka übersetzt seine Worte für die gehörlosen Assistenten in Gebärdensprache. Und jeder Assistent leitet die Informationen an seinen taubblinden Begleiter weiter: Mit Buchstaben, die per Finger auf Handflächen getippt werden, dem Lormen. Leuchtende Augen signalisieren Interesse: Teils in Laut-, teils in Gebärdensprache werden Fragen gestellt.

Aussichtspunkt Hirschley auf dem Kermeter

Viel Vorbereitung war nötig, um diese Wanderung zu ermöglichen. Georg Cloerkes, selbst am Usher-Syndrom erkrankt, hat es sich zur Aufgabe gemacht, die „Dunkle Wanderung" und den „Dunklen Wettkampf" für Taubblinde zu organisieren. „Ich habe viel Erfahrung mit dem Orientierungs- und Mobilitätstraining", lässt er wissen. „Die meisten Taubblinden wagen es nicht, sich selbständig zu orientieren, weil es ihnen zu gefährlich oder zu schwer erscheint. Ich möchte ihnen zeigen, was der „Wilde Kermeter" ist. Sie gewinnen Selbstbewusstsein, um den Umgang mit dem Langstock zu erlernen."

Vor allem machen sie im Wald nicht alltägliche Erfahrungen. „Der Ranger zeigte uns etwas, das wir berühren durften. Ich war erstaunt, als ich das behaarte Geweih erkannte", erinnert sich Georg Cloerkes. „Ein Junge legte einen Käfer auf meine Hand, und ich bemerkte sofort seine kleine Hand. Ich spürte das Gekrabbel des Käfers. Besonders interessiert habe ich mich für das Bronzemodell am Aussichtspunkt „Hirschley", das ich abtasten konnte. So wurde mir bewusst, wie dieses Land aussieht."

Von solchen „Aussichten“ können viele der 4.000 bis 6.000 Taubblinden in Deutschland nur träumen. Sie haben das Lormen nie erlernt und leben isoliert in Familien oder Heimen. „An eine Wanderung wie diese ist ohne professionelle Assistenten nicht zu denken.“, sagt Irmgard Reichstein. „Aber die doppelte Behinderung ist vom Gesetzgeber nicht anerkannt und damit fehlt es an Hilfe und Unterstützung.“ Mit der von ihr gegründeten Stiftung „taubblind-leben“ will sie auf dieses Problem aufmerksam machen.

Seit seiner Gründung war der Nationalpark Eifel für derlei Anliegen offen. Barrierefreiheit hieß das Stichwort, das in alle Überlegungen einbezogen wurde. Der Wunsch: Alle Menschen, mit oder ohne Behinderung, sollen die Natur erleben können – auf eigene Faust und ohne fremde Hilfe oder mithilfe geschulter Waldführer und Ranger, die, wenn nötig, durch Dolmetscher in Gebärdensprache unterstützt werden.

Seit 2004 prüft die Nationalparkverwaltung bei jeder Einrichtung ob und wenn ja wie sie barrierefrei zu gestalten ist.

2005 gab es dafür den Deutschen PR-Preis. In Zusammenarbeit mit der Blindenschule Düren, dem Gehörlosenheim Euskirchen sowie der Anna-Freud-Schule Köln werden die Ranger und interessierte Waldführer geschult. Es gibt blinde Praktikanten und Kutschfahrten mit Rampen für Rollifahrer. 25 Prozent der Schulklassen, die sich in der Wildniswerkstatt Düttling mit dem Nationalpark beschäftigen, stammen von Förderschulen.

Doch damit nicht genug: Mit einem Kostenaufwand von einer Million Euro wurde der „Wilde Kermeter“ geschaffen; ein 4,7 Kilometer langes Wegenetz, das auf die Bedürfnisse Behinderter abgestimmt ist: Die Wege sind rollstuhlgerecht und auch für blinde Menschen geeignet.

Schon im Vorfeld sind behinderte Menschen in Planung und Umsetzung einbezogen worden. Pflasterstreifen auf den Kieswegen signalisieren Besonderheiten: Bänke, Schilder, Abzweigungen. Sehbeeinträchtigte Wanderer werden anhand taktiler Systeme vollständig durch das Gebiet geführt. Alle Informationen stehen in erhabener Großschrift und in Punktschrift oder akustisch zur Verfügung. Alle 250 Meter lädt eine Bank zur Rast ein. Am Start der Wanderung sind behindertengerechte Toiletten eine Selbstverständlichkeit.

Für die meisten ist die Wanderung durch den „Wilden Kermeter“ ein Genuss; zumal sie auch zu ungewöhnlichen Ruhepausen einlädt: Auf sogenannten Sinnesliegen wird der

Entspannung auf einer Sinnesliege

Nationalpark zum Traum: Liegend ruht der Wanderer unter mächtigen Rotbuchen. Ihr Geheimnis wird spürbar, die Einsamkeit, die würzige Luft; ein Zauber, der die Seele berührt. Und den erleben auch taubblinde Menschen.

Informationen:
Der **Barrierefreie Natur-Erlebnisraum „Wilder Kermeter“** ist über die Kermeter-Hochstraße (L 15) zwischen Schleiden-Gemünd/-Wolfgarten und Heimbach-Schwammenauel zu erreichen. Vom Parkplatz führt ein Bodenleitsystem zum Ausgangspunkt des Wegenetzes am Rastplatz Kermeter.

Mit den **Buslinien** 231 und „Mäxchen" ist der „Wilde Kermeter“ über die barrierefreie Haltestelle „Kermeter-Höhe" von Heimbach Bahnhof bzw. Gemünd Mitte zu erreichen. Von der Haltestelle mit Leitsystem führt ein barrierefreier Fußweg bis zum Rastplatz Kermeter. Die Buslinie 231 verkehrt montags bis freitags ganzjährig, von Ostern bis Mitte Oktober auch an Wochenenden und Feiertagen. „Mäxchen“ fährt an Wochenenden und Feiertagen von Mai bis Mitte Oktober.

In der Nationalparkverwaltung werden kostenlos mobile Hörverstärker ausgeliehen.

Ein Faltblatt zum Wilden Kermeter ist auch in Punktschrift bei der Nationalparkverwaltung erhältlich. Dort gibt es auch Informationen über barrierefreie Rangerangebote, Tel.: 02444/95100, , Fax: 02444/9510-85, info@nationalpark-eifel.de.

Die Landschaft und Ihre Spezialitäten

Zählen, Schauen, Warten

Wie der Wald sich wandelt: Der Weg zum Zielnationalpark

Nebel kriecht aus dem Tal, mächtige Stämme recken sich gen Himmel, dann und wann ein Regentropfen von hohen Ästen. Die Buchenhalle oben im Kermeter verharrt still im Morgengrauen; majestätisch, aufstrebend, raumgreifend schön sind die Bäume selbst in ihrer herbstlichen Kahlheit. Glatte, silbergraue Stämme stehen tief im Braun ihres abgefallenen Laubs, das hier und da vom buschigen Grün der Hainsimse durchwirkt ist. Still ist es und friedlich mitten im Urwald von morgen.

Die „Naturwaldzelle" nahe Mariawald wurde vor rund 40 Jahren aus wissenschaftlicher Neugier angelegt. Seitdem schweigt hier die Säge. Kein Waldarbeiter hat junge Bäume gepflanzt, kein Ast, kein Baum wurde geräumt. Das rund 20 Hektar große Stück Wald ist unberührte Wildnis und lässt schon heute erahnen, wie der Nationalpark Eifel in vielen Bereichen aussehen wird, wenn unsere Enkel und Urenkel ihn einst besuchen werden: Ein Rotbuchenwald, auf den ersten Blick aufgeräumt, ordentlich und gepflegt. Nur wer genauer schaut, sieht mehr: Ein mächtiger Buchenstamm liegt quer, eine Wurzel, tief aus dem Erdreich gerissen, vermodert.

Wenn der Mensch keine Hand anlegt, wenn keine so genannten „Z"- wie Zukunfts-Bäume markiert und ringsum zum rascheren Wachstum frei geschlagen werden, konkurrieren die Bäume um Standort und Licht. Alterung, Zerfall, Verjüngung und Wachstum bilden einen Kreislauf, dessen tiefstes Geheimnis nur der penible Betrachter entdeckt: Alte und abgestorbene Baumveteranen, in einem „normalen", von Holzproduktion geprägten Wald eine Rarität, sind das Paradies für Pilz- und Tierarten, die im Wirtschaftswald keine Chance haben, aber eigentlich in unserem Ökosystem heimisch sind: Zum Beispiel der Ästige Stachelbart. Einer Koralle gleich – liebt der Pilz totes, liegendes und vermoderndes Holz, das feuchter ist als stehendes und deshalb rasch besiedelt werden kann.

Pilzen wie ihm kommt beim Recycling die wichtigste Rolle zu: Mit Enzymen gelingt es beispielsweise auch dem Zunderschwamm, die für fast alle Tiere unverdaulichen Holzsubstanzen

Lignin und die Zellulose aufzuschließen, und Tieren, die Totholz lieben, Eintritt zu gewähren. In einem Buchenwald mit natürlichem Totholzanteil leben 40 bis 80 verschiedene Pilzarten. Zerfallende Stämme sind auch die „Wiege" für Käferlarven, denn von den 4.800 Käferarten in NRW sind fast 1.000 an Totholz gebunden, und das wird sich künftig im Nationalpark reichlich finden lassen: Kommen auf einen Hektar Wirtschaftswald durchschnittlich drei bis fünf Kubikmeter Totholz, so sind es im gleich großen Naturwald 50 bis mehr als 200 Kubikmeter.

Paradiesische Zustände auch für andere Tierarten, die im vermodernden Holz leben: wie Käfer, Hautflügler, Pilzmücken, Milben und Asseln. Manche Art ist gefährdet und steht längst an vorderster Stelle der Roten Listen, denn die Lebensgrundlage, die sie benötigen, ist in normalen Wirtschaftswäldern nicht zu finden. Es fehlt dort an Totholz und uralten Bäumen, die bei genauem Hinsehen voller Leben sind.

Im Nationalpark soll das anders werden. Und für den Menschen heißt das: Warten und Schauen. Bei einer großen Inventur wird auf festgelegten Quadraten der Bestand nach Art und Größe erfasst; dann kann alle paar Jahre das Werden und Gedeihen überprüft werden. Wie viel Totholz wird hinterlassen? Wie ist die Größenentwicklung? Welchen Einfluss hat das Wild? Mancher Biologe wird die Fragen nicht mehr selbst beantworten können, denn im Wald tickt die Zeit langsam. In der Naturwaldzelle oben im Kermeter sind in 40 Jahren erst wenige Bäume umgekippt. Die Stämme allerdings zeigen sich dicker und mächtiger. Das größte Interesse gilt den uralten Rotbuchen, die bis zu 300 Jahre alt, zwei Meter dick und 40 Meter hoch werden können. Sie sind im normalen Wirtschaftswald undenkbar, da sie dort durchschnittlich mit 140 Jahren gefällt werden.

Szenenwechsel: Nur wenige hundert Meter von der Naturwaldzelle entfernt, zeigt sich ein völlig anderes Bild: Fichtenbestände durchsetzen hier den Buchenwald. Und der Borkenkäfer hat schon ein gutes Stück seiner Zersetzungsarbeit verrichtet. Da hier niemand versucht, ihm Einhalt zu gebieten, gräbt er Gänge unter die Rinde und zerstört die Fichten. Kahl und struppig recken sich die Stämme in die Höhe. Entwurzelte Bäume liegen am Boden, in den nadelleeren Zweigen singt der Wind. Erschreckend trist ist das Bild. Wald im Wandel.

Nach und nach werden hier alle Fichten absterben, denn der Borkenkäfer greift nur diese Baumart an. Die Buche übernimmt das Feld. Schon jetzt zeigen sich vielerorts Jungpflanzen.

Um die Knabberarbeit des Wildes an den frischen Trieben abschätzen zu können, werden an vielen Orten kleine Bereiche umzäunt. Darin wuchert und rankt es in wildem Grün – noch tief bis in den Herbst. Außerhalb des Gatters hat es die Vegetation schwerer, in die Höhe zu schießen. Das zeigt: Auch im Nationalpark muss gejagt werden, zumindest bis die gewünschte Entwicklung zum Laubmischwald aus zweiter Hand gesichert ist; Reh und Rothirsch haben hier, wie in den meisten Teilen Deutschlands, keine natürlichen Feinde mehr.

In Wahlerscheid, direkt an der Grenze zu Belgien, bietet sich wieder ein ganz anderes Waldbild. Hier hat die schnell aufschießende Fichte nach dem 2. Weltkrieg die grässlichsten Erinnerungen an die Kämpfe gnädig verdeckt und das Schlachtfeld begrünt. Tiefe, dunkle Fichtenwälder stehen hier in Reih und Glied und werden noch lange vor dem Borkenkäfer geschützt. Der Grund: Die Nachbarn des Nationalparks – private und kommunale Wirtschaftswälder – dürfen nicht geschädigt werden. Es kann nicht sein, dass Borkenkäfer hier ein ideales Revier finden und sich ungehemmt über die Grenzen ausbreiten.

Fichten im Wüstebachtal

Also wird jeder befallene Baum entfernt. Im Unterholz allerdings wächst schon ein Stück Zukunft: Gepflanzte Buchen schießen mit ihren im Herbst sattbraunen Blättchen in die Höhe. Ein merkwürdiger Kontrast zum Dunkel des Fichtenwaldes.

Vor rund sieben Jahren haben Ranger begonnen, diese Setzlinge, die zum Teil aus Saatgut des Nationalparks stammen, zu pflanzen – mit sehenswertem Ergebnis: In ihrer „Jugend" lieben Buchen die schattigen und frostgeschützten Plätze unterm Fichtengrün. Auf Jahre hinaus haben sie hier genügend Raum und Licht, um sich zu entwickeln und irgendwann auch den Wald von Wahlerscheid, der jetzt noch im schwarzen Grün der Fichten steht, in eine majestätische, aufstrebende, raumgreifende Buchenhalle zu verwandeln. Die Zukunft hat längst begonnen.

Information: Wer aktiv mithelfen möchte, die Ziele des Nationalparks zu erreichen, kann die neu gegründete Bürgerstiftung unterstützen:
Stiftung Nationalpark Eifel und Vogelsang, Forum Vogelsang, 53937 Schleiden, Tel.: 02444/91579-0, www.stiftung-nev.de

Nährmutter des Waldes

Ein Loblied auf die Buche

Wunderbares wird der Buche nachgesagt. In der Baummythologie ist sie die weise, alte Frau, die Trägerin des Lebens. Sensiblen Menschen gilt sie als Trösterin in schweren Stunden. Und in der nordischen Mythologie ist sie Freya, der Göttin der Liebe und Ehe geweiht.

Auch wer mit derlei nichts anzufangen weiß, ist oft beeindruckt von ihrer Geschichte: Die glatte, graue Rinde diente einst zur Herstellung von Stäbchen, in welche Runen, die ältesten germanischen Schriftzeichen geritzt wurden.

Majestätisch, aufstrebend, raumgreifend: Buchenwald auf dem Kermeter

Mehr als 300 Jahre alt und bis 40 Meter hoch kann der Baum mit der glatten hell- bis silbergrauen Rinde werden. In weiten Buchenhallenwäldern haben nur wenige andere Baumarten wie die Eibe mit ihren geringen Lichtansprüchen eine Chance. Der Grund: Eine alte Buche spendet in weitem Umkreis dichten Schatten.

Wegen ihrer ölhaltigen Früchte, den Bucheckern, war die Buche seit jeher ein wichtiger Nahrungsbaum für Mensch und Tier. Und wegen der intensiven Durchwurzelung des Bodens und des reichen Laubabwurfs findet der Baum auch unter Forstleuten viel Anerkennung, was sich in ihrem Spitznamen zeigt: „Nährmutter des Waldes".

Am Himmel jagt Orion

Hirschbrunft im Nationalpark Eifel

Gemächlich klettert der Wagen die Straße aufwärts nach Dreiborn. Am Südosthimmel funkelt Orion, der mythische, wilde Himmelsjäger, und kündigt mit seinen Sternen Alnitak, Alnilam und Mintaka den Winter an. Gleich hinter der Kirche ein Parkplatz. Die Autolampen werfen harte Lichter ins Gesträuch. Frierend warte ich auf Ranger Ralf Hermanns. Es ist sechs Uhr früh, und irgendwo röhren die Hirsche. In der Wildnis. Mitten in Deutschland.

Ein paar Minuten später ist Hermanns zur Stelle. Wir fahren noch ein Stück. Dann steigen wir aus dem Transporter. Leise müssen wir sein. Sehr leise. Wir pirschen hintereinander her, stolpern über Grasbüschel und Erdhaufen und sehen im Dämmer den Bretterverschlag der Aussichtsrampe am Rand der Dreiborner Hochfläche. – Aufgeregt sind wir, hoffnungsvoll.

Still hocken wir uns auf eine der Bänke, Hermanns packt sein Fernrohr aus und äugt ins Weite. Morgennebel ziehen über die weite Fläche. Es dämmert. Langsam wachsen die Konturen. Wir warten, schauen und lauschen. Orion grüßt vom Himmel. Es ist Ende September und Brunft, die stimmungsvollste Zeit im Rotwildgebiet.

Plötzlich. Von fern ein dunkler, sonorer Bass. Wir recken uns hoch, richten die Ferngläser auf ein Wäldchen, warten darauf, dass das erste Licht den Grasflächen rund um uns herum Kontur gibt. Bergig ist das Gelände. Die lang gestreckten Wiesen-Kuppen, von dunklen Bauminseln durchzogen, fallen steil hinunter zum Wald. Fern am Horizont erwacht das Morgenrot. Der Hirsch röhrt. Laut und mächtig. Es ist Paarungszeit. Wir sind in der Wildnis. Mitten in Deutschland. Und vor unseren Augen ein Schauspiel. Der Geweihträger mit seinem Rudel – groß und mächtig. Ein Herrscher über das Land.

Seit alters her ist der Hirsch faszinierend. Das größte Landsäugetier unserer Breiten kann 260 Kilogramm schwer werden und eine Schulterhöhe von 150 cm erreichen. Nur die männlichen Hirsche tragen große, mehr als einen Meter lange Geweihe, die sich reich verzweigen können. 12 bis 16 solche „Enden“ sind für einen ausgewachsenen, d.h. acht- bis zwölfjährigen Hirsch normal. Jahr für Jahr wirft der Hirsch das Geweih ab und bildet es neu.

Ein Phänomen, in dem unsere Vorfahren ein Abbild der natürlichen Zyklen aus Werden und Vergehen, aus Licht und Dunkelheit sahen: Der Hirsch gilt als Sonnen-, Fruchtbarkeits- und Glückssymbol. Der römische Dichter Vergil sah in dem Geweih eine Opfergabe für die Licht- und Jagdgöttin Diana, die häufig in Begleitung einer Hirschkuh mit goldenem Geweih erscheint. Im Nibelungenlied wird Siegfried von einer Hirschkuh gesäugt. Und den Heiligen Hubertus bekehrte ein Hirsch mit leuchtend goldenem Kreuz zwischen den Geweihstangen zum Priestertum.

Den größten Teil des Jahres gehen die männlichen Hirsche ihrer eigenen Wege. Im Frühjahr schließen sich Gleichaltrige gerne in Gruppen zusammen. Doch Ende August, wenn die Geweihe der Rothirsche voll ausgebildet sind, steigt der

Laut und mächtig: Der Hirsch – ein Glückssymbol.

Testosteronspiegel im Blut an. Die Tiere werden ungeduldig und wild. Der Gruppenverband löst sich auf, und der Hirsch sucht seinen Brunftplatz auf, wo er schreit, um seinen Anspruch auf ein Brunftrudel klarzustellen.

Etwa sechs Jahre alt muss er sein, bevor er ein Rudel gegen Rivalen verteidigen kann. Dann interessiert ihn nicht einmal die Nahrungsaufnahme: Die Paarung mit den weiblichen Tieren und die Verteidigung des Rudels nimmt alle Kraft und Zeit in Anspruch.

Es dämmert. Das Feld vor unseren Augen gewinnt Gestalt. Ferngläser werden gezückt: Ein Herr im Lodencape flüstert beinahe unhörbar: „Sie stehen am Waldrand. Deutlich zu erkennen." Der Wind ist aufgefrischt und bläst uns kräftig ins Gesicht. Glück für uns. Die Tiere können keine Witterung aufnehmen. Sorglos bewegen sie sich am Waldrand.

Rotwild ist durch die intensive Jagd und den unstillbaren Landhunger der Menschen von einer tagaktiven Art zum Nachttier geworden. Allenfalls auf der Dreiborner Hochfläche sind auch tagsüber Tiere zu sehen. Der Grund: Als Vogelsang noch Truppenübungsplatz war, kamen Soldaten und Hirsche offenbar bestens miteinander aus.

Anderswo bestimmen in Deutschland – landauf, landab – Rechtsverordnungen, wo Rotwild leben darf. Jedes Stück, das außerhalb der amtlich registrierten Gebiete auftritt, muss per

Gesetz erlegt werden. Der Rothirsch polarisiert - wie kaum ein anderes Tier: Die einen sehen in ihm nur den großen braunen Rindenfresser, der weitestgehend zurückgedrängt werden muss, andere wollen seine Trophäe an der Wand hängen sehen oder sie schätzen seine Kraft, seine schöne mächtige Ausstrahlung.

Hier im Nationalpark gehen die Tiere weitgehend ungestört ihrer Wege. Doch gejagt wird auch hier: Bei vier bis fünf Drückjagden im Jahr wird der Bestand reguliert, damit Pflanzen und Bäume keinen Schaden nehmen.

Langsam breitet sich das Tageslicht aus. Wir halten den Atem an. Auch ohne Nachtglas ist in rund 500 Meter Entfernung ein prächtiger, rotbrauner Hirsch zu sehen. Er röhrt tief und respektheischend.

Sein Schrei zeigt Wirkung. Ein Beihirsch hält Distanz und meidet den Kampf. „Die Rangordnung ist schon geklärt", flüstert ein Ranger. Ruhig schreitet der Hirsch zu einer Kuh, reckt noch einmal den Hals und verschwindet im Wäldchen. Wir schauen uns an. Für Sonne, Glück und Fruchtbarkeit steht der Hirsch in der Mythologie. Und glücklich sind auch wir. In der Wildnis. Mitten in Deutschland.

Informationen:
Die Empore zur Rotwildbeobachtung in Dreiborn kann mit der Buslinie 831, Haltestelle „Dreiborn Kirche, Schleiden", erreicht werden. Für den PKW ist der Parkplatz „Dreiborner Hochfläche" im Südwesten Dreiborns maßgebend. Er ist etwa 1,2 Kilometer von der Empore entfernt. Während der Brunftzeit im September und Oktober sind Ranger an der Empore im Einsatz. Entscheidend für den Erfolg der Rothirschempore ist, dass sich alle Gäste leise verhalten und das Wegegebot strikt einhalten.

Jagd im Nationalpark

Eins ist sicher: Im Nationalpark herrscht Jagdverbot. Kein Jäger kann sich „Ernte" versprechen, kein Tier wird wegen der Trophäe erlegt. Allerdings: Auch im Nationalpark fehlen Wolf, Bär und Luchs, die das Gleichgewicht in Feld und Flur herstellen und Tiere reißen würden. Die Folge: Ohne jegliche Jagd würden viele Pflanzen ausgerottet.

Unter dem Motto „Schalenwildregulierung" wird deshalb auch im Nationalpark gejagt – unter tierschutzgerechten Voraussetzungen: Störungen sollen minimiert, Muttertiere geschützt werden. Von den Schützen wird besondere Schießfertigkeit verlangt. Zu genau festgelegten, vergleichsweise kurzen Zeiten darf gejagt werden – unter Berücksichtigung des Ruhebedarfs, der Rangordnungsverbände und des Raumverhaltens des Wildes. Ein Kompromiss, sicherlich. Aber eine Möglichkeit, das Gleichgewicht im Wald zu erhalten.

Weitere **Informationen** zum Wildtiermanagement in der Ausstellung „Narzissenrausch und Waldwandel" im Nationalpark-Tor Höfen, Hauptstraße 72, 52156 Monschau-Höfen, Tel. 02472/8025079.

Versteckt in Wipfeln alter Bäume

Das heimliche Leben des Schwarzstorchs

Es gab Zeiten, da wurde nur flüsternd von ihm gesprochen – so viel Angst verbreitete der Schwarzstorch. Schon im Mittelalter galt er als Gegenspieler des stolzen Weißstorches, der als Glücksbringer und Frühlingsbote gehätschelt und in stillen Stunden gerne mit dem Wunsch nach einem Geschwisterchen bedacht wurde: „Storch, Storch Guter – bring mir einen Bruder. Storch, Storch Bester – bring mir eine Schwester." Der Schwarzstorch dagegen galt vielen als Künder von Not, Unheil, Krankheit und Krieg.

Als wolle er sich vor so viel unguten Gedanken schützen, lebt er äußerst zurückgezogen tief im Wald. Sein Nest schaukelt in den Wipfeln alter, lichter Bäume.

Ein Paar der markanten Vögel sucht auch im Nationalpark seit mehreren Jahren Nahrung für sich und seine Jungen. Und wer sie einmal gesehen hat – hoch in den Lüften mit einer Flügelspannweite von knapp zwei Metern und einer Körperhöhe von 95 Zentimetern – wird den Anblick nicht so schnell vergessen.

Glänzend schwarz ist das Gefieder, je nach Lichteinfall schimmert es metallisch grün. Nur der Brust- und Bauchbereich ist weiß. Der lange Schnabel und die Beine der Altvögel sind während der Paarungszeit dunkelrot, danach eher rötlich matt.

Sein Standort ist gut gehütetes Geheimnis aufmerksamer Anwohner des Nationalparks und der Mitarbeiter der Schutzgebietsverwaltung: „Wir müssen äußerst vorsichtig sein; dürfen die Schwarzstörche nicht stören. Besonders nach Beunruhigungen während der Brutzeit und der Jungenaufzucht werden

die Neststandorte aufgegeben“, sagt Dr. Michael Röös von der Nationalparkverwaltung.

Dabei ist gerade die Nistplatztreue ein wichtiges Merkmal des in monogamer Gemeinschaft lebenden Schwarzstorchs – eine Gemeinschaft, die selbst unglaubliche 10.000 Kilometer lange Flugstrecken in die afrikanischen Winterquartiere nicht zerstören kann. Als Langstreckenzieher bevorzugen die Störche zwei Routen: Ein Teil zieht nach Westen und überquert die Straße von Gibraltar. Der andere Teil zieht über den Bosporus gen Süden. Im Frühjahr kehren sie in ihre Brutreviere zurück – das hoffen jedenfalls die Freunde des Schwarzstorches im Nationalpark, die ihr Kommen Jahr für Jahr herbeisehnen.

Schließlich gibt es weltweit maximal nur noch 40.000 Schwarzstörche, die zahlreichen Gefahren ausgesetzt sind: Die intensive Landwirtschaft und die Trockenlegung vieler Landschaften rauben ihnen Lebensraum; Strommasten und Überlandleitungen sind oftmals Todesfallen und auch während des Zuges in den Süden lauern Risiken: Dürre in Afrika oder mit Pflanzenschutzmitteln vergiftete Nahrungsinsekten haben schon für manchen Storch den Tod bedeutet.

Dass er trotzdem im Nationalpark Eifel brütet, macht seine Freunde glücklich: So liegt ein sanftes Lächeln auf dem Gesicht von Dr. Röös, wenn er vom Schwarzstorch spricht. „Er will hier auf Dauer heimisch werden. Es gibt viele Anzeichen. Er ist ein Aushängeschild unseres Wald-Nationalparks und verdient besondere Rücksichtnahme.“

Informationen: In einem imaginären Hörspiel ist der Schwarzstorch der „Star“ in der Ausstellung „Waldgeheimnisse“ im Nationalpark-Tor Heimbach. Im Gespräch mit der Wildkatze erzählt er über die Wildnis Eifel.

Nationalpark-Tor Heimbach (im Bahnhof),
An der Laag 4-6, 52396 Heimbach, Tel. 02446/8057914,
geöffnet 10 - 17 Uhr.

Zähne statt Kettensäge

Warum Biber und Uhu in die Eifel zurückgekehrt sind

Jeder weiß, wie der Biber aussieht, aber kaum jemand hat ihn gesehen. Nachtaktiv und emsig ist er, und seine Zähne sind effektive Werkzeuge. Schon der lateinische Name Castor verrät des Bibers Leidenschaft: Schneiden. Ganze Bäume fallen unter seinen Zähnen. Er baut Dämme und Brücken, versenkt Äste und Stämme.

Kein Zweifel: Der bis zu 1,40 Meter große und 35 Kilogramm schwere Nager fasziniert; nicht nur wegen eines ungewöhnlichen Talents: Er kann Nase und Mund verschließen und bis zu 20 Minuten tauchen.

Das Wort „Bibergeil" war schon im 18. Jahrhundert in aller Munde, denn die Alten dachten, sein Drüsensekret stamme aus den Hoden, was die „Oeconomischen Encyclopädie" des J. G. Krünitz zu der Bemerkung veranlasste: „...weil das Thier wüßte, daß es deswegen von den Jägern aufgesuchet würde, sich solches in der Flucht dieselben selbst abbisse, und von sich werfe, damit die Jäger von ihm ablaßen mögten."

Wir ahnen es schon – der Biber wurde unerbittlich verfolgt. Die Hoffnung auf das als Wundermittel geltende Sekret ließ ihm keine Ruhe. Zu allem Überfluss galt das Fleisch seines breiten, abgeplatteten, mit lederartiger Haut bedeckten Schwanzes den Frommen als Fleischersatz in der Fastenzeit. Jesuitenpater Charlevoix erklärte 1754: „Bezüglich des Schwanzes ist er ganz Fisch."

All dies hatte zur Folge, dass Meister Bockert Mitte des 19. Jahrhunderts im Rheinland ausgerottet war. Der Biber verschwand und mit ihm die bewunderungswürdige Kunst des Baumfällens in „Sanduhrtechnik": Ein 50 Zentimeter dicker Baum kann von einem Biber in einer Nacht rundum so abgenagt werden, dass er fällt. Für das Tier hat das einen Vorteil: Die umgekippten Stämme verbinden sich zu Dämmen, die Bäche aufstauen und dafür sorgen, dass seine Burg oder der Zugang zu einem unterirdischen Bau gut im Wasser liegt. Schließlich könnten anderenfalls Feinde ins „Haus" eindringen. Heute sind solche Dammbauten wieder in vielen Eifelgewässern zu sehen. Der Biber ist zurückgekehrt. Aus einem vor 30 Jahren von Forstleuten in Hürtgenwald ausgesetzten kleinen Stamm hat sich eine stabile Population entwickelt und ausgebreitet. Sie bevölkert Flüsse, Bäche und Teiche entlang

Bäume fallen unter seinen Zähnen: Die Spuren des Bibers sind unübersehbar.

der Rur hinab aus der Eifel ins Flachland bis in die Niederlande. Fachleute schätzen das Bibervolk auf 200 Tiere. „Zwar ist bei der Wiederansiedlung nach Ansicht von Biberexperten ein kleiner Schönheitsfehler unterlaufen", sagt Dr. Michael Röös vom Nationalpark. „Es wurden osteuropäische Biberpärchen aus Polen angesiedelt und nicht Tiere aus der rurnäheren Elbe-Population in der damaligen DDR. Aber ihren ökologischen Job, nämlich Bäume fällen, Licht und damit sattes Bodengrün in den Wald bringen, Laichgewässer für Frösche, Kröten und Molche schaffen – kurz biologische Vielfalt schaffen, erledigen auch die polnischen Biber hervorragend."

Unumwunden gibt er zu, dass es einigen Menschen außerhalb des Nationalpark schon etwas viel wird mit dem sprichwörtlichen Fleiß der Biber. „Wer Angst um seine wertvollen Obstbäume hat, kann sie schützen", sagt er zum Trost. „Es genügt, eine Manschette aus Maschendraht um den Stamm anzubringen. Die Uferstreifen werden nicht weiter als 20 Meter von Bibern genutzt."

Auch eine andere Spezies, die jahrzehntelang genau wie Wolf, Bär und Luchs als Raubzeug verfemt und gejagt worden ist, lebt wieder ganz selbstverständlich in Wald und Flur. Der Uhu. Die „Gesellschaft zur Erhaltung der Eulen" hat nicht eher geruht, bis der geheimnisvolle Nachtvogel in der Eifel wieder heimisch wurde.

Ornithologisch *Bubo bubo* genannt, ist der Uhu mit einer Flügelspannweite von rund 170 Zentimetern und einem

Gewicht von 2.000 bis 3.200 Gramm die größte der 13 europäischen Eulenarten. Und noch in den 50er Jahren war er eine Rarität. Nur in Bayern und Thüringen lebten noch einige isolierte Paare. In weiten Teilen seines ursprünglichen Verbreitungsgebietes war er ausgerottet. Das ließ dem Solinger Fabrikanten Oswald Freiherr von Frankenberg und Ludwigsdorf keine Ruhe. Er züchtete Uhus in riesigen Volieren und begann mit ersten Versuchen zur Wiedereinbürgerung.

Bubo bubo ist wieder da: Der Uhu

Unterstützt wurde er von den Tierschützern Wilhelm Bergerhausen – aus der Nationalparkgemeinde Heimbach – und Hubert Weinzierl sowie von Zoos und Wildgehegen. Jahrelang tüftelten sie mit Wissenschaftlern und Praktikern, um dafür zu sorgen, den Uhu wieder heimisch zu machen – in genau jenen Revieren, in denen er einst gelebt hatte.

Einiges wurde probiert: Die Eltern blieben in den Volieren, die Jungen wurden nach und nach frei gelassen. Oder die Jungvögel übten zunächst in Gefangenschaft, ihre Nahrung selbst zu fangen, bevor sie in ungefährlichen Bereichen frei gelassen wurden. In Gebieten, in denen nur männliche Uhus lebten, waren die Mitarbeiter des Vereins sogar als „Heiratsvermittler" tätig und brachten den einsamen Nachtschwärmern eine Partnerin. Jahrelang wurden Uhus wissenschaftlich gezählt, gemessen, gewogen, mit Sendern ausgerüstet und untersucht.

Ganz nebenbei musste um Unterstützung aus Wirtschaft und Politik geworben werden. In Absprache mit den Stromerzeugern wurden die größten Gefahrenquellen entschärft: Über vielen Mittelspannungsleitungen liegen nun Abdeckhauben, damit die Vögel die gefährlichen Kabelhalterungen nicht erreichen.

Die Arbeit hat sich gelohnt: Heute ist Deutschland wieder Heimat für 1.000 Uhupaare. Sie leben zwischen Holsteinischer Schweiz und Alpen, zwischen Eifel und Elbsandsteingebirge, und längst sorgen sie ohne menschliche Hilfe für den nötigen Nachwuchs. Etwas Überzeugungsarbeit ist dennoch weiterhin nötig: In Nideggens Buntsandsteinfelsen am Rande des Nationalparks finden Kletterer und Naturschützer nur schwer zueinander, weil die Sportler immer wieder verdächtigt werden, Uhujunge aufzuschrecken und in den Tod zu schicken.

Das Verhältnis von Mensch und Tier bleibt eben schwierig – vor allem in empfindlichen Naturreservaten.

Informationen:
Der Biber steht im Mittelpunkt der sehenswerten Ausstellung „Lebensadern der Natur“ im Nationalpark-Tor Rurberg, Seeufer 3 in 52152 Simmerath-Rurberg, Tel. 02473/93770, Fax 02473/937720, info@rursee.de, geöffnet 10 - 17 Uhr.
Biberfragen beantwortet die „Biologische Station“ Nideggen-Brück, Zerkaller Straße 5, 52385 Nideggen, Tel. 02427/949870.
www.biostation-dueren.de.

Hintergrund liefert die „Gesellschaft zur Erhaltung der Eulen e.V.“, European Group of Experts on Ecology Genetics and Conservation, Breitestraße 6, 53902 Bad Münstereifel, Tel.: 02257/958866, www.egeeulen.de.

Die scheue Schöne

Wie die Wildkatze zum Fotomodell wurde

Wer sich so unsichtbar macht wie die Wildkatze, muss mit ganz besonderen „Jagdmethoden“ rechnen: Fotofallen haben geholfen, die scheuen Schönen im Nationalpark zu stellen und zu zählen – mitten in der Nacht, denn dann schleicht eines der seltensten einheimischen Säugetiere durch sein Revier und geht auf Mäusefang. Wird der Eifeltiger dabei magisch vom Duft des sorgsam ausgelegten Baldrians angezogen, läuft er geradewegs in die Fotofalle.

28 wetterfeste Kleinbildkameras mit integrierten Bewegungssensoren wurden unter Leitung der Biologischen Station Euskirchen an Pfaden aufgestellt, die beliebte Wildwechsel der Wildkatze sind. Näherte sie sich, löste der Bewegungsmelder das Foto aus – und 118 Bilder waren im Kasten. Die Auswertung zeigte: Der Nationalpark ist eines der größten Wildkatzengebiete Deutschlands.

Das ist nicht selbstverständlich: Ende des 19. Jahrhunderts galt *Felis silvestris* in Nordrhein-Westfalen als weitgehend ausgerottet. Nur in wenigen Rückzugsarealen hat das in der „Roten Liste" als „stark gefährdet" eingestufte Tier überlebt – und dazu zählen der Nationalpark, die Eifel, Rheinland-Pfalz, Belgien, Luxemburg und Nordost Frankreich – hier leben noch die meisten Wildkatzen Mitteleuropas.

Wer sie auf Fotos sieht, lächelt unwillkürlich. Die meist sandfarbene, gräulich bis bräunlich gefärbte Katze ist nur wenig größer als unsere Hauskatze und ähnelt ihr auf den ersten Blick bestechend. Ihr wichtigstes Erkennungszeichen ist der buschige und haarige Schwanz mit mehreren schwarz geschlossenen Ringen, der mehr als 50 Prozent der Körperlänge ausmacht. Sie klettert flink über Bäume, bewegt sich aber überwiegend auf dem Boden und tötet die Beute mit einem Biss in den Nacken. Anders als die Hauskatze ist sie aggressiv und liebt es, allein durch die Wälder zu streifen.

Sie meidet Menschen, aber wie es scheint, sieht sie die Kamera nicht als Störenfried: Eine der fotografierten Katzen posierte ganze 19 Minuten vor der Linse.

Ein Edelstein fliegt übers Land

Vom Zauber des Eisvogels

Geheimnisvoll sind die Halkyon-Zeiten – sieben Tage vor und sieben Tage nach Luciae, der Wintersonnenwende am 21. Dezember. Sie erinnern an Halcyone, die Tochter des Windgottes, die sich verzweifelt ins Meer stürzte, als sie sah, wie ihr Gatte Ceyx in den Fluten versank. Von ihrer Treue beeindruckt, verwandelten die Götter die beiden Liebenden in Eisvögel. Seitdem gibt es alljährlich mitten im Winter 14 ruhige, windstille Tage, an denen der Eisvogel brütend in einem schwimmenden Nest auf dem glatten Spiegel des Meeres sitzt.

Nichts davon ist wahr; auch wenn die alten Griechen und Römer alles daran setzten, um den zärtlich-traurigen Mythos glaubhaft zu machen. Plutarch berichtet von ineinander verflochtenen kleinen Fischgräten, die sich zierlich zum Meeres-Nest fügen. Plinius, der Ältere, erzählt, das Nest sei einem großen Schwamm ähnlich, könne nicht zerschnitten werden, zerbreche aber durch einen harten Schlag. Noch bis ins 19. Jahrhundert grassierte in der vogelkundlichen Literatur die Idee, der Eisvogel brüte während der windstillen Halkyon-Tage mitten im Winter auf dem Meer.

Ist es das Sinnbild von ehelicher Liebe und Treue, das den Eisvogel zum Mythos und zum Sehnsuchtsobjekt macht? Ist es die Sage der australischen Aboriginies, die munkeln, der in allen Farben des Regenbogens schillernde Schöne fliege wie ein Edelstein über Land und wo er sich niederlasse, gluckere eine Quelle? Oder ist es die Idee des Eifeler Dichters Hubert Wachtendonk, der sagt: „Arm ist, wer seinen Eisvogel verfehlt! Seine Berufung versickert im Nichts. Er ist so gut wie nicht gewesen.“

Warum auch immer: Wie viele andere, suche ich nach dem Eisvogel. Und seit Monaten frage ich Bekannte, Verwandte, Experten und Laien: Habt ihr ihn gesehen? Oft nicken sie mit leuchtenden Augen und nennen Schauplätze: In Heimbach an der Rur, am Haus des Gastes, an der K7, im Schliebachtal. „Wie sieht er aus?“ frage ich weiter. Meist kommt eine Handbewegung, flink, hektisch von links nach rechts: „Wie ein Blitz.“ – „Voller Farbe.“ – „Unirdisch schön.“ – „Wie etwas ganz Besonderes.“ – „Wenn Du ihn gesehen hast, weißt Du, dass er es war.“ Und wieder hat ihn Hubert Wachtendonk am schönsten beschrieben: „Eisvögel, sagt man, schwängen ein gleißendes Schwert über dem durstigen Dämmer verborgener Seen…“

Dabei sind Verwechslungen nicht ausgeschlossen: Der Kleiber hat wie der Eisvogel einen recht langen Schnabel und – wie der Eisvogel – eine weiße Kehle. Auch ist er ebenfalls an Brust und Bauch rostbraun bis rahmfarben; das Deckkleid ist blaugrau gefärbt. Was dem Kleiber fehlt und was den Eisvogel so einmalig macht, ist der auffällige schillernd-schöne azurblaue Rückenstreif. Hat der altdeutsche Wort „eisan“ für „schillern – glänzen“ dem Eisvogel seinen Namen gegeben?

Eisvogels Eigenart ist es, von einem Ast, einen halben Meter über dem Wasser, aufs Wasser zu äugen und – wenn er Beute sieht – kopfüber ins Wasser zu stürzen, um nach dem Fisch zu tauchen. „Kingfisher" heißt er bei den Briten und „Kungsfiskare" bei den Schweden.

Lesen lässt sich vieles über diese spektakuläre Form des Nahrungsfangs, aber sehen lässt sich der Eisvogel selten. Die meisten kennen ihn – auch wenn sie anderes beteuern – nur von Bildern und vom Fernsehen. Sein heimliches Leben verbringt der Vogel ausschließlich an sauberen, unverbauten, fischreichen Fließgewässern. Er ist keine Leitart des Nationalparks, lebt und brütet aber an seinen Rändern. Und auch dort tarnt er sich – trotz seines prächtigen Gefieders – erstaunlich gut. Seine Farben lösen sich vor dem Hintergrund des von Licht und Schatten gefleckten Ufergehölzes auf. Selbst im Flug lässt er sich nicht blicken; zu flink sind seine Bewegungen.

Geduld, Übung, Glück und Ruhe sind nötig, um ihn zu finden. „Von zehn Begegnungen höre ich neunmal nur seinen durchdringenden Ruf", sagt ein Ornithologe: „Tieth" – „tieht", nach wenigen Sekunden noch einmal „tieht", pfeift der Vogel, der zum Wappentier des Naturschutzes wurde; vielleicht weil er alles hat, was der Sehnsucht des modernen Menschen nach unberührter Natur entspricht: Eine heimelige Lebensweise, eine intakte Umwelt, berückende Schönheit, Entschlossenheit bei der Nahrungsaufnahme und eine Sage, die von der Unvergänglichkeit der Liebe erzählt. – Ich werde weiter nach ihm suchen…

Informationen: Biologische Station im Kreis Düren e.V., Zerkaller Straße 5, 52385 Nideggen, Tel. 02427/949870, www.biostation-dueren.de.

Biologische Station im Kreis Euskirchen, Steinfelder Straße 10, 53947 Nettersheim, Tel. 02486/95070, www.biostationeuskirchen.de.

Biologische Station im Kreis Aachen e. V., Zweifaller Str. 162, 52224 Stolberg, Tel. 02402/126170, www.bs-aachen.de.

Nationalpark für Kinder und Jugendliche

Wo Babys von Titibäumen fallen

Auf der Suche nach dem Schatz des Waldes

Kinder „begreifen" die Natur.

Waldgeist Friedbert hat ein großes Herz: Immer wenn Vollmond ist, versteckt er an der Wurzel eines Baums „mit besonders schönen Früchten und besonders großen Blättern" einen Schatz – diskret und zuverlässig. Wer ihn finden will, muss den Grips anstrengen und ein paar Prüfungen bestehen. Zur Belohnung entdeckt er den Schatz und weiß ein wenig mehr über den Wald.

Das freut Friedbert und seine Erfinderin: Sie heißt Claudia Wegenka, ist Waldführerin des Nationalparks und sieht besonders gerne Kinder in „ihrem" Wald nahe Monschau-Höfen. „Ich weiß, wo drauf die stehen", sagt sie selbstbewusst. „Ich habe selbst zwei Jungs."

„Abenteuer Waldschatz – eine Reise durch den Märchenwald" heißt der Familientag des Nationalparks. Er richtet sich speziell an Kinder und ihre Eltern und beginnt mit einer Karte, in die strategisch wichtige Plätze mit Buntstift und Fantasie eingezeichnet sind.

Heute hat Waldgeist Friedbert besonders viele Kinder angelockt. Es sind Herbstferien, und den meisten kommt ein Schatz im Wald gerade recht. Doch vor den Lohn haben die Waldgeister einen Marsch gesetzt. Und dabei gibt es einiges zu entdecken: „Ich hab Geheimnisse gern", flüstert ein kleines Mädchen, den roten Rucksack fest auf den Rücken geschnürt. Darauf setzt das Programm: Kinder sind neugierig und da es meist unmöglich ist, ihnen im Nationalpark Wildkatze, Hirsch oder Schwarzstorch zu zeigen, werden Geschichten erzählt, Spuren gesucht und Merkwürdigkeiten entdeckt.

Davon hat der Wald eine Menge. Zum Beispiel direkt am Wegesrand, wo eine kreisrunde Plattform zum Rätselraten einlädt: Haben hier Hexen getanzt? Hat hier ein Einsiedler gelebt? Stand hier ein Kohlenmeiler?

Es gibt Schlaue, die wissen alles: Es war tatsächlich der Platz, an dem ein Köhler früher seine Kohlenmeiler aufgebaut und abgebrannt hat. Hier hatte er alles, was er brauchte, um aus Holz Holzkohle zu gewinnen: Wald, Wasser und einen Weg für die Fuhrwerke. Claudia Wegenka schiebt noch schnell ein paar Informationen nach: „Früher ist in der Eifel Eisen gewonnen worden. Um eine Tonne Eisen zu verarbeiten, wurden vier bis fünf Tonnen Holzkohle benötigt. Und um die zu bekommen, mussten 25 Tonnen Wald verfeuert werden." Die Kinder ahnen schon: Es gab Zeiten, da war dort, wo heute Eichen, Buchen und Fichten im Wind rauschen, nichts als kahle Fläche.

Zum Glück ist das vorbei; heute kann sich jeder die Bäume mal genauer ansehen. Die Buche, na klar, hat „Elefantenbeine" und ist daran bestens zu erkennen. Die Fichte hat Zapfen, die nach unten hängen, und wie kleine Wickelkinder aussehen. „Früher haben sich die Leute erzählt, die Kinder würden von der Titi-Tanne geschüttelt", sagt Clauda Wegenka. „Die Titi-Tanne war eben diese Fichte. Und der Storch, der ja in vielen Familien angeblich noch immer die Kinder bringt, war hier in der Eifel nicht so beliebt als Kinderbringer."

Auch die Eiche hat ihre Geschichte. Sie spielt in der Welt von Asterix und Obelix eine stumme Rolle. Früher hieß sie nämlich Drys, und daraus leitet sich das Wort Druide ab – so heißt der Zauberer, der mit goldener Sichel Misteln schneidet, um aus ihren Essenzen kräftige Zaubertränke zu brauen. Die Kinder staunen. Das hat ihnen noch niemand erzählt.

Wer noch mehr hören möchte, sollte gleich das „Wildnistraining" für die ganze Familie buchen. Hier werden besonders viele Pflanzen und Tiere des Walds von ihren unbekannten Seiten gezeigt: Die Schwarz-Erle zum Beispiel fühlt sich – wie jedes botanisch bewanderte Kind weiß – nur dicht am Wasser wohl. Was nicht jeder weiß: Weil der Baum nach der guten

An den Meilertagen wird in der Wildniswerkstatt Düttling nach traditioneller Art Holzkohle hergestellt.

Fruchtbarkeitsgöttin Arle benannt ist, hängten die Bauern ihre Zweige und Früchte früher gerne an der Stalltür auf, um das liebe Vieh mit göttlichem Beistand zur Vermehrung zu bewegen. Gleichzeitig war die Erle ein Symbol für Furchtsamens; stand sie doch gerne an dunklen, feuchten Orten, wo es nach Moder und Tod roch. Die Geschichte des „Erlkönigs" von Johann Wolfgang von Goethe ist nach ihr benannt und führt direkt in Tod und Verderben: Der arme Vater, der „so spät durch Nacht und Wind" geritten ist, hielt zum Schluss sein totes Kind in den Händen, das während des wilden Ritts gestorben war.

Geschichten über Geschichten kann der Wald erzählen. Sogar beim Anblick eines schwarzen Mistkäfers fällt manch einem ein, dass der für die Milben Taxi spielt: Die ungebetenen Gäste setzen sich auf seine Unterseite und lassen sich gemütlich von einem Misthaufen zum nächsten transportieren.

Auch die Fledermäuse sind als Transportmittel bestens geeignet: Sie klemmen sich ihre Jungen unter die Achsel, da sie dort ihre Zitzen haben, an denen die Kleinen – wie alle Säugetiere – suckeln möchten.

Im Herbst ist auch manches Eichenblatt einen Blick wert: Da zeigt das satte Braun den chemischen Abbau des grünen Farbstoffes Chlorophyll an, dessen wieder verwendbare Substanzen der Baum sozusagen ins Holz zurückzieht, um sie zu speichern – fürs nächste Jahr.

Auch wer fühlen will, hat im Wald viel zu tasten; wie das Geheimnis der „kalten" und „warmen" Bäume: Der glatte Stamm der Buche fühlt sich kühler an, als der aufgeraute Stamm der Fichte.

Solch umweltbewusstes Fühlen und Denken möchten die Bildungsangebote des Nationalparks fördern – auch bei den Familientagen. Durch die Naturerfahrungen mit allen Sinnen werden Grundlagen geschaffen.

Waldgeist Friedbert hat sicherlich seine Freude an dieser grünen Schule. Er hat heute 22 Kinder fünf Kilometer weit durch den Wald geführt, vorbei an einem geheimnisvollen Tal, in dem sich zur Frühlingszeit die Narzissen wiegen, vorbei an einem alten Bunker, in dem Fledermaus und Wildkatze leben und vorbei an einer Biberburg, deren Bewohner mit scharfen Zähnen Bäume fällen, um sie dann ins Wasser eines alten

Abenteuerspielplatz Natur

Teiches plumpsen zu lassen.

Nun stehen die Kinder auf einer Waldwiese: Zu ihren Füßen liegen braun-schwarze Haufen und – wie könnte es anders sein, zückt Claudia Wegenka ihre „Köttelkarte“: „Wer hat diese Losung fallen lassen?“ fragt sie. Die Kinder rätseln: Wildschwein oder Rotwild. Die Entscheidung fällt schnell: Hier bewegt sich Rotwild und lässt unübersehbare Haufen zurück.

Doch nun ist's genug: Irgendwo muss schließlich der Schatz versteckt sein – unter Friedberts Lieblingsbaum mit den „besonders schönen Früchten und den besonders großen Blättern“. Von der Sorte gibt es hier nur einen: Eine riesige Kastanie, die ihre Blätter zur Herbstzeit sanft braun färbt. Darunter finden sie eine Schatztruhe, die schnell geöffnet wird. Sie ist gefüllt mit kleinen Bündelchen; den Lieblingskräutern von Waldgeist Friedbert. Mit Wasser aufgebrüht, verwandeln sie sich nicht nur in einen wohlschmeckenden Tee; Friedbert verarbeitet sie zu einem Zaubertrank, mit dem er sich stärkt, wenn es ihm mal nicht so gut geht. Die Kinder können selbst entscheiden, ob sie dieses kleine Geschenk auch einmal ausprobieren wollen. Gegen die Extraportion Zauberkraft hat niemand etwas einzuwenden.

Schnell sammeln alle noch Äste und Zweige, um Waldgeist Friedbert ein Häuschen für die Nacht zu bauen. Er hat den Kindern so viel Spaß bereitet, dass er ein geschütztes Plätzchen verdient hat – auch wenn, wie die kleine Tina sicherlich richtig bemerkt – Waldgeister eigentlich keinerlei Häuser benötigen. Sie sind ja aus Luft – wie der Wind, der allen auf dem langen Marsch durch den Wald die Haare zerzaust und rote Wangen gemalt hat....

Weitere **Informationen** zu Familientagen für Kinder und Eltern sowie Veranstaltungstermine:
Nationalparkverwaltung, Tel.: 02444/951015,
www.kinder.nationalpark-eifel.de.

Informationen zur Waldgeschichte: Ausstellung „Knorrige Eichen, bunte Spechte und Waldgeschichte(n)" im Nationalpark-Tor Gemünd, Kurhausstraße 6, 53937 Schleiden-Gemünd, Tel. 02444/2011, täglich geöffnet 10 - 17 Uhr.

Große Liebe zu kleinen Käfern

Ein Tag in der Wildniswerkstatt Düttling

Wenn Susanne nach ihrem Lieblingstier gefragt wird, hat sie schnell eine Antwort: Der Mistkäfer. Gestern hätte sie noch Hund oder Pferd gesagt; doch heute ist Susanne in der Wildniswerkstatt Düttling, und heute ist alles anders. Heute kann sie in ihrem Rollstuhl durch den Wald fahren, kribbelige Käfer über die Hand laufen lassen, in der Hängematte die Blätter der Bäume zählen und auf dem Boden nach Tierspuren suchen. Die sind gar nicht so schwer zu finden. Sie muss nur sehen lernen und neugierig sein; dann ist alles ganz einfach.

„Wir erleben hier erstaunliche Wandlungen", Jutta D'Orsaneo, die Leiterin der Wildniswerkstatt Düttling. „Da kam ein Junge mit seiner Schulklasse und einem Discman auf den Ohren und gab uns deutlich zu verstehen, dass er von uns nichts wissen wollte. Doch nach einem halben Tag im Wald,

Sehen lernen und neugierig sein: In der Wildniswerkstatt werden Kinder zu Abenteurern.

an dem wir Wasser untersucht und Spuren entdeckt haben, wollte er gar nicht mehr gehen. Er fragte, ob er aufräumen helfen und auch mal alleine kommen dürfe. So etwas bestätigt uns, dass wir auf dem richtigen Weg sind."

In der 100 Hektar großen „Wildnis" ganz in der Nähe des kleinen Dorfs Heimbach-Düttling soll jedes Kind sein Abenteuer finden. Kreative Fragen zur Natur werden von den Rangern ganz individuell beantwortet in vier verschiedenen Ansätzen: Wildnis „leben", „erforschen", „gestalten" und „wahrnehmen", heißt die Devise in einem auf die Bedürfnisse der einzelnen zugeschnitten „Wildnismix".

„Wichtig ist uns, den jungen Leuten eine Idee davon zu geben, wie das Leben abseits der Zivilisation verläuft", sagt Jutta D'Orsaneo. Dass dieses Leben auch sehr gemütlich sein kann, erfährt die Gruppe mittags beim Picknick am Lagerfeuer. Denn das ist klar: Im Wald gibt es weder Kiosk noch Mülleimer. Der Rucksack ist die einzige Verbindung zur Außenwelt – und ein wunderbar warm mit Holz ausgestatteter Seminarraum, in dem die Abenteuer in vertrauter Runde reflektiert werden können.

Rund 7.200 Kinder und Jugendliche haben sich 2011 von 405 Veranstaltungen auf dem Gelände der Wildniswerkstatt inspirieren lassen. Tendenz steigend. Um allen Anfragen gerecht zu werden, mussten zwei weitere Schutzhütten im Wald gebaut werden. 17 Prozent der Angebote wurden von Gruppen gebucht, die Barrierefreiheit benötigten; die also trotz der Behinderung ihrer jugendlichen Mitglieder den Wald in seiner wilden Schönheit erleben wollten. Wie jedes Programm des

Nationalparks für Kinder- und Jugendgruppen sind die Wildnistage in Düttling kostenlos.

Auch die Angebote des bereits seit 38 Jahren bestehenden Jugendwaldheims in Kall-Urft, das seit 2009 nach den Zielen des Nationalparks arbeitet, fanden regen Anklang. 2011 konnte das Haus Lehrgänge für 87 Klassen aus 55 Schulen anbieten. Insgesamt sind dort bereits 1500 Lehrgänge veranstaltet worden.

Und das ist nicht alles: Um noch mehr Kinder und Jugendliche für die Natur und ihre Schönheiten zu begeistern, wird direkt in den Schulen für die Idee des Nationalparks geworben: „Wir konnten großes Engagement verzeichnen", sagt Jutta D'Orsaneo. „35 Schulen sind nach einem zweijährigen Prozess bereits als Nationalpark-Schule zertifiziert. Wir haben damit rund 15.000 Kinder erreicht. Darüber hinaus haben sich 21 weitere Schulen für den Zertifizierungsprozess angemeldet."

Kindern und Jugendlichen, denen all dies nicht genügt, die sich noch intensiver mit den Geheimnissen der Natur befassen möchten, können sich überdies zum Juniorranger ausbilden lassen – dann sind sie noch enger mit dem Wald verbunden und – wer weiß – vielleicht haben sie damit schon ihren künftigen Beruf gefunden.

Zurück in der Wildniswerkstatt: Der Abend ist hereingebrochen. Müde kehren die Abenteurer heim – wohl wissend, dass auch für das Nachprogramm bestens gesorgt ist: Klassen und Gruppen, die ein paar Tage bleiben und mehr erfahren möchten, können ins Nachbardorf Hergarten marschieren und im Nationalpark-Gästehaus, einem komplett renovierten Schmuckstück der Stadt Heimbach, übernachten.

Und auf dem Waldweg dorthin begegnet man Mistkäfern – meistens.

Informationen: Wildniswerkstatt Düttling der Nationalparkverwaltung Eifel, Forsthaus Düttling, Düttlinger Straße 26, 52396 Heimbach-Düttling, Telefon: 02446/805152, kinder@nationalpark-eifel.de

Nationalpark-Gästehaus in Heimbach-Hergarten:
Informationen zu dieser barrierefreien Gruppenunterkunft für Schulklassen, Kinder- und Jugendgruppen gibt die Stadt Heimbach, Schulstr. 8, 52396 Heimbach-Hergarten, Tel.: 02446/80977010, hergarten@rureifel-tourismus.de

Jugendherberge Hellenthal

Jugendherbergen am Nationalpark

Spurensuche im Wald und Expeditionen in die Wildnis stehen unter anderem auf dem Programm der Nationalpark-Jugendherberge Gemünd. Beim Training in freier Natur lernen Kinder und Jugendliche ganz neue Seiten von Wald und Flur kennen; ganz gleich, ob in der komplett angereisten Schulklasse oder Jugendherbergsgruppe: Das Programm ist speziell auf die Themen im Nationalpark Eifel ausgerichtet. Auch die Jugendherbergen in Rurberg, Monschau und Monschau-Hargard bieten Natur- und Abenteuerprogramme an. Hellenthal brilliert mit einem einzigartigen überdachten Hochseilgarten. Ganz neu gebaut ist die Jugendherberge in Nideggen direkt am dortigen Nationalpark-Tor. Von der Aussichtsterrasse auf dem Dach des Hauses genießt man den Blick über die Landschaft. Für Schulklassen stehen erlebnis- und waldpädagogisch betreute Programme mit Outdoor-Abenteuern wie Kanufahren und Klettern am Buntsandsteinfelsen im Mittelpunkt.

Informationen:
DJH-Service-Center Rheinland, Düsseldorfer Str. 1, 40545 Düsseldorf, Tel.: 0211 / 577 03-0, www.djh-rheinland.de.

r. S.: Rast am Urftseerandweg mit Blick auf Vogelsang

Die schönsten Kurzwanderungen

Hoch oben grüßt die Luna

Steil aufwärts zum Kloster Mariawald und zur „Luna“

Am Nationalpark-Tor Heimbach starten wir eine Wanderung, die zwar anstrengend, aber malerisch ist, und gleich zwei Eifelblicke präsentiert. Im Kloster Mariawald können wir auf halbem Weg verschnaufen und eine Erbsensuppe essen.

Stilles Eiland in der geschwätzigen Welt: Kloster Mariawald

Die Wanderung im Überblick

Anspruch: ★★★★
Gehzeit: 3 Stunden mit Pausen
Länge: 6 Kilometer
Ausgangspunkt: Nationalpark-Tor in Heimbach, direkt im Bahnhof.
Eigenschaft: Anstrengende Wanderung auf Waldpfaden, die zum Teil steil aufwärts führen. Für Kinder geeignet; ungeeignet für Kinderwagen. Höhenunterschied 220 Meter.
Ausrüstung: Wanderschuhe und Fernglas

I.S.: Rapsfeld bei Mechernich

Einkehrmöglichkeiten

Die Gaststätte in der Abtei Mariawald ist berühmt für ihre Erbsensuppe: Abtei Mariawald, an der L 249,
52396 Heimbach-Mariawald, Tel. 02446 / 950 60,
www.mariawald.com.

Sehenswürdigkeiten

Nationalpark-Tor in Heimbach: Das wohl ungewöhnlichste Nationalpark-Tor steht in Heimbach. Es ist sozusagen ein begehbares Hörspiel. Der Besucher wandert durch einen malerischen Foto-Buchenwald, während die tierischen Nationalpark-Promis Wildkatze und Schwarzstorch über ihre Eigenarten schwatzen. Blinde und Mutige können Präparate des Nationalparks erfühlen (siehe auch den Beitrag S. 116).
Nationalpark-Tor Heimbach (im Bahnhof),
An der Laag 4-6, 52396 Heimbach, Tel. 02446/8057914,
geöffnet 10 - 17 Uhr.

Kleines Nationalpark-Tor: Oberhalb der Gaststätte „Terrasse am See" eröffnet ein privates Tor dem Wanderer den Nationalpark:
Gaststätte „Terrasse am See", Schmalscheidt 4,
52396 Heimbach, Tel. 02446/3314.

Staubecken Heimbach: Der Stausee hat ein Fassungsvermögen von 1,2 Mio m^3 und wurde 1932 errichtet, um die unterschiedliche Wasserabgabe der ruraufwärts liegenden Kraftwerke Heimbach und Schwammenauel auszugleichen.

Soldatenfriedhof: Vom 450 Meter hoch gelegenen Soldatenfriedhof oberhalb von Mariawald bietet sich ein Fernblick über das Kloster, die Berge und Wälder der Eifel bis hin zur Rheinebene.

Luna: Beim Abstieg zurück nach Heimbach passieren wir die „Luna". Der Aussichtspunkt präsentiert das Städtchen Heimbach, das Jugendstilkraftwerk, den Stausee und den Meuchelberg in malerischer Schönheit.

Kloster Mariawald: Siehe den Beitrag auf Seite 61.

Die Wanderung

Wir starten am Nationalpark-Tor in Heimbach und gehen Richtung Ortszentrum, vorbei an der Tankstelle. Nach etwa 200 Metern überqueren wir die Straße und gehen über die geschwungene Holzbrücke. Ein Blick nach links zeigt zum ersten Mal Burg Hengebach. Hinter der Brücke starten die Kanufahrer zu ihren Expeditionen auf der Rur.

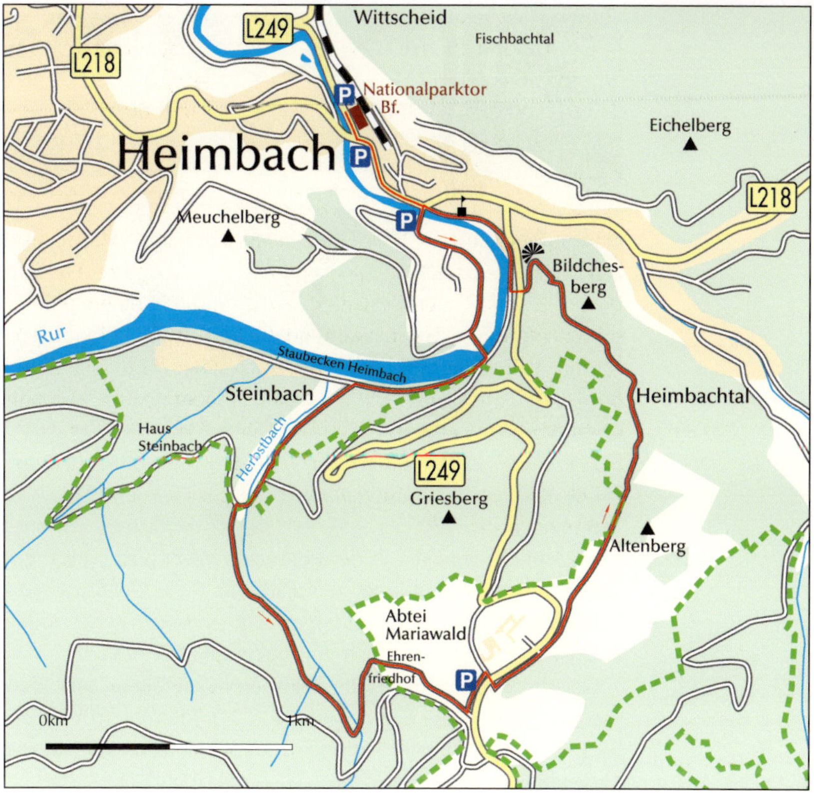

Wir marschieren nach links über den Parkplatz und wählen rechterhand den Weg, der uns an Schrebergärten entlang führt. Nach einem Kilometer erreichen wir die Mauer des Heimbacher Staubeckens, die wir überqueren. Das Staubecken Heimbach ist das kleinste Staugewässer am Nationalpark und dient hauptsächlich dem Hochwasserschutz und der kontinuierlichen Wasserversorgung der rurabwärts gelegenen Industrie. Strom wird mit Hilfe einer Turbine erzeugt.

Hinter der Staumauer wenden wir uns nach rechts und folgen dem Seerandweg. Nach weiteren 600 Metern erreichen wir eine Weggabelung. Ein Schild zeigt uns links hoch den Weg nach Mariawald. Am Herbstbach entlang geht es bergauf.

An einer Weggabelung gehen wir geradeaus weiter und folgen den Schildern Mariawald. Wir wandern zum Teil durch Buchenwälder mit viel Totholz. Die abgestorbenen Hölzer bieten Lebensraum für zahlreiche Tier- und Pflanzenarten.

Kloster und Eifelberge: 414 Soldaten fanden ihr Grab.

Der Weg endet am Soldatenfriedhof. Der Friedhof liegt 450 Meter hoch im Kermeter. 414 Tote des 2. Weltkriegs, darunter Russen und Polen, die in der deutschen Wehrmacht gekämpft haben, fanden hier ihre letzte Ruhestätte. Viele Gefallene starben im Alter von 18 bis 20 Jahren. Ein elf Meter hohes Kreuz und ein Gedenkplatz stehen im Mittelpunkt der Anlage.

Der Blick von dieser Stätte des stillen Gedenkens geht über das Kloster und die Eifelberge. Nach 3,3 Kilometern Wanderung vom Startpunkt Nationalpark-Tor können wir in der Gaststätte des Klosters Mariawald eine Rast einlegen.

Vom Kloster gehen wir ein Stück der L 249 Richtung Heimbach entlang und wenden uns nach 100 Metern rechts dem Weg zu, dem wir nach links entlang von weiten Wiesen folgen. Nach weiteren 1.100 Metern kommen wir an eine Weggabelung. Wir gehen links Richtung Heimbach über „Schöne Aussicht". Nach weiteren 400 Metern sind wir an der „Luna" und genießen einen Traumblick auf das Eifelstädtchen Heimbach.

Der malerische Platz verdankt seinen Namen einem Lehrer, der mit seinen Schülern hier eine Schutzhütte baute. Als ihn einer der Helfer fragte, wie lange er denn hier noch malochen müsse, antwortete der Pädagoge: „Bis die Luna scheint." Der Meuchelberg, der – einem Vulkankegel gleich – zwischen Heimbach und Stausee ins Blickfeld rückt, erinnert an die Legende um zwei Brüder, die sich hier im Streit bis aufs Messer bekämpft haben sollen.

Wir gehen abwärts und kommen an eine Abzweigung mit einer Hütte, die uns zwei Möglichkeiten zeigt: Wir können den

Weg abwärts nach Heimbach zur Ortsmitte wählen oder den Weg abwärts zur Straße. Beide Pfade führen uns zurück an den Ausgangspunkt, den wir nach gut sechs Kilometern erreichen.

Flucht vor dem Geschwätz der Welt

Trappisten-Kloster Mariawald

Euer Licht soll leuchten: Das Kirchen-Portal von Mariawald.

Ein Spatz putzt sich in der steinernen Tränke. In weißen Schalen dampft Erbsensuppe. Ausflügler, im bunten Zwirn des Sommers, hocken an rauen Steintischen und schauen über Wald und Wiese, wo Kühe Gras rupfen. Der heilige Bernhard von Clairvaux, einer der bedeutendsten Kirchenlehrer und Äbte der Zisterzienser, hat sie gerne beobachtet. In ihnen sah er ein Sinnbild seiner Mönche: Wie die Kühe, die geduldig wiederkäuen, so sollen auch die Brüder Gottes Wort als geistige Nahrung wieder und wieder verdauen.

Der 1091 geborene Bernhard war einer der bedeutendsten Kirchenlehrer und Äbte der Zisterzienser und seinen Regeln wird im Kloster Mariawald noch immer gefolgt: In Blumen sah er das Antlitz Christi aufleuchten, und nicht selten scherzte er, seine besten Lehrer seien die Eichen und Buchen gewesen.

Wer will, entdeckt überall in Mariawald Geheimnisse eines solchen Lebens in Kontemplation. Schon der Wahlspruch des Klosters „Luceat lux vestra – Euer Licht soll leuchten" verrät, dass dieser Ort mit Licht und Schauen zu tun hat. Oberhalb von Heimbach liegt er, 417 Meter hoch über den tief eingeschnittenen Tälern von Rur und Heimbach mitten im Kermeter. Ausblicke und Einblicke in die anrührend schöne Landschaft wecken eine Neugier, hinter die Fassaden des einzigen Trappistenklosters des männlichen Zweigs in Deutschland zu schauen.

Doch die heitere Offenheit, die den Besucher zunächst umfängt, ist trügerisch. Zwar kann jeder dem Gottesdienst in der schlichten gotischen Kirche beiwohnen oder von der Erbsensuppe in der Gaststätte probieren, doch das lateinische Wort „claustrum" wird hier wörtlich genommen: Es bedeutet Schloss, Verschluss, und so ist ein weithin sichtbares, glühend rotes Tor inmitten der weißen Mauerlandschaft rund um das Kloster Symbol dafür, dass dieser Ort ein merkwürdig abgeschlossenes Eiland in unserer kommunikationssüchtigen Welt ist. „Je mehr ein Mensch sich selbst, die Welt und Gott finden will, desto mehr und öfter muss er sein Tor schließen", heißt es in einer Broschüre über Mariawald.

Der Heilige Benedikt von Nursia (ca. 480 – 550), Gründer des Mönchstums im Abendland, hat dem Tagesablauf drei Elemente gegeben, die in Mariawald bis heute beherzigt werden: Stundengebet, körperliche Arbeit und Lesung. Mit einem Satz umschreibt Benedikt das Wesen des Mönchtums: „Durch die Mühe des Gehorsams heimkehren zu dem, von dem man durch Ungehorsam weggelaufen ist." Das Kloster – eine Schule, in der gegenseitige Achtung, Liebe und Hilfe gelehrt wird.

Das Geheimnisvollste aber, das den Menschen draußen an den Gasthaustischen des Klosters immer wieder ein Kopfschütteln abringt, ist das Schweigegelübde der Mönche. „Albernheiten aber, müßiges und zum Gelächter reizendes Geschwätz verbannen und verbieten wir für immer und überall. Wir gestatten nicht, dass der Jünger zu solchem Gerede den Mund öffne", steht klar in der Benediktusregel.

So entfliehen die Mönche von Mariawald noch heute dem Geschwätz der Welt hinter dicke Mauern, suchen – während vor ihren Toren die Ausflügler tratschen und plaudern – im Schweigen die Einsamkeit und sind doch nicht allein. Gemeinsam wird gebetet und gearbeitet – und gemeinsam wird das Allernötigste besprochen.

Schon tief in der Nacht, kurz nach 4 Uhr morgens, beginnt das Gebet der Vigilien. Das Dunkel hält die Kirche noch in seinem Bann, jedes Geräusch, jede Bewegung ist von Schatten geprägt. Das Unbewusste regiert das Bewusstsein und die Mönche schreiten durch die Finsternis zum Gebet. „Wer Gott finden will, muss die Helle, den Tag, der der Bereich des Menschen ist, hinter sich lassen und in die Nacht gehen", heißt ihr Gebot wie eh und je.

Besonders eindringlich ist die Weihnachtsnacht. Dann kann die Kirche die Schar der Gläubigen kaum fassen, die ihre Autos zur Andacht steuern und kurze Zeit teil haben wollen an der Einsamkeit des mönchischen Lebens und vom Glauben zum Schauen kommen möchten – wenigstens eine Heilige Nacht lang.

An den übrigen Tagen gelten die Regeln des Heiligen Benedikt von Nursia. Und das ist nicht selbstverständlich. In den Jahrhunderten, nachdem er seine Gebote aufgestellt hatte, gingen viele Mönche eigene Wege: Sie wurden Priester, Missionare

„Je mehr der Mensch sich selbst, die Welt und Gott finden will, desto mehr und öfter muss er sein Tor schließen": Das rote Tor am Kloster Mariawald

und Lehrer. Manche waren so wohlhabend geworden, dass sie Handarbeit verschmähten; andere entflohen der Einsamkeit.

Nach langen Richtungskämpfen zogen 1098 rund 20 Mönche mit ihrem Abt Robert in die Zisterz genannte Einöde. Der Kalender zeigte den 21. März, den Festtag des Heiligen Benedikt: Nach Ansicht der Brüder ein idealer Termin, um ein neues Kloster zu gründen.

Ihr Leben war nicht einfach. Verachtet und verlacht, versuchten sie den Gegnern zu trotzen, doch konnten sie ihre Idee, in Einsamkeit und von ihrer Hände Arbeit zu leben, gegen alle Widerstände durchsetzen.

Noch heute sieht sich Mariawald in der Linie dieser ersten Mönche. Es ist ein Kloster des Ordens der Zisterzienser der Strengeren Observanz (OCSO), allgemein Trappisten genannt, und die elf Mönche werden seit 2006 von ihrem Jüngsten, dem 9. Abt, Dom Josef Vollberg, geführt.

Er achtet darauf, dass der Tagesablauf im Gleichgewicht von körperlicher Arbeit und geistlichem Leben ist. Wie eh und je wird der gute Klosterlikör nach alter Rezeptur gebraut. Er hat die Mönche be-kannt gemacht – zumindest bei Freun-den eines kräftigen Tropfens; ist er doch hilfreich gegen Zipperlein aller Art. Auch die weithin bekannte Erbsensuppe wird seit den 50er Jahren als Pilgersuppe nach dem immer gleichen Rezept gekocht. Die Landwirtschaft spielt kaum noch eine Rolle. Da die Zahl der Brüder schrumpft, die Arbeit den wenigen verbliebenen über den Kopf wächst, verpachtete das Kloster seine 100 Hektar Land und Wald an die Nationalparkverwaltung Eifel. Derlei Einnahmen sind wichtig, sichern sie doch die Finanzierung des Klosters.

Durch die Finsternis zum Gebet: Kirche und Gästehaus von Mariawald

Bei so viel nüchternem Realitätssinn ist es hilfreich, ab und zu an die wundersame Geschichte zu denken, die zur Klostergründung geführt hat. Sie erzählt vom Heimbacher Strohdachdecker Heinrich Fluitter, der um 1470 eine Pietá kaufte, sie in einen hohlen Baumstamm mitten im Kermeter-Wald stellte und einen stillen Platz der Verehrung schuf, der immer bekannter wurde und 1480 in der Nähe zur Klostergründung durch die Zisterzienser von Bottenbroich führte.

300 Jahre betreuten die Mönche die Pilger, bis die Kämpfer der französischen Revolution durchs Land zogen und das Kloster 1795 aufgehoben wurde. Der wertvolle Antwerpener Schnitzaltar mit dem Gnadenbild wurde gerettet: Er fand einen neuen Platz in der Heimbacher Kirche.

1860 bauten die Trappisten aus der Abtei Oelenberg die mittelalterliche Klosteranlage wieder auf. Doch wurde ihre Arbeit durch den preußischen Kulturkampf jäh unterbrochen: Erst 1887 konnte die Klosterkirche wieder eingeweiht werden. 1909 erhob das Generalkapitel des Ordens Mariawald zur Abtei.

Doch die Zeit der Prüfungen war noch nicht vorbei: Während des 3. Reichs wurde das Kloster erneut durch die Nazis geschlossen und konnte erst ab 1945 wieder bewohnt und aufgebaut werden.

Heute versuchen die Mönche mit Zurückgezogenheit der Reizüberflutung unserer Zeit zu begegnen: Das Wissen um die Gegenwart Gottes in jeder alltäglichen Handlung nennen sie „kontemplativ leben".

Tipps

- Männer, die drei bis acht Tage lang Klosterluft schnuppern und sich in der stillen Atmosphäre des Klosters besinnen möchten, können sich als Hausgäste den Mönchen anschließen.
- Ein Pfad nach Mariawald ist steil und mühsam: Von der L 249 in Heimbach aus führt ein Stationsweg mühsam bis in die lichte Höhe.

Klosterprodukte:
Im Klosterladen gibt's neben Broten, Naturkosmetik und Handwerklichem vor allem den berühmten Klosterlikör. Die Rezeptur wurde vor rund 100 Jahren in Zusammenarbeit mit einem Apotheker kreiert. Ausschließlich Kräuter und natürliche Zutaten werden verwendet, die zum Teil aus verschiedenen Erdteilen bezogen werden. Das an Honig erinnernde Produkt wird weithin gerühmt wegen seiner die Verdauung fördernden und heilsamen Wirkung. Der Trappisten-Abteitropfen hat eine dunklere Farbe und weniger Alkohol.

Seit Oktober 2004 werden in Kloster Mariawald feine Pralinen und Schokoladen hergestellt. Die Schokoladen sind gefüllt mit einer Trüffelmasse aus Sahne, Butter und Mariawalder Klosterlikören – getreu nach einem Grundrezept der Mönche aus dem Jahre 1928.

In der Klosterbuchhandlung findet der Besucher religiöse Literatur, Wanderführer und -karten, Kunstartikel, Grußkarten und Musik-CDs.

Die Gaststätte mit ihren 110 Plätzen ist ein beliebter Anziehungspunkt für alle, die einfache Gastlichkeit und die berühmte Erbsensuppe mögen.

Informationen:
Abtei Mariawald, Zisterzienser von der strengeren Observanz (OCSO), Mariawalder Straße, 52396 Heimbach, Tel. 02446/95060, www.kloster-mariawald.de.

Wandertipp: „Wege der Stille" heißt eine geführte Wanderung, die unter anderem zum Kloster Mariawald und über den Stationenweg führt: Big-Service, Dirk Küsters, Karl-H.-Krischer-Platz 1, 52396 Heimbach, Tel. 02446/805426.

Gelb lacht der Frühling

Zu Bachtälern mit Bärlauch und Narzissen

Rund um den Wanderparkplatz Wahlerscheid hat noch die Fichte ihr Revier: 80 bis 90 Prozent der Waldbestände deckt sie hier ab. Die Wanderung führt vorbei an weitläufigen natürlichen Bachtälern, die zum Teil von Fichten befreit wurden, um Kräutern, wilden Narzissen und Insekten einen optimalen Lebensraum zu geben.

Die Wanderung im Überblick

Anspruch:	★☆☆☆
Gehzeit:	2 Stunden mit Pausen
Länge:	4 Kilometer Überwiegend ebene Wege, eine leichte Steigung.
Ausgangspunkt:	Wanderparkplatz Wahlerscheid an der B 258. Von Schleiden in Richtung Monschau kommend, in der Nähe des Feuerwachturms, rund 200 Meter hinter dem Abzweig L 245 Richtung Malmedy.
Eigenschaft:	Wanderung auf Waldwegen, die überwiegend durch flaches Gelände führen. Für Kinder, aber nicht für Kinderwagen geeignet. Wahlerscheid ist mit 640 Metern ü. NN der höchste Punkt des Nationalparks Eifel. Hier muss mit hohen Niederschlagsmengen gerechnet werden.
Ausrüstung:	Wanderschuhe

Einkehrmöglichkeiten

Während der Wanderung gibt es keine Einkehrmöglichkeiten. Mit dem Auto ist das **Nationalpark-Tor Monschau-Höfen**, mit seiner Gastronomie gut erreichbar.

Nationalpark-Gastgeber

Alte Molkerei, Hauptstraße 72,
52156 Monschau-Höfen, Tel. 02472/8025777.
„Haus Vennblick“, Hauptstraße 24,
52156 Monschau HöfenTelefon +49 (0)2472. 22 95
Eine Reise wert ist auch der „Zaunkönig“ in Monschau-Höfen: Bei schönem Wetter lädt das Gartenlokal zur Muße ein.

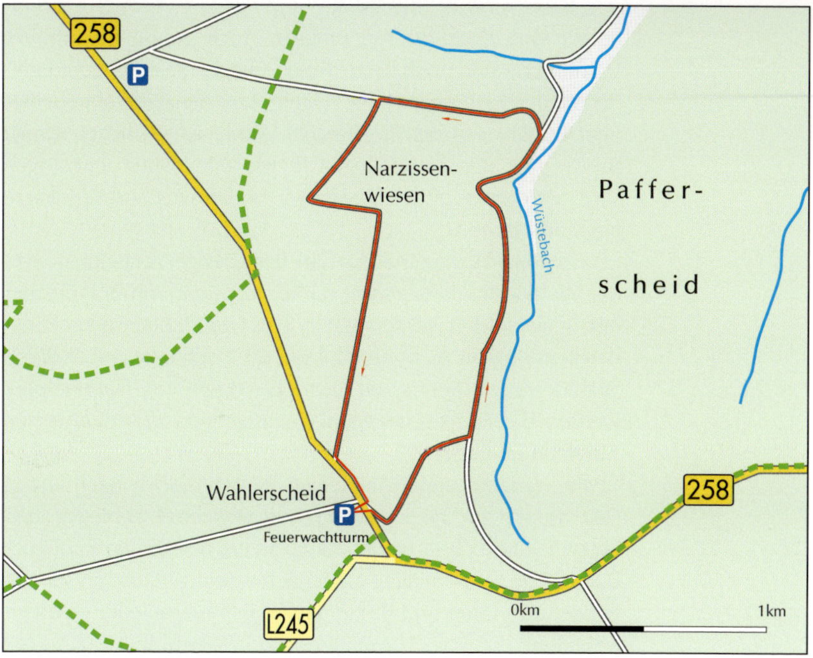

Restaurant „Zaunkönig", Kauferberg 23,
52156 Monschau-Höfen, Tel. 02472/2151.
Ebenfalls in Monschau-Höfen steht das „Alte Eifelhaus", das älteste reetgedeckte Bruchsteinhaus der Region. Hier wird die Kaffeestunde zum Erlebnis.
„Altes-Eifelhaus 1650", Hauptstraße 96,
52156 Monschau-Höfen, Tel. 02472/6948.

Wanderung

Wir überqueren die Straße am Wanderparkplatz Wahlerscheid, gehen rund 30 Meter nach rechts, um dann links in den Waldweg einzubiegen. Wie die Spuren am Wegesrand deutlich zeigen, wird auch im Nationalpark viel Holz gefällt; allerdings nach strengen Regeln: Holzarbeiten dürfen zum Beispiel nur im Winterhalbjahr durchgeführt werden.

Die Fichten ringsum sind rund 55 bis 65 Jahre alt und wurden nach den Kriegswirren gepflanzt. Nur selten sind alte Eichen oder Buchen zu sehen, die das Inferno des 2. Weltkriegs überlebt haben. Zwischen 1936 und 1938 ist mit erheblichem Aufwand der Westwall gebaut worden, der zwischen Kleve und Basel rund 17.000 Bunker und die so genannte „Höckerlinie“, eine Panzersperre, umfasst. Auch zu Beginn unserer Wanderung sind noch Reste dieser Anlagen zu erkennen: Links des Weges sehen wir einen Hügel, unter dem sich ein ehemaliger Bunker verbirgt. Im Bereich Wahlerscheid liegen einige Bunker, die den Sprengungen in den 80er Jahren entgangen sind. Sie dienen oft Fuchs, Dachs, Fledermaus und Wildkatze als Kinderstube.

In diesem Waldgebiet hart an der Grenze zu Belgien wird der Waldbestand insgesamt stärker reguliert; von Borkenkäfer befallene Fichten werden gefällt. Der Grund: Die Borkenkäfer-Probleme sollen nicht den belgischen Nachbarn und anderen Waldbesitzern überlassen werden. Mitten im Nationalpark werden die Fichten dagegen weitestgehend den natürlichen Abläufen überlassen.

Wir wandern geradeaus weiter bergab bis wir nach knapp 500 Metern im Tal links Richtung Hirschrott abbiegen und einen Erlenbruch erreichen. Schwarzerlen wachsen häufig an Bachläufen und schlagen auch nach einem Windbruch schnell wieder aus. Erlen und Birken sollen sich hier wieder vermehrt ansiedeln.

Der Weg führt am breiten Tal des Wüstebach entlang. Hier wurden umfangreiche Arbeiten zur Entfernung der Fichten durchgeführt: Die Talauen waren vor dem 2. Weltkrieg Grünland. Noch heute sichtbare Flüxgräben förderten Bewässerung und Düngung der mageren Wiesen.

Nachdem die Landwirtschaft aufgegeben worden war, wurde das Tal mit Fichten aufgeforstet. Das Wasser versauerte durch Nadelstreu und Dunkelheit. Mitte der 70er Jahre wurden die Bachläufe renaturiert, Fichten gefällt. Die Wiesen von Wüste- und Püngelbach zählen zu den ökologisch wertvollen Flächen, die als Kulturbiotope offen gehalten und damit gemäht werden sollen. Der Boden wurde mit dem frischen Heu naturnaher Wiesen bedeckt, damit sich die Samen der Kräuter verteilen.

Zwischen Mitte April und Mitte Mai verwandeln sich die offenen Flächen in ein gelb blühendes Paradies. Unzählige wilde Narzissen läuten die warme Jahreszeit ein. Ab Ende Mai bis Mitte Juni wird die Magertrift zum weißen Blütenmeer: Dann hat der Bärwurz seine Zeit. Doch auch in den übrigen Monaten haben die Wiesentäler ihren Reiz: Kräuter und Blumen blühen. Im Winter schaffen Schnee und Eis reizvolle Akzente.

Nach weiteren 1.000 Metern biegen wir nach links ab und folgen dem Holzschild Richtung Parkplatz Wahlerscheid, das uns den Weg bergan zeigt. Wer den Wald rechts und links genau beobachtet, erkennt, dass unter den Fichten kleine Buchen wachsen. Insgesamt wird das Waldstück hier ausgedünnt und gelichtet, um den frisch gepflanzten Buchen eine optimale Möglichkeit zur Entwicklung zu geben.

Nach weiteren 600 Metern leichten Aufstiegs biegen wir an einem Waldwegekreuz nach links auf den Wanderweg ein, dem wir etwa 400 Meter bis zu einem weiteren Wegekreuz folgen. Hier biegen wir links ab, die anderen Wege sind Wirtschaftswege und nicht für die Öffentlichkeit freigegeben, und durchqueren eine Senke. Im Tal führt der Weg rechts bergan bis zu einem Schlagbaum. Dort folgen wir links dem Schild Richtung Parkplatz Wahlerscheid.

Narzissenwiesen bei Wahlerscheid

Wild und schön: So sind die Narzissentäler im Westen der Eifel. Bei Wahlerscheid entwickeln sie sich wieder zu voller Blüte. Nach alter Väter Sitte werden die von Fichten befreiten Bachtäler spät, erst Mitte Juli bis Anfang August, gemäht. So hielten es schon unsere Vorfahren im Mittelalter, die weite Täler als Notweiden und Wiesen nutzten.

Und sie waren ideenreich: Da der Boden durch die Heuernte Nährstoffe verliert, leiteten sie Bachwasser mit Hilfe von kleinen Dämmen, den so genannten Flüxgräben (Stau- oder Umlenkgräben), in die Täler. Wurden die Gräben gestaut, breitete sich das Wasser aus; die Wiesen blieben feucht und der Boden wurde mit Schwebstoffen gedüngt.

Heute sind die Flüxgräben Vergangenheit. Die Pflanzengesellschaften, die hier wachsen, weisen viele gefährdete Arten oder Biotope der „Roten Liste" auf und lieben gerade die nährstoffarmen Standorte.

Im Frühjahr erregen die Narzissenwiesen größte Bewunderung der Ausflügler. Mitte April bis Mitte Mai wogen Millionen von Gelben Narzissen im Perlenbach-, Fuhrtsbach- und Oleftal und eben in Wahlerscheid. Anfang Juni folgen die weißen

Entlang des Wüstebaches wachsen Schwarzerlen und Narzissen

Dolden der Bärwurz und die rosa Blütenstände des Schlangen-Knöterichs. Auch der violette Wald-Storchschnabel, die Schwarze Teufelskralle oder der Große Wiesenknopf geben ihr Bestes, um im bunten Spiel mitzuhalten. Von Juli bis August folgt das Gefleckte Johanniskraut, die Schwarze Flockenblume und der Teufelsabbiss. Im Herbst und Winter setzen Eis und Schnee ganz besondere Akzente.

Der Star unter den Schönen aber ist die wild wachsende Gelbe Narzisse (Narcissus pseudonarcissus), die Stammpflanze unserer beliebten Osterglocken. Unter guten Bedingungen vermehrt sie sich durch Tochterzwiebeln, aber auch über Samen, die von Ameisen emsig in die Umgebung verschleppt werden. Viel Feuchtigkeit benötigt die Pflanze, um prächtig zu gedeihen. Und daran mangelt es nicht: Wahlerscheid zählt zu den feuchtesten Flecken der ganzen Eifel.

Informationen: Im April und Mai werden geführte Narzissenwanderungen, auch in gebärdensprachlicher Begleitung angeboten. Tel. 02444/95100, www.nationalpark-eifel.de.

Weitere Führungen zu den Narzissenwiesen auch außerhalb des Nationalparks bietet an: Verein Naturpark Nordeifel e.V., Bahnhofstraße 16, 53947 Nettersheim, Tel.: 02486/911117, www.naturpark-eifel.de.

Prächtig ist die Sicht

Durch weite Buchenhallen zur Hirschley

Der Wanderparkplatz „Kermeter“ ist Startpunkt für viele Wanderungen. Hier beginnt auch der barrierefreie Naturerlebnisraum „Wilder Kermeter“. Wir wählen die Rundroute zur Hirschley, einem bekannten Aussichtspunkt, der von den Zuschauern des Westdeutschen Rundfunks auf Platz 1 der Naturschönheiten in NRW gewählt worden ist, und ziehen auf dem Weg durch eindrucksvolle Buchenhallen.

Die Wanderung im Überblick

Anspruch:	★☆☆☆
Gehzeit:	1,5 Stunden mit Pausen
Länge:	4,5 Kilometer
Ausgangspunkt:	Wanderparkplatz „Kermeter“ an der L 15. Am Ausgangspunkt informieren Tafeln in Braille-Schrift und Tonträger über den Nationalpark. Auch Toiletten und Picknickeinrichtungen sind vorhanden.
Eigenschaft:	Wanderung überwiegend durch Buchenwälder in überwiegend leicht bergigem Gelände. Auf dem Weg über Forsthaus Paulushof zur Hirschley ist das Gefälle unter 6 %, zwischen Hirschley und Schwarzem Kreuz bis zu 8 %. Durch die glatte Wegeoberfläche und das geringe Quergefälle ist der Weg für Rollifahrer und Kinderwagen bestens geeignet. Der gesamte Rundweg ist mit einem Blindenleitsystem ausgestattet. Ruhebänke alle 250 m, 4 Sinnesliegen.
Ausrüstung:	Wanderschuhe und Fernglas.

Einkehrmöglichkeit

Während der Wanderung gibt es keine Einkehrmöglichkeiten. Mit dem Auto ist die **„Kermeterschänke“** in Wolfgarten, ein Nationalpark-Gastgeber, gut erreichbar: Vom Parkplatz „Kermeter-Höhe“ über die L 15 bis zur Abzweigung, dann der L 249 Richtung Gemünd folgen. Am Dorf Wolfgarten liegt auf der rechten Seite gut sichtbar das Restaurant mit Gartenlokal. Der Gast wird familiär mit bürgerlicher Küche verwöhnt.

Hotel-Restaurant Kermeterschänke
Familie Kruff, Kermeterstr. 4, 53937 Schleiden-Wolfgarten, Telefon: 02444/2116, www.kermeterschaenke.de.

Idealer Rastplatz: Picknick mit grandioser Aussicht an der Hirschley

Wanderung

Links vom Parkplatz „Kermeter-Höhe" erstreckte sich von 1952 bis Ende 2005 das Sperrgebiet des Truppenübungsplatzes Vogelsang. Seltsam, aber wahr: Das Militär war Garant für das ungestörte Leben der Flora und Fauna. Sie gilt hier deshalb in vielen Teilen als einzigartig.

Wir folgen dem Weg, der uns an Douglasien vorbeiführt, die „geringelt" worden sind; d.h., ihre Rinde wurde kreisförmig abgehoben, was zum Absterben führt. Der Grund: Douglasien sind in Europa nicht heimisch und gefährden die Entwicklung der heimischen Laubbäume. Nach rund 800 Metern erreichen wir das „Schwarze Kreuz", wo eine große Tafel, auch für Behinderte, über das Wandergebiet informiert. Wir orientieren uns nach rechts und folgen dem Wanderweg halbrechts bergab.

Nach weiteren 800 Metern stehen wir inmitten eines schönen Buchenwaldhanges an einer Kreuzung. Wir wählen den Wanderweg links bergan, vorbei an einer sogenannten „Sinnesliege", die der Wanderer unbedingt nutzen sollte. Beim verträumten Blick in die Wipfel der Buchen kann er über den Sinnspruch „Ich verstehe nicht, wie man an einem Baum vorbei gehen kann, ohne glücklich zu sein" von Fjodor M. Dostojewski nachdenken. Nach weiteren 600 Metern erreichen wir rechterhand ein wenig unterhalb abseits des Wegs die Hirschley, den eindrucksvollen Aussichtspunkt, der den Blick auf die Waldseenlandschaft des Rursees und die Ortschaft Schmidt öffnet.

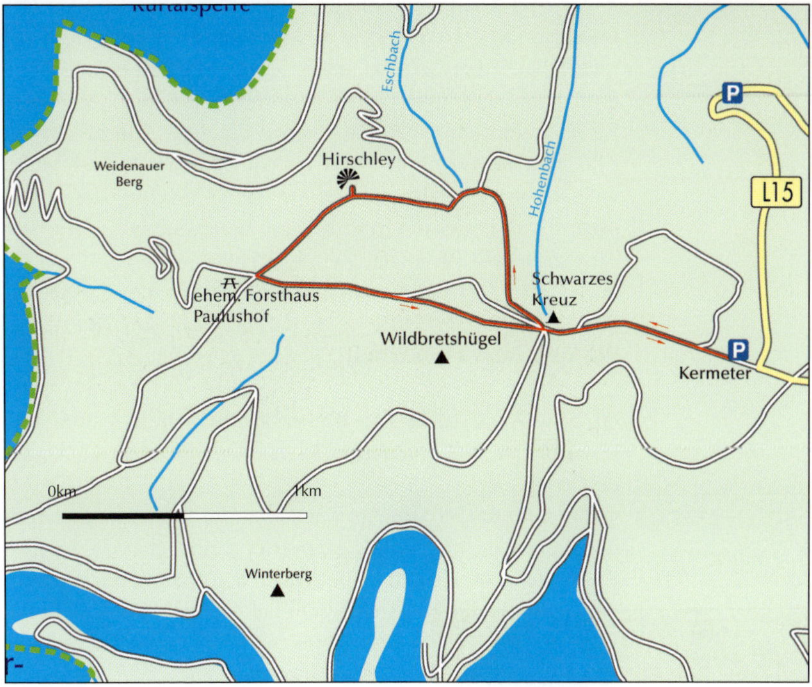

Sehenswert ist hier auch die Weißtanne, die bis zu 600 Jahre alt und bis zu 65 Meter hoch werden kann. Mit diesen stattlichen Maßen ist sie der höchste Baum Europas. Allerdings sind rund 90 Prozent der Bestände in den letzten 200 Jahren verloren gegangen. Nicht umsonst war die Weißtanne 2004 der „Baum des Jahres".

Wir gehen zurück bergauf, wo wir weiter unserem Weg folgen. Auf der linken Seite sehen wir eindrucksvoll die Arbeitsergebnisse der Borkenkäfer in den Fichtenbeständen: Zerfressene Äste, kahle Zweige. Im Nationalpark – wie hier im Kermeter - werden die „Käferbäume" ihrem Schicksal überlassen. Der Grund: Die Fichte kommt von Natur aus in der Eifel nicht vor und soll langfristig den heimischen Buchen weichen.

Nach weiteren rund 700 Metern leicht bergan erreichen wir das „Forsthaus Paulushof". Wo heute ein Rastplatz ist, stand in den 50er Jahren das besagte Forsthaus. Würden wir den Weg nach rechts gehen, kämen wir nach rund fünf Kilometern über die so genannte „Polenstraße" nach Rurberg. Sie wurde im Zweiten Weltkrieg von polnischen Kriegsgefangenen gebaut.

Wir aber wenden uns am Rastplatz Paulushof nach links und wandern über die Straße; wer will, folgt dann dem Waldweg rechts leicht bergan und dann wieder bergab. Beide Wege erreichen nach rund 1300 Metern wieder das „Schwarze Kreuz“. Auf dem Wege passieren wir einige „Spechtbäume“. Alle Spechtarten fühlen sich im Nationalpark wieder wohl, weil sie hier viel Alt- und Totholz finden. Nach weiteren 400 Metern und insgesamt rund 4,5 Kilometer sind wir wieder am Ausgangspunkt Parkplatz „Kermeter-Höhe“.

Borkenkäfers Fleißarbeit

Ob er will oder nicht: Der Borkenkäfer ist Teil der natürlichen Dynamik im Nationalpark Eifel und bereitet dem Laubwald den Weg.

Der Grund: Der winzige Käfer hat die Eigenschaft, sich in die Rinde von Fichten zu bohren und dort charakteristische Brutsysteme anzulegen, die ihm auch den Namen Buchdrucker eingebracht haben: Wer ein Stück befallene Rinde entfernt, entdeckt mühelos die Larvengänge in den Saft führenden Schichten des Baumes. Die Folge: Die Fichte stirbt ab.

Fraßspuren des Borkenkäfers

Das Phänomen wird im Wirtschaftswald intensiv bekämpft. Im Nationalpark wird es als Teil natürlicher Prozesse betrachtet: Hier sollen die Fichten der Buche weichen, die dem Standort Eifel besser angepasst ist, und den Gefahren durch Käferbefall trotzen kann: Bäume, die an passenden Standorten stehen, sind gesund und in der Lage, sich gegen Eindringlinge zu wehren.

So gesehen, hat der Mensch die Borkenkäferplage selbst inszeniert: Mit der Pflanzung von schnell wachsenden Fichten seit der Preußenzeit in Regionen, die wegen ihrer geringen Niederschlagsmengen eher ungeeignet sind, förderte er das Phänomen: Die Buchdrucker vermehren sich in langen Hitze- oder Trockenperioden explosionsartig.

Einhalt wird der Invasion nur in Randgebieten des Nationalparks geboten. Befallene Fichten werden hier sofort gefällt und entfernt. Der Grund: Die benachbarten Waldbesitzer sollen nicht in Mitleidenschaft gezogen werden.

Immer den Wegen entlang!

Über die Höhen nach Wollseifen

Über Höhenbuckel voller Ginsterbüsche auf dem ehemaligen Truppenübungsplatz Vogelsang führt die Wanderung nach Wollseifen, dessen Bewohner nach dem 2. Weltkrieg ihr Dorf räumen mussten – für englische Soldaten, die von 1946 bis 1950 das Gelände nutzten, bevor es dem belgischen Militär übergeben wurde.

Die Wanderung im Überblick

Anspruch:	★★☆☆
Gehzeit:	2 - 3 Stunden mit Pausen
Länge:	6,5 Kilometer
Ausgangspunkt:	Vogelsang
Eigenschaft:	Wanderung auf breiten Wegen, die überwiegend durch durch Wald und offenes Grasland führen. Für Kinder und geländegängige Kinderwagen geeignet.
Ausrüstung:	Wanderschuhe und Fernglas

Einkehrmöglichkeiten

Cafeteria in der ehemaligen **„Ordensburg" Vogelsang**.

Wanderung

Start der Wanderung ist der Besucherparkplatz der ehemaligen „Ordensburg" Vogelsang. Wir gehen ein Stück zurück an der früheren Wache vorbei.

Der Wanderweg führt geradeaus rechts an der Straße entlang bis wir das Holz-Schild „Wollseifen" sehen. Wir folgen dem Weg nach rechts und sehen am Horizont auf dem gegenüberliegenden Hügel bereits die Kirche von Wollseifen.

Wenn wir auf dem gut beschilderten Rundweg bleiben, führen uns die Schilder zuverlässig zur Wüstung Wollseifen, anschließend ins waldige Tal hinab und dann wieder bergauf zurück zur ehemaligen „Ordensburg".

WICHTIG: Die Wege dürfen keinesfalls verlassen werden. Die Beschilderung ist zu beachten: Zwar wurde das Gebiet von den belgischen Soldaten, die den Truppenübungsplatz seit 1950 bis Ende 2005 genutzt haben, geräumt. Doch noch immer ist hier der Kampfmittelräumdienst häufiger Gast: Viele Blindgänger sind trotz intensiver Suche noch nicht entdeckt worden.

Ein Dorf als Zielscheibe

Wie Wollseifen zum Schießplatz wurde

Ein böser Gruß vom „Kellebergsmännchen"? Wollseifen wurde zum Truppenübungsplatz. Pseudo-Gebäude für den Häuserkampf

August war's. Das Getreide stand gut in der Frucht, und die Wollseifener, im besten Sonntagstuch, hörten Gottes Wort – und manches Gerücht. Nach dem Kirchgang wurde das Bangen zur Gewissheit: Knapp drei Wochen blieben den 550 Menschen noch, um bis zum 1. September 1946 ihr Hab und Gut zu packen und eine neue Bleibe zu suchen.

Einige wurden von Erinnerungen überwältigt. Schon einmal, am 22. Dezember 1944, hatten sie ihr Dorf verlassen müssen. Schon einmal hatten sie bei Freunden oder Verwandten gehockt, denn Wollseifen war im 2. Weltkrieg Frontzone; schwere Bombardierungen verwüsteten das Dorf.

Im August 1946 herrschte Frieden im Land – aber nicht in Wollseifen. Die britische Besatzungsmacht hatte Monate nach Kriegsende entschieden, die Nazi-„Burg" Vogelsang und ihr Umfeld als Truppenübungsplatz zu nutzen – mitsamt dem gut zwei Kilometer entfernten Dorf: Weit abgelegen und einsam liegt es, ein idealer Platz – für Kampfübungen, Häusergefechte, Schießproben. Was störte, waren die Menschen – und die mussten gehen.

Am Sonntagmorgen des 12. August 1946 standen viele unter Schock; andere glaubten an einen schlechten Scherz. Sogar das „Kellebergsmännchen", eine alte Sage, die ins Jahr 1822 zurückreicht, wurde zitiert, in der Hoffnung, alles sei nur ein Hirngespinst. Damals erhängte sich einer der reichsten Männer des Dorfes, und der Pfarrer verbannte den Geist des Toten – so erzählen es die Alten – im Wald, nicht ohne eine

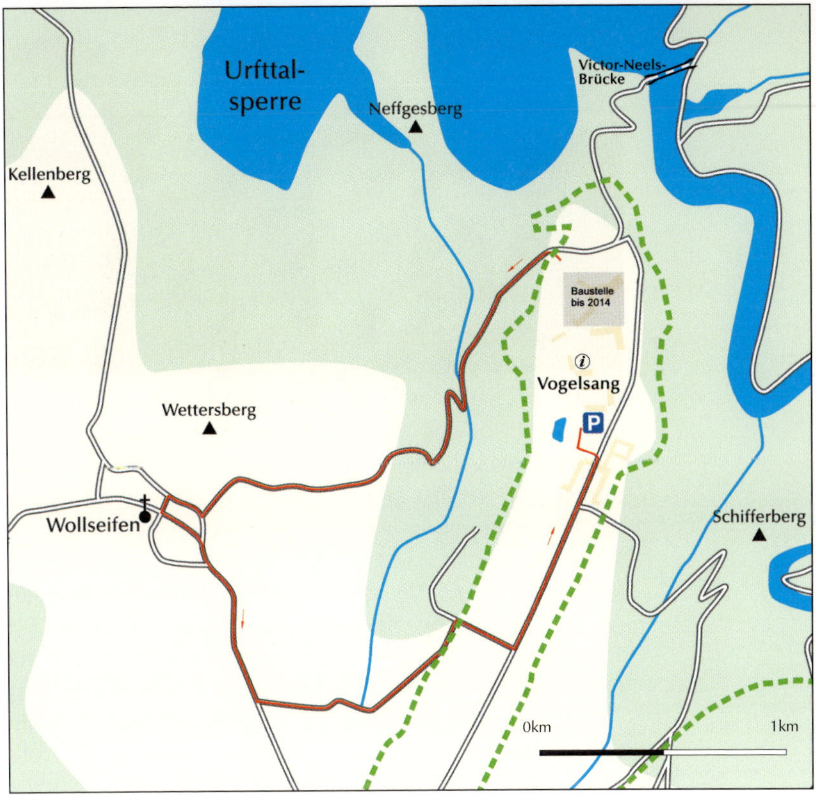

düstere Prophezeiung auszustoßen: Zwei Mal werde der Geist nach Wollseifen zurückkehren. War der Räumungsbefehl ein Geister-Scherz?

Die nächsten Tage brachten Gewissheit: Es war kein Scherz. Das Dorf wurde geräumt. Seine Bewohner, die gerade ihre im Krieg zerstörten Häuser notdürftig wieder aufgerichtet hatten, mussten neue Unterkünfte finden in umliegenden Eifeldörfern, die selbst von Not und Hunger beherrscht waren. Wollseifen wurde zur Wüstung. Nur einmal im Jahr, zu Allerheiligen, durften die Bewohner die Gräber besuchen; bis auch der Friedhof so zerstört war, dass 1955 die Umbettung angeordnet wurde.

Von weitem erlebten die Wollseifener, wie ihr Dorf brannte, angezündet bei Militärübungen. Als die alte Bausubstanz zerstört war, gingen die Übungen weiter – in 20 eigens gebauten Rohbauten aus Kalksandstein, die sich heute anstelle der alten Fachwerkhäuser seltsam fremd über den Hügel ziehen.

Ort der Besinnung: Das Kirchlein St. Rochus

Gespenstisch und einsam liegt das Dorf heute im weiten Land. Der Wind heult um das Kirchlein St. Rochus. Fern ist das düstere Steingebirge von Vogelsang zu sehen. Die offenen Fensterhöhlen zeigen schwarze Löcher. Die weißen Bauten aus Kalksandstein sind Fremdkörper in einer Landschaft, die Melancholie und Stille atmet. An das alte Wollseifen erinnern nur noch die Kirche mit einem neuen, niedrigeren Turm, ein Trafohäuschen, Teile der Dorfschule und ein Bilderstock am Ortseingang.

Was soll nun werden aus diesem mysteriösen Dorf im Herzen des Nationalparks? Die Würfel sind gefallen: Wollseifen wird ein Ort der Stille und Besinnung. Historische Bilder und ein Modell des alten Ortes erinnern an die Vergangenheit. Die Kirche hat ein neues Dach erhalten, Fenster und Türen wurden eingebaut und – wir sind nicht umsonst im Nationalpark: Die Fledermäuse dürfen unter dem Kirchendach hausen – als letzte Bewohner von Wollseifen, dem Eifeldorf, in dem der Krieg nicht zu Ende gehen wollte.

Informationen:
Traditionsverein Wollseifen, Karl Heup,
Wolferter Weg 33, 53940 Hellenthal.
Förderverein Wollseifen
www.foerderverein-wollseifen.de
Literatur: Traditionsverein Wollseifen (Hrsg.): Wollseifen – Das tote Dorf. Schleiden (Selbstverlag).

Rangertour: Die „Vogelsang-Wollseifen-Route“ startet an jedem Sonntag ab 13 Uhr an der Bucherinfo auf Vogelsang. Die Teilnahme ist kostenlos. Während der Wanderung, die auch nach Wollseifen führt, wird die Geschichte des Ortes erzählt.

Keuchend zur Kaisereiche

Über Bergpfade zum Aussichtsturm Wolfgarten

Hinter Gemünd beginnt der Weg in den Kermeter, der hier romantisch, ursprünglich und reich an Eichen ist. Die Wanderung führt mit einem kräftigen Anstieg hoch zur Kaisereiche, die anlässlich der Einweihung der Urfttalsperre durch Kaiser Wilhelm II. gepflanzt worden sein soll, und weiter zum Aussichtsturm Wolfgarten. Der frühere Feuerwachturm in Wolfgarten bietet einen schönen Blick über den Nationalpark bis ins Siebengebirge.

Die Wanderung im Überblick

Anspruch: ★★★☆
Gehzeit: 2 Stunden mit Pausen
Länge: 4 Kilometer
Höhenunterschied: 190 Meter
Ausgangspunkt: Nationalpark-Tor in Gemünd, direkt an den Kuranlagen des Kneippkurortes.
Eigenschaft: Wanderung auf engen Waldpfaden, die zum Teil steil aufwärts führen. Für Kinder geeignet; ungeeignet für Kinderwagen.
Ausrüstung: Wanderschuhe und Fernglas.

Einkehrmöglichkeiten

Nationalpark-Gastgeber:
Café-Restaurant Müller **„Zum alten Rathaus"**, Marienplatz 17, Tel.: 02444/914200 zur Einkehr an.
In Wolfgarten serviert die **„Kermeterschänke"**, Kermeterstr. 4, 53937 Schleiden-Wolfgarten, Tel. 02444/2116, ganztägig Mahlzeiten.
Am Startpunkt direkt am Nationalpark-Tor in Gemünd lädt das **„Gemünder Park-Restaurant"**, Kurhausstraße 5, 53937 Schleiden-Gemünd, Tel. 02444/2776, zur Rast ein.

Sehenswürdigkeiten

Das **Nationalpark-Tor in Gemünd**. Die Ausstellung „Knorrige Eichen, bunte Spechte und Waldgeschichte(n)" kann kostenlos besucht werden. Sie informiert ansprechend über die Eigenarten des Nationalparks, seine typischen Tiere und Pflanzen. Ein 17-minütiger Film zeigt die Schönheiten der Region, ihrer Pflanzen und Tiere.

Nationalpark-Tor Gemünd, Kurhausstr. 6, 53937 Schleiden-Gemünd, Tel. 02444/2011, Öffnungszeiten: 10 – 17 Uhr, www.nationalpark-eifel.de.

Vom **Aussichtsturm in Wolfgarten** prächtiger Blick übers Land. Zwei Tafeln erläutern an diesem Eifel-Blick das Panorama www.eifel-blicke.de

Charakteristik

Die Waldstücke sind zum Teil schon seit Jahren weitestgehend naturbelassen. Das ist am dichten Bodenbewuchs erkennbar: Traubeneichen wachsen hier ebenso wie Hainbuchen, Weißdorn und Eberesche.

Wanderung

Das Nationalpark-Tor, das im Kurpark von Gemünd liegt, ist Ausgangspunkt der Wanderung. Wer den Blick schweifen lässt, erkennt die malerische Lage des Ortes: Gemünd liegt am Zusammenfluss von Olef und Urft und direkt am Fuß des waldreichen Kermeter.

Überragend: Der alte Feuerwachturm in Wolfgarten

Vom Nationalpark-Tor aus wenden wir uns rechts dem Kermeter zu. Vorbei an einer Brunnenanlage, überqueren wir die Brücke über die Urft. Hinter der Brücke gehen wir sofort links und dann rechts den Bergpfad hinauf, dem Schild Wolfgarten 2,1 Kilometer folgend.

Nach wenigen Schritten sehen wir rechts unter uns einen Teich, den so genannten „Möhnensee“. Der Weg beschreibt eine scharfe Linkskurve und nach rund 300 Metern sind wir an einem Wegweiser, der uns nach rechts den Pfad hoch nach Wolfgarten weist. Nach weiteren 300 Metern erreichen wir eine Kurve und gehen scharf rechts und dann sofort wieder links hoch, dem Schild „Wolfgarten, Kaisereiche“ folgend.

Nach nochmals 300 Metern aufwärts folgen wir links dem Schild Wolfgarten. Auf der rechten Seite lädt eine Sitzgruppe zur Rast ein. Hier stand früher die „Jagdhütte Kaisereiche“. Auf dem Plateau dürfen wir uns eine der Eichen als „Kaisereiche“ vorstellen. Ihren Namen verdankt sie Kaiser Wilhelm, der 1906 die Urfttalsperre eingeweiht hat. Einige Förster nahmen das Ereignis zum Anlass, eine Eiche als Erinnerung zu pflanzen.

Nach rechts geht der Pfad weiter durch den Wald; die Sitzgruppe liegt zu unserer Rechten. Nach weiteren 300 Metern

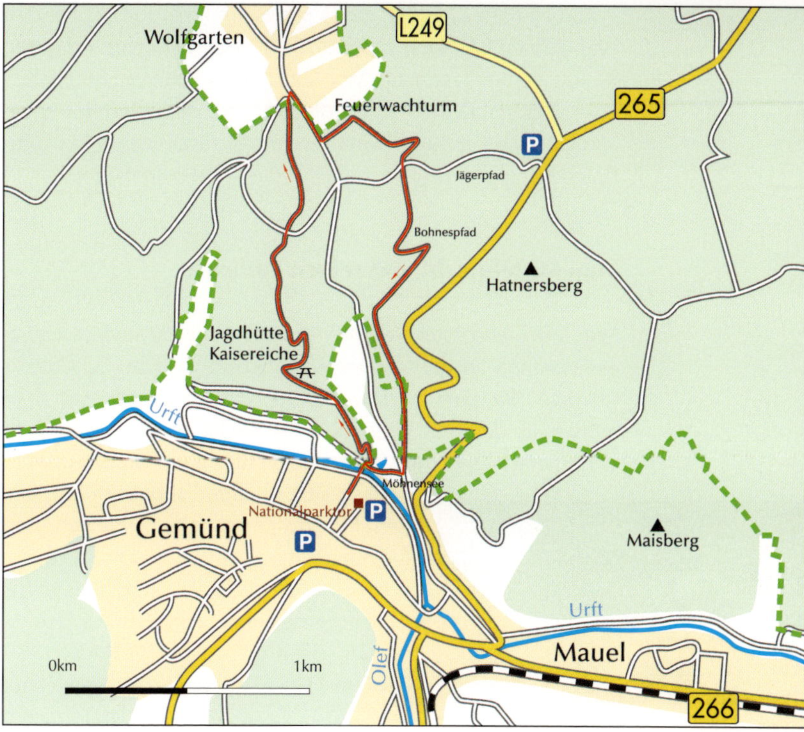

kreuzen wir einen Waldweg und gehen weiter geradeaus Richtung Wolfgarten. Auf der rechten Seite sehen wir eine Fichtenkultur, die bereits deutliche Schadspuren des Borkenkäfers zeigt. Mit den Jahren wird dieses Waldstück dem Insekt, was im Wirtschaftswald als Schädling bezeichnet wird völlig zum Opfer fallen. Die Bäume knicken um, wie zum Teil bereits geschehen. Hier ist kein menschlicher Eingriff mehr geplant. Die Natur soll hier die Regeln bestimmen und einen „Urwald" schaffen.

Nach knapp zwei Kilometern vom Ausgangspunkt Gemünd gemessen, erreichen wir das Dörfchen Wolfgarten, das mitten im Nationalpark liegt und zum Schutz gegen das Wild von einem Wildgatter umzäunt ist. Wir bleiben innerhalb des Waldbereichs und folgen dem Wanderweg zum alten Feuerwachturm Wolfgarten. Von seiner Spitze haben wir eine herrliche Aussicht über den Nationalpark. An klaren Tagen kann man bis Vogelsang, Dreiborn, ins Siebengebirge, nach Weisweiler und Düren sehen. Wer will, kann ins Dorf marschieren und in der Kermeterschänke Rast machen.

Zurück nach Gemünd geht's rechts am Turm vorbei über den Wanderweg T7. Nach weiteren 300 Metern kreuzen wir einen Waldweg, den Jägerpfad. Wir überqueren den Weg und gehen links abwärts, dem T7 kurz folgend, über den alten Bohnpfad zurück nach Gemünd. Nach insgesamt rund vier Kilometern Wanderung erreichen wir wieder das Nationalpark-Tor.

Vom Mittelspecht und seinen Vorlieben

Sein leuchtend roter Scheitel und sein schwarz-weißes Gefieder erinnern an den eng verwandten Buntspecht. Sein merkwürdiger Name auch: Etwas kleiner als der Buntspecht, aber größer als der spatzenartige Kleinspecht, ist er mit rund 22 Zentimetern eben mittelgroß und recht selten. Besonders wohl fühlt er sich in alten Eichenwäldern, wie den Hangwäldern nahe Schleiden und Gemünd.

Mittelspecht im Eichenwald-Diorama des Nationalpark-Tor Gemünd

Lange Zeit galt der Mittelspecht als Charaktervogel mitteleuropäischer Eichenwälder; doch er ist auch in Buchenwäldern zu Hause, sofern sie alt genug sind, um ihm mit ihren vermodernden Stämmen Nahrung zu gewähren. Im Gegensatz zu Bunt- und Kleinspecht „hackt" er nicht am Holzstamm, sondern sucht geduldig nach Insekten und Larven – besonders gerne in alten und toten Bäumen – Raritäten im Wirtschaftswald, aber gefördert im Nationalpark. Rund 100 Brutpaare wurden bisher im Nationalpark gezählt.

Der Mittelspecht ist – als Leittier der Ausstellung im Nationalpark-Tor Gemünd - Wappentier der gesamten Stadt Schleiden geworden. Sein Konterfei – gemalt von Tiermaler Conrad Franz – hängt im Nationalpark-Tor Gemünd als Sinnbild dafür, dass diese Tierart charakteristisch ist für Gebiete, die noch knorrige Eichenwälder aufweisen können.

Du wirst mehr in den Wäldern finden...

Der Schöpfungspfad bei Hirschrott

Die Wanderung besticht durch ihre Kontraste: Der Weg führt aus dem engen Tal von Erkensruhr und Hirschrott auf die 3.300 Hektar große Dreiborner Hochfläche mit Laubwald, Offenland und Ginsterbüschen. Hier bieten sich prächtige Weitblicke. Mit etwas Glück kann Rotwild beobachtet werden, das auf dem Gelände des ehemaligen Truppenübungsplatzes noch tagaktiv ist.

Die Wanderung im Überblick:

Anspruch:	★★★★
Gehzeit:	3 - 4 Stunden mit Pausen
Länge:	7 Kilometer
Ausgangspunkt:	Hirschrott oberhalb des Hotels „Zum weißen Stein"
Eigenschaft:	Wanderung auf überwiegend schmalen, bergigen Waldwegen. Für kleine Kinder nur bedingt geeignet. Für Rollstuhlfahrer und Kinderwagen nicht geeignet. Zum Teil steile Auf- und Abstiege.
Ausrüstung:	Wanderschuhe und Fernglas

Einkehrmöglichkeiten:

Gaststätten in Hirschrott.

Wanderung:

„Achtsamkeit", „Mono-Kultur", „Vielfalt", „Werden und Vergehen": Vokabeln, die ebenso oft genutzt wie lieblos missachtet werden. Auf dem Schöpfungspfad animieren die Worte zum Nachdenken und Meditieren – mit allen Sinnen. Hier ist der Wanderer tatsächlich „dem Leben auf der Spur" – mit jedem Schritt.

„Wo kann man besser Gott erfahren als in dessen eigener Schöpfung?" fragt der Leiter des Nationalparkforstamtes Eifel, Henning Walter, in einer Broschüre, die vom Netzwerk Kirche im Nationalpark Eifel gestaltet wurde, und durch ein „HERRliches Fleckchen Natur der Eifel" führt. Der Weg gibt ihm recht: Gleich hinter Hirschrott empfängt ein junger Buchenwald den Wanderer. Auf einer ersten Tafel ist „Achtsamkeit" das Losungswort, umrahmt von einem Gedanken

Das Steinlabyrinth als Symbol für den Lebensweg des Menschen ist die 9. Station auf dem Schöpfungspfad.

Bernhard von Clairvaux: „Glaube mir, ich habe es erfahren: Du wirst mehr in den Wäldern finden als in den Büchern. Bäume und Steine werden Dich lehren, was kein Lehrmeister Dir zu hören gibt."

Auf dem Schöpfungspfad ist das keine Floskel. Schon an der zweiten Tafel, betitelt mit „Mono-Kultur", ahnt der Wanderer, was es heißt, wenn allein Gewinnstreben die Welt regiert: Die Fichtenkulturen, durch die er zieht, wirken erstarrt, fast tot; eine von Menschen gemachte Landschaft, die vor allem eins bringt: Geld. „Eintönigkeit ist die Mutter der Langeweile und des Schlafs", sagt dazu Johann Georg Sulzer, und der Wanderer zieht weiter zur nächsten Lektion, die sich um „Werden und Vergehen" rankt und ihm Bilder von morbider Schönheit zeigt: Im Todholz wächst eine Vielzahl von Pflanzen. Pilzranken schmiegen sich an marode Baumstämme, moosgrün ist der Stumpf auf einem Teppich von Buchenblättern.

Auf zehn Stationen erzählt der Schöpfungspfad die Geschichte vom Leben in all seinen Facetten. Die Schauplätze wechseln; Stationen tiefer Dunkelheit bieten „Hindernis und Schutz"; dann öffnet sich der Weg „zwischen Erde und Himmel" und Werner Kallen wird angesichts einer riesigen Buche zitiert: „lass meine füße in die erde wurzeln und meine arme in den Himmel wachsen."

Hoch oben – nach teils steilem Aufstieg – bietet die Leykaul gleißendes Tageslicht und eine „Ruhezeit" auf Bänken. Dazu den weiten Blick übers Land. Und fast am Ende des wunderbaren Pfads ist der eigene „Weg zur Mitte" möglich, in einem

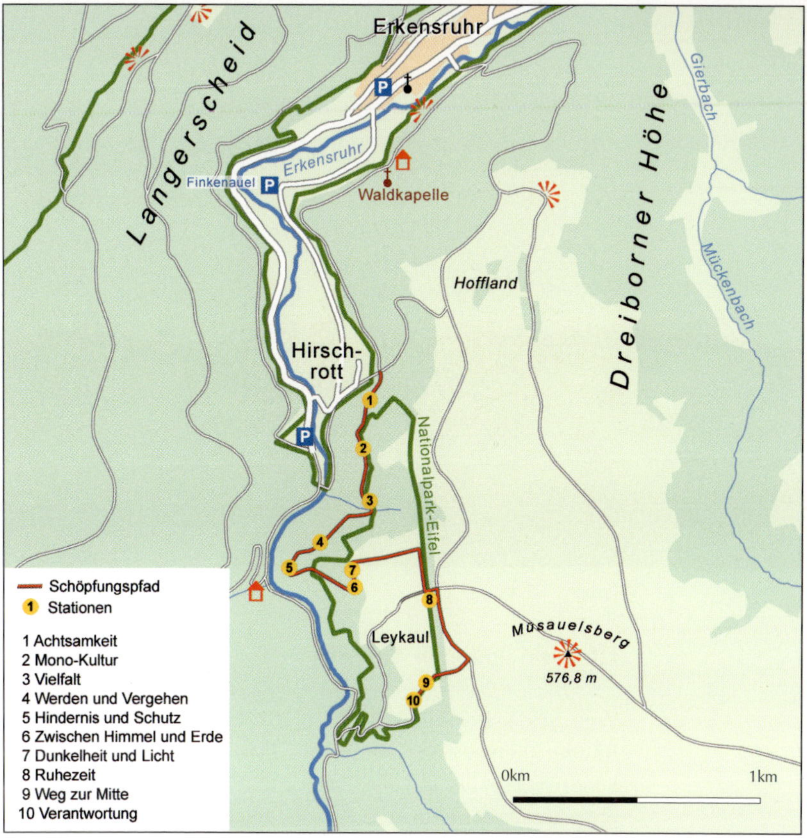

Labyrinth in kretischer Form mit sieben Umgängen – Symbol für den Lebensweg des Menschen.

Bevor der Besucher den Schöpfungspfad verlässt, darf er noch einmal innehalten, sich seiner „Verantwortung" bewusst werden und die Schönheit ringsum betrachten. Bereichert mit Worten und Zitaten aus Christentum, Judentum und Islam; Religionen, die in Bibel, Thora und Koran bekennen: „Gott ist Schöpfer allen Lebens, in der Schöpfung zeigt sich Gott..."

Informationen:
Das Netzwerk Kirche im Nationalpark bietet spirituell begleitete Wanderungen an. Auf Anfrage sind Führungen für Gruppen möglich. Die Touren starten jeweils um 14 Uhr ab Eingangstafel Schöpfungspfad in Simmerath-Erkensruhr-Hirschrott. Die Wanderung dauert etwa 2,5 Stunden. Sie ist kostenfrei, um eine Spende wird jedoch gebeten. Kontakt: Georg Toporowsky, Tel.: 0176 52151706

Eifelgold und gute Aussicht

Weit ist der Blick über Busch und Feld, Hügel und Tal; keine Bäume versperren die Sicht. Der Besenginster ist der Landschaftsmaler auf der Dreiborner Höhe. Als Eifelgold wird er gerühmt, denn im Frühsommer zeigen sich die Kräuter und Gräser in leuchtend gelber Schönheit.

Das Grünland auf der Dreiborner Höhe wird nur im Juli, wenn die Samen gefallen sind, gemäht oder von Schafen kurz gehalten. Das fördert die Entwicklung des nährstoffarmen Grünlandes und artenreicher Blüten. Wer Glück hat, sieht hier tagaktives Rotwild in freier Wildbahn.

Zu Fuß und auch per Schiff

Sommervergnügen: Immer am Obersee entlang

Im Sommerhalbjahr lassen sich am Rursee Wanderungen mit Schiffstouren verbinden. Von Rurberg aus führen gleich zwei Wege dicht am See entlang zu einem Schiffsanlegesteg: Die 5 Kilometer lange Rurseeroute führt zur Haltestelle Kermeterufer. Die beschriebene Oberseeroute zieht sich – wie der Name schon sagt – am Obersee entlang und endet an der Urftseestaumauer, wo sich ein Anlegeplatz befindet.

Die Wanderung im Überblick

Anspruch:	★☆☆☆
Gehzeit:	2 Stunden mit Pausen
Länge:	4,1 Kilometer
Ausgangspunkt:	Nationalpark-Tor in Rurberg.
Eigenschaft:	Wanderung dicht am See entlang. Für Kinder und Kinderwagen geeignet. Auch als Radstrecke geeignet.
Ausrüstung:	Wanderschuhe und Fernglas.

Sehenswürdigkeiten

Nationalpark-Tor Rurberg: „Lebensadern der Natur" heißt das Motto der Ausstellung im modernen, lichten Pavillon am Eiserbachdamm in Rurberg, wo die Ökologie von Still- und Fließgewässern im Vordergrund steht. Die Lebensräume Fließ- und Stillgewässer können aus der Perspektive eines Milans erlebt werden. Nicht zuletzt stehen Flusskrebs, Perlmuschel und Biber im Mittelpunkt der sehenswerten Ausstellung (siehe auch „Im Spiegel der Silberzungen" auf S. 210).

Nationalpark-Tor Rurberg, Seeufer 3, 52152 Simmerath-Rurberg, Tel. 02473/93770, Öffnungszeiten 10 - 17 Uhr, www.nationalpark-eifel.de.

Einkehrmöglichkeit

Imbiss an der Urftstaumauer.

Charakteristik

Die Wanderung bietet schöne Ausblicke auf den Obersee, der der Trinkwassergewinnung dient. Vorbei geht's an Eichenhangwäldern.

Wanderung

Das Nationalpark-Tor, das malerisch am See liegt, ist Ausgangspunkt der Wanderung. Wir wandern zum Staudamm Paulushof, der in Richtung Norden den Blick auf den Rursee öffnet. Er dient dem Schutz vor Hochwasser und der kontinuierlichen Wasserversorgung für die rurabwärts ansässige Industrie. Wassersport ist möglich, Segler finden ein anspruchsvolles Revier.

Gut ausgebaute Wege am Obersee: Für Kinderwagen und Rollstühle geeignet

Wir wenden uns dem Obersee zu, einer Trinkwassertalsperre. Wassersport ist hier verboten. Nur die leisen Elektroboote der Rursee-Schifffahrt, die zwischen Einruhr, Rurberg und der Urftstaumauer pendeln, sind hier zugelassen.

Hinter dem Staudamm Paulushof führt der Weg nach rechts. Ein Schild weist zum Urftseestaudamm. Die Wanderung führt vorbei an Eichenhangwäldern, die noch Relikte der Lohewirtschaft sind. Der Hintergrund: Im 16. und 17. Jahrhundert hatte die Lohewirtschaft in der Eifel ihre Blütezeit. Zur Gewinnung von Gerbsäure für die Ledergerbung wurden die Eichenrinden alle 15 bis 20 Jahre im Saft abgeschält und die Stämmchen im Jahr darauf für die Brennholzgewinnung gefällt. Aus den Stümpfen entwickelten sich neue Triebe: Der Stockausschlag bildet den heutigen Niederwald.

In den kargen Waldhängen leben auch Mufflons, eine in Deutschland nicht heimische Wildschafart. Sie wurde nach

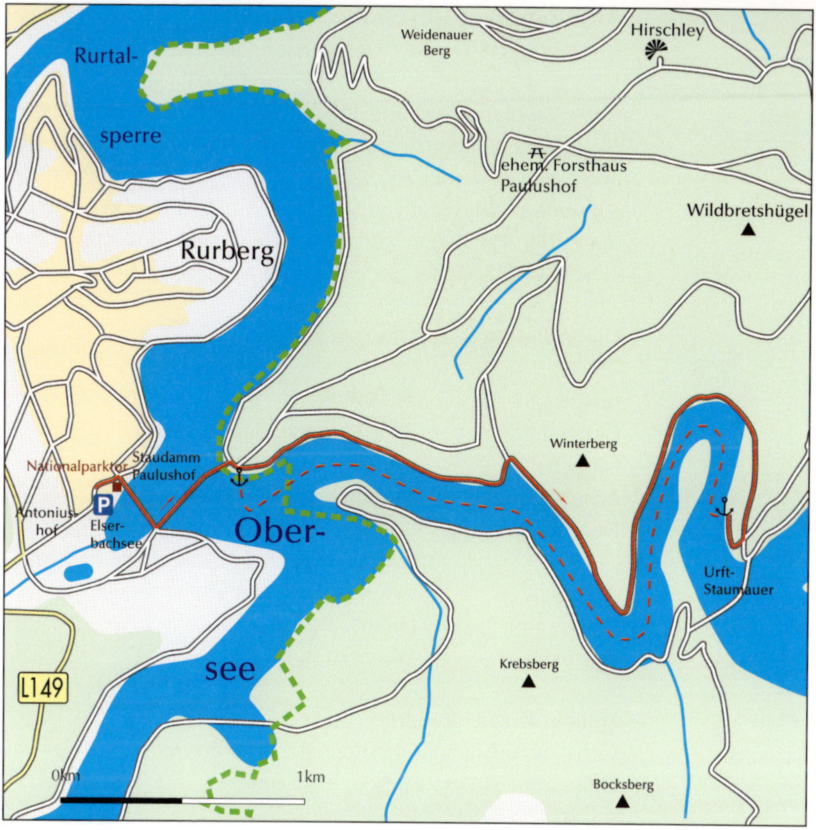

dem 2. Weltkrieg in der Eifel angesiedelt. Häufig zu sehen in den trockenen, felsigen Hängen ist die wärmebedürftige Mauereidechse.

Die Wanderung endet nach fünf Kilometern an der Urftstaumauer, die 1905 in Betrieb genommen wurde, und damals als modernstes und größtes Bauwerk dieser Art in Europa galt. Von hier kann der Ausflug mit einer Schiffspartie über den malerischen Obersee zurück nach Rurberg abgerundet werden.

Informationen über die Staumauer gibt eine Info-Tafel direkt auf dem Mauerwerk. Über die Lohrindegewinnung und über Aspekte der Waldgeschichte informiert das Nationalpark-Tor Gemünd, Kurhausstraße 6, 53937 Schleiden-Gemünd, Tel. 02444/2011.

Atemberaubend schöne Ausblicke

Von Nideggen über die Höhen nach Obermaubach

Eine Wanderung entlang bizarrer Felsformationen mit berückend schönen Aussichten. Der Weg führt zwar nicht direkt durch den Nationalpark, eröffnet aber atemberaubende Blicke auf seine Wälder und Landschaften. Am Zielort Obermaubach startet die Rurtalbahn zur Fahrt zurück nach Brück. Von dort führt ein Pfad wieder hoch auf Burg Nideggen.

Die Wanderung im Überblick:

Anspruch:	★★★★
Gehzeit:	3 - 4 Stunden mit Pausen
Länge:	8,5 Kilometer
Ausgangspunkt:	Nationalpark-Tor Nideggen
Eigenschaft:	Wanderung auf überwiegend schmalen, bergigen Waldwegen. Anstiege und ein steiler Abstieg. Für kleine Kinder nur bedingt geeignet.
Ausrüstung:	Wanderschuhe und Fernglas

Einkehrmöglichkeiten:

Cafés in Nideggen, Obermaubach und Brück.
Restaurant Strepp am See, Am Stausee 2, 52372 Kreuzau, Tel. 02422/7454.

Wanderung:

Nationalpark-Tor in Nideggen

Start der Wanderung ist das Nationalpark-Tor in Nideggen. Die liebevoll renovierte Villa beherbergt auch eine Kochschule mit Restaurant und Bistro sowie eine angebaute Jugendherberge. Hier ist auch eine Parkmöglichkeit.

Vom Nationalpark-Tor gehen wir zurück Richtung Nideggen und nach 100 Metern links; dann nach weiteren 100 Metern an der Apotheke wieder links. Ein Spaziergang führt durchs Stadttor in das malerische Städtchen, vorbei am Rathaus über die L 11, Burgstraße, immer geradeaus, am Kindergarten vorbei. Nach rund 900 Metern geht's geradeaus über die Landstraße auf einen Wanderpfad, der durch eine

Schlucht und über ein Brückchen zur ausgeschilderten Buntsandsteinroute führt.

Nach kurzem Anstieg erreichen wir den Höhenweg und sehen unter uns das Örtchen Brück liegen. Nach 1,3 Kilometern öffnet sich der Blick auf das Tal von Zerkall. Wir folgen dem Schild „Buntsandsteinroute" nach links und erreichen nach zwei Kilometern das „Hindenburgtor", eine herrliche Felsformation, die wir durchwandern.

Weiter geht's steil aufwärts auf den Höhenweg immer entlang der Buntsandsteinroute. Wir folgen den Wegweisern Richtung Obermaubach – Buntsandsteinroute. Der Weg führt parallel an Rath vorbei. Wir folgen ihm, bis wir einen kleinen Weg erreichen, der rechts hoch entlang eines Drahtzaunes führt. Hier sind auch die Wanderwege 7 und 9 ausgeschildert.

Beim nächsten Aussichtspunkt sehen wir vor uns im Tal Gut Kallerbend. Ein traumhafter Blick über das Tal.

Nun geht's wieder zickzack den Berg hoch. Es wird steil. Wir erreichen den Picknickplatz Kickley. Rund 100 Meter dahinter folgen wir dem Hinweisschild zum Eugenienstein mit seiner wunderschönen Aussicht übers Rurtal.

Hinter dem Felsen beginnt ein steiler, beschwerlicher Abstieg. Im Tal angekommen, führt der Weg rechts Richtung Obermaubach, das wir nach weiteren rund 2,5 Kilometern erreichen. Hier lädt das Restaurant Strepp am See zur Einkehr ein. Wer will, kann die Rurtalbahn zurück nach Brück nehmen. Von dort führt ein steiler Pfad wieder hinauf nach Nideggen.

Im Winter über die Loipen

Winter auf der Dreiborner Höhe

Wenn der Schnee die Wälder einhüllt, lädt der Nationalpark zu Erlebnissen ganz besonderer Art ein: Drei Loipen und Winterwanderwege runden das Angebot des Nationalparks ab. Die Loipen starten an den Parkplätzen Rothe Kreuz und Wahlerscheid an der Bundesstraße 258 zwischen Schleiden und Monschau-Höfen. Sie sind je fünf Kilometer lang und können gut miteinander kombiniert werden, so dass Runden von fünf, zehn oder 15 Kilometern Länge möglich sind. Große Informationstafeln zeigen die genauen Routenverläufe.

Die Nationalparkverwaltung hat die Trassen für den Wintersport vorbereitet; der Sportverein Höfen spurt die Bahnen ehrenamtlich mit einem Motorschlitten. Bei hoher Schneelage räumt die Nationalparkverwaltung auch Winterwanderwege – unter anderem auch in verschiedenen Bereichen des Kermeter und rund um Wollseifen.

Informationen gibt die Nationalparkverwaltung, Tel.: 02444/95100 (Mo - Fr), www.nationalpark-eifel.de.
Im Gebiet um Monschau laden rund 60 Kilometer Loipen mit Liften ein. Für die Kleinen gibt es einen Rodelhang. Nördlich von Monschau garantiert die Lammersdofer Soipe bei Simmerath auf 7,5 Kilometern Schneevergnügen. Und Hellenthal mit dem „Weißen Stein" ist weithin berühmt für seine Ski- und Rodelmöglichkeiten. Hier gibt's ein eigenes Schnee-Telefon: 02482/85115. Weitere Informationen über die aktuelle Schneelage unter www.eifel.info.

r. S.: Blick auf Einruhr

Die Seen

Touristische Informationen
Nationalpark-Tor Rurberg
Rursee-Touristik GmbH
Seeufer 3, 52152 Simmerath-Rurberg
Tel. 02473/93770, info@rursee.de
www.rursee.de

Nationalpark-Infopunkt
Einruhr im Heilsteinhaus
Franz-Becker-Str. 2
52152 Simmerath-Einruhr
Tel. 02473/317

Zum Kaffee ein schöner See

Die zweitgrößte Talsperre Deutschlands

Schiffsausflüge sind ganz nach dem Geschmack von Urlaubern: Ein Lächeln auf den Lippen, ein Stück Kuchen im Mund, sitzen sie in Buntem und Geblümtem an Deck. Zu Kaffee und Aussicht servieren Ranger Informationen über den Nationalpark. Wer mehr wissen möchte, darf sich zu ihnen gesellen. „Schiffstour mit Ranger" heißt das Angebot, das vor allem Menschen ansprechen möchte, die in ihrer Mobilität eingeschränkt sind. Ihnen bietet sich eine Augenweide: Sonnenstrahlen tanzen auf dem Wasser, ein Schwimmer winkt, Angler suchen nach Aal, Hecht und Karpfen, ein Kirchturm reckt sich über die Wipfel.

Von Bord der Rurseeflotte betrachtet, ist der Nationalpark eine grüne Bergwelt voller Geheimnisse – auch ohne Begleitung der Ranger. Das weiße Schiff fährt vorbei an Bergrücken und Fjorden, eröffnet Blicke auf den Kermeter, der sich hoch aufreckt über den Wassern. Zusammen mit dem Obersee und dem Urftsee ist die Eifeler Seenplatte ca. 22 Kilometer lang, hat ein Fassungsvermögen von 270 Millionen m^3 Wasser und eine Wasserfläche von acht Quadratkilometern. Damit ist sie eine der größten Talsperren Deutschlands und ein Magnet für Wassersportler aller Art. Für etwa eine Million Menschen wird hier das Trinkwasser gesichert, und in zwei Kraftwerken jährlich etwa 46 Mio. kWh Strom erzeugt.

Keine Autostraßen verunstalten die Ufer. Nur per Schiff lässt sich der See in seiner ganzen Beschaulichkeit erkunden. An vielen Orten halten die Segler Wacht. Aus Köln, Düsseldorf oder dem Kohlenpott kommen sie, fachsimpeln über das Wetter und die Fallwinde, verraten sich lauschige Plätzchen und grillen bis tief in die Nacht auf der Westseite des Rursees, mit Blick auf den Nationalpark, der auf der anderen Seeseite liegt.

Sonnenstrahlen tanzen auf dem Wasser: Luftaufnahme der Eifeler Seenplatte

1934 wurde der Grundstein für die Rurtalsperre gelegt, und wer heute die friedliche Landschaft sieht, ahnt nicht, welche Kämpfe vor ihrem Bau ausgefochten wurden und wie viele Häuslebauer ihr Lebenswerk in den Fluten untergehen sehen mussten: Bevor das Rurtal im Wasser ertrank, wurden allein in Rurberg 100 Familien in die Hanglagen umgesiedelt, und selbst die Kirche St. Barbara bekam an höherer Stelle einen neuen Platz.

Bergwelt von anrührender Schönheit: Der Rursee

Für fast 800 Hektar Talauen hieß es „Land unter"; und auch die Ufer wurden im wahrsten Sinne des Wortes umgekrempelt. Erdanschüttungen und Abbaggerungen schufen Seitentäler und Böschungen, Parkanlagen und Campingplätze. Nach all diesen Aufräumungsarbeiten ist erklärlich, dass heute in den Uferorten nur wenig alte Bausubstanz zu finden ist.

Dafür ruhen auf dem Grund Bunker, Bombentrichter, Granaten aus dem Zweiten Weltkrieg, die wie düstere Schatten aus dem Matsch ragten, als das Wasser 1994 zu Renovierungszwecken komplett abgelassen wurde.

Die Passagiere an Bord der Fahrgastschiffe „Stella Maris" oder „Aachen" ahnen von all dem nichts. Das Land vor ihren Augen könnte friedlicher nicht sein. Sie starten beispielsweise am Staudamm Schwammenauel, machen Station, wo immer sie wollen, um dann mit dem nächsten Schiff weiterzufahren. Erster Halt ist der Badestrand Eschauel, der mit Liegewiesen und Café viele Besucher anzieht. Weiter geht`s zum Kermeterufer, einer Haltestelle, die schnurstracks in die Wälder des Nationalparks führt und vor allem bei Wanderern beliebt ist.

Woffelsbach, der nächste Haltepunkt, ist ein Eldorado der Segler, die im Sommer die Hotels und Restaurants bevölkern und bei Bier und sahnigem Eis das Flair eines sorglosen Urlaubs

Das Flair des sorglosen Urlaubs: Bei Rurberg haben die Segler ihr Revier.

verbreiten. Früher wurde hier auch anders Geld verdient: An der Obershausener Straße 9 und 11 erzählen denkmalgeschützte Bauernhöfe noch von der Plackerei, die den Menschen vor Erfindung des Tourismus ihren Unterhalt sicherte.

Weiter geht's zur Endstation Rurberg, wo ein Staudamm den Rursee von den beiden Armen des Obersees trennt. Hier wartet auch das Nationalpark-Tor unter dem Motto „Lebensadern der Natur" auf Besucher. Ein Seefreibad lädt zum kostenlosen Baden am Naturstrand ein – für Hartgesottene gilt das auch im Winter.

Der Obersee

Noch mehr See-Fahrt bietet der Obersee, der Trinkwasserreservoir ist, und nur für den sanften Wassertourismus freigegeben wurde. Flüsterleise ziehen von Rurberg aus die Elektroschiffe „Eifel" und „St. Nikolaus" auf zwei Armen des Obersees bis tief ins Herz des Nationalparks.

Die Fahrt auf der östlichen Seeroute – vorbei an den dicht bewaldeten, einsamen Seeufern – ist eine Augenweide und so

recht nach dem Geschmack von Romantikern. Sie führt bis zur 58 Meter hohen Urftseestaumauer, die von 1900 bis 1905 gebaut wurde.

Die südliche Obersee-Route bringt den Fahrgast über die Vogelsang-Wander-Station Jägersweiler nach Einruhr, das malerisch am Einlauf der Rur liegt, ebenfalls ein Freibad sein eigen nennt und Ausgangspunkt zahlreicher Wanderungen ist. Gesundheitsbewusste werden hier von den Wässerchen der Heilsteinquelle angelockt, die im Garten des Einruhrer Heilsteinhauses kostenlos Wohlbehagen verheißen und wahre Wunder bewirken sollen – Ausprobieren ist alles.

Wer der Fitness lieber mit Nordic Walking nachhelfen möchte, kann in Einruhr zu diversen Touren starten – oder auch ein Stück in die Höhe ziehen: Ein Aussichtspunkt gibt den Blick auf Einruhr und Dedenborn frei. Das Stein-Kreuz ließ Landrat Bernhard Freiherr von Scheibler dort 1887 errichten, nachdem der preußische König Friedrich Wilhelm IV. bei einem Besuch der schönen Aussicht ins Schwärmen geraten war. Für Mountain-Biker gibt es außerhalb des Nationalparks attraktive und ausgewiesene Strecken.

Auch Freunden der Postkutsche bietet Einruhr Vergnügen: Ein überaus vornehm „Diligence" genannter historischer Pferdewagen ruckelt in den Monaten Juni bis September durch das malerische Tal zwischen Einruhr und Erkensruhr.

Dass all dies Laune bereitet, unterstreicht nicht nur mancher Schiffsgast, sondern auch Nadine, die im Chat der Internet-Seite www.rursee.de das Thema auf den Punkt bringt: *„Einfach super der Rursee, auch für junge Menschen. Geil zum Schwimmen und Spazieren gehen."*

Sehenswürdigkeiten

Nationalpark-Tor in Rurberg: Unter dem Motto „Lebensadern der Natur" beleuchtet das Nationalpark-Tor die Lebensräume der Fließ- und Stillgewässer im unmittelbaren Umfeld des Nationalparks (siehe auch „Immer am Obersee entlang" auf S. 87).

Nationalpark-Tor Rurberg, Seeufer 3, 52152 Simmerath-Rurberg, Tel. 02473/93770, geöffnet 10 - 17 Uhr, www.nationalpark-eifel.de.

Heilsteinbrunnen und Wanderstation Einruhr: Das Heilstein-Wasser aus dem Brunnen im Innenhof des Heilsteinhauses (ehemals Bürgerhaus) in Einruhr steht allen Gästen kostenlos zur Verfügung.

Besondere Sportmöglichkeiten

Naturerlebnisbad Einruhr: Beste Aussichten auf den See. Ein Naturstrand lädt zum Baden ein. Beachvolleyballfeld und Fußballplatz runden das Angebot ab. Ganzjährig zugänglich und kostenlos. Zudem am Schwimmbad: Ein Bootsverleih für alles, die über den See schippern möchten.
www.naturerlebnisbad-einruhr.de

Fahrrad- und Kanuverleih: Kanuverleih in Rurberg.
Joachim Schellberg, Auf dem Stein 19,
52152 Simmerath-Rurberg, Tel. 02473/2957.

Angeln: An der Rurtalsperre ist Angeln möglich. Fischereierlaubnisscheine sind in vielen Geschäften erhältlich.
Geschäftsstelle der **Fischerei-Pächtergemeinschaft Rursee e.V.**, Am Tierpütz 6, 52385 Nideggen-Schmidt, Tel. 02474/264, www.fischerei-rursee.de.

Attraktion

Postkutschenfahrten: Förderverein Postkutsche Einruhr/Erkensruhr e.V., Rursee-Touristik GmbH, Tel. 02485/317.

Nationalpark-Gastgeber

Hotel „Zum kleinen Seehof": Direkt am Seeufer.
„Kleiner Seehof", Uferstraße 6, 52152 Woffelsbach, Tel. 02473/2605, www.hotel-kleiner-seehof.de.

Hotel-Restaurant „Genießer-Wirtshaus": Ansprechendes Ambiente, hervorragende Küche:
Joachim Daners, Hövel 15, 52152 Rurberg, Tel. 02473/3212, www.geniesserwirtshaus.de.

Restaurant „daners'“: Das Fischrestaurant, Uferstr. 3, 52152 Simmerath-Woffelsbach, Tel. 02473/9271959
Hotel-Restaurant „Ziegler“: Gastliches Fachwerkhaus am See. Volker Ziegler, Dorfstr. 24, 52152 Rurberg, Tel. 02473/2310, www.hotelziegler.de.
Hotel-Restaurant „Paulushof“: Zimmer mit Seeblick. Paulushof, Seeufer 10, 52152 Rurberg, Tel. 02473/94950, www.hotel-paulushof.de.
Appartementhaus „Wiesental“: Zimmer mit Seeblick. Familie Wollgarten, Wiesentalstraße 2, 52152 Einruhr, Tel. 02485/911151, www.app-wiesental.de.
Restaurant „Eifelhaus“: Modernes Ambiente, schöner Biergarten. Eifelhaus, Franz Hoffmann, Am Obersee 1, 52152 Einruhr, Tel. 02485/721, www.eifelhaus-einruhr.de.

Besondere Veranstaltungen:

„Rursee in Flammen“: Das Rurseefest in Woffelsbach und Rurberg findet alle Jahre wieder am 3. Samstag im Juli statt. Es taucht den See in einen Lichterzauber. Zischend und fauchend verglühen die Böller im Wasser, das für Sekunden in magisches Licht getaucht ist und mit silbrigem Geglitzer dankt. Traditionell verfolgen einige zehntausend Menschen aus nah und fern die leuchtende Pracht.

Zur Einstimmung finden an beiden Seeufern Konzerte statt. Am Abend wird im Freien getanzt. Für die romantisch illuminierten Schiffe der weißen Flotte heißt es dann „Leinen los“ für eine mehrstündige Wasserpartie. In Rurberg und Woffelsbach schießen beleuchtete Seewasserfontänen durch die Nacht. An den Ufern leuchten tausende bunte Lichter und wetteifern mit den Sternen am Himmel. Der Clou des Abends ist das Höhenfeuerwerk über dem Rursee und das Feuerwerk in der Seemitte bei Woffelsbach.
Rurseemarathon: An jedem 1. Wochenende im November

Ungestört wandelt sich die Natur: Blick vom Ostufer auf den Urftsee.

Das stille Herz des Nationalparks

Vogelbeobachtungen am Urftsee

Pflanzen und Tiere, ebenso kostbar wie gefährdet, haben am Urftsee ihr Refugium. Das Gebiet zählte mehr als 50 Jahre zum Truppenübungsplatz und das war – so merkwürdig es klingt - Gewähr dafür, dass die Natur sich an der Urft und an ihren Altarmen ungestört entwickeln konnte. Auch seltene Tiere haben hier ihr Rückzugsgebiet: Der Urftsee ist das stille Herz des Nationalparks. Mit dem Fernrohr können Kolonien von schwarzen Kormoranen beobachtet werden. Die Kormorane sind tagaktiv und gehen nur zur Nahrungssuche ins Wasser; im Gegensatz zu vielen anderen Wasservögeln ruhen sie stets auf dem Land. Dies garantiert: Sie sind zu vielen Tageszeiten gut sichtbar. Der Graureiher stakst gerne mit gesenktem Kopf durchs Wasser – immer auf Suche nach Essbarem. Auch dies kann mit dem Fernglas gut verfolgt werden.

Wer Freude am Bird-Watching hat, sollte die Urftseeroute gehen oder mit dem Rad befahren. Sie führt von Gemünd über die ehemalige Kreisstraße 7 rund 11 Kilometer am östlichen Urftseeufer entlang durch das Gelände von Vogelsang bis zur 58 Meter hohen Urftseestaumauer, die von 1900 bis 1905 von Prof. Dr. Otto Intze errichtet wurde und damals das größte Bauwerk ihrer Art Europas war. Der Bau des Stollens vom Urftsee zum Jugendstilkraftwerk in Heimbach war ein Meisterwerk an Präzision: Italienische Bauarbeiter schafften es, den 2,7 Kilometer langen Stollen von beiden Seiten zentimetergenau durchzustechen.

Eine Fee hilft schieben

Mit Elektrofahrrädern rund um den Rursee und über die Eifelberge – kann das gutgehen?

An jedem Nationalpark-Tor und in vielen Hotels können E-Bikes gemietet werden – sehr zum Vergnügen untrainierter Ausflügler, die im Gebirge wie im Flachland fahren möchten. Wir haben es ausprobiert...

Untrainiert, aber voller Elan haben wir uns als Startpunkt Schmidt hoch oben auf den Eifelhöhen ausgesucht. Wenn schon, denn schon. Also, frisch geladene Elektrobatterien aufsatteln, durchatmen und die Regeln einprägen: Rechts sind die Gänge – wie bei jedem modernen Fahrrad. Links der Schalter fürs Elektro-Biken: Drei Stufen kann ich wählen: Eco, Standard und High. Auf Wunsch lässt sich der Saft ganz abschalten. Dann fahren wir wie gewohnt – nur mit Pedalkraft.

Und dann geht's los. Ganz langsam abwärts. Immer schön die Handbremse bedienen. Wie steil es hinab schießt von Schmidt nach Eschauel wird uns erst jetzt klar. Das sollen wir wieder zurück schaffen? Eine ganze Runde um den Rursee haben wir uns vorgenommen. Das sind allein schon rund 32 Kilometer und dann wieder hinauf nach Schmidt – auf den Schreck müssen wir erst mal einen Kaffee trinken im „Beach-Club" unten am See. Von Palmen umwedelt, den weißen Sand vor Augen, träumen wir von Muße im Liegestuhl. Doch es geht aufwärts auf die Piste. Ich wähle High-Speed und liege richtig. Trampeln ist Pflicht, heftig sogar; ich atme schwer, aber schaffe den kurzen Aufstieg hinauf auf unsere Route rund um den See.

Es ist Sonntag. Und wir ärgern die Ausflügler. „Flyer" steht auf unseren Rädern – und so fühlen wir uns – fliegend über die Uferwege. Schon ist Rurberg im Blick und damit ein Aufstieg, der manchen verzweifeln lässt. Die Sonne brennt, die Waden zwicken; aber wir schaffen die Höhe mit Anstrengung, aber ganz ohne Absteigen. Das macht Mut. Denn die Tortur geht weiter: Von Rurberg nach Schwammenauel geht's durch den Wald und in die Berge.

Wir sprechen uns Mut zu, werden aber ein wenig kleinlaut: Wir haben versäumt im Nationalpark-Tor Rurberg die Batterien zu wechseln, und das rächt sich: Der Zeiger wird dünn und dünner. Dabei sind's von Schwammenauel noch fünf Kilometer bis Eschauel und dann den Berg hinauf bis Schmidt. Das zerrt an den Nerven. Wird die Batterie schlapp machen? Schaffen wir das?

Unverdrossen treten wir in die Pedale, „high“, „standard“, „eco“. Wo liegen die Grenzen der Kraft? Nein, Mofa-Fahren ist das nicht. E-Biken bleibt Radfahren. Sport. Wir müssen treten, sonst passiert gar nichts. Und jetzt geht's an die letzten Reserven. Unten in Eschauel machen wir noch einmal Rast: Ein Schluck Wasser, ein Apfel. Nun kommt die Stunde der Wahrheit.

Ab auf die Serpentinenstrecke; Auto an Auto überholt uns, die Ausflügler zieht's zurück nach Hause. Wir halten uns wakker, trampeln mit hochroten Köpfen und mauen Beinen, aber unverdrossen „high“. Die weiten Kurven verschaffen Linderung, bieten ebenere Strecken, „standard“, bevor es wieder in die Seile geht. Wir arbeiten heftig, aber zuversichtlich; als würde eine Fee ein wenig schieben helfen und uns dabei ins Ohr flüstern: „Das schafft Ihr.“

Auf halber Strecke machen wir Halt. Durchatmen. Wir winken einem Autofahrer zu, der uns Mut zulacht, trinken noch einen Schluck Wasser und trampeln. Beflügelt vom Gefühl, diese Strecke tatsächlich bewältigen zu können. „High!“

Oben in Schmidt, 38 Kilometer auf dem Konto, können wir die Freude kaum fassen. Die Batterien haben durchgehalten; dank Zusatzenergie aus der Steckdose sind wir trampelnd zur Spitze aufgestiegen. Wir bestellen das größte Stück Käsesahne, das der „Seeblick“ hergibt, schütteln Hotelier und Nationalpark-Gastgeber Kommer überschwenglich die Hände und sagen der Fee heimlich „Danke“.

Sie hat uns noch einmal ein Stück Jugend geschenkt.

Informationen:

Im Nationalpark Eifel können an jedem Nationalpark-Tor Pedelecs, Fahrräder mit Tretunterstützung, gemietet werden. Außerdem bieten Nationalpark-Gastgeber, Hotels und Ferienanlagen die Räder an. Wer längere Touren plant, kann die Batterien an den Verleihstationen austauschen. Der Mietpreis für einen Tag beträgt 20 Euro, ein halber Tag kostet 15 Euro.

Über alle Vermiet- und Batteriewechselstationen in der Eifel informiert der Nationalpark, www.nationalpark-eifel.de.

Vogelsang

Vieles wurde gemunkelt…

Von der Nazi-„Ordensburg" zur internationalen Begegnungsstätte?

Großspurige Träume vom Rittertum: Relief im Eingangsbereich von Vogelsang

Für uns war es Mordor – das schwarze Land aus J. R. R. Tolkiens „Herr der Ringe". Nach Wanderungen standen wir oft – zwei Kinder an der Hand – unten am Urftsee und schauten auf das düstere Steingebirge, auf den mächtigen „Bergfried", auf das riesige abgeriegelte Gelände. Viel wussten wir nicht über die Naziburg Vogelsang, aber viel wurde gemunkelt: Von „Lebensborn" war die Rede und von gezüchteten Herrenmenschen. Und manchmal meinten wir, dass die Wolken sich besonders düster ballten über dem steilen Eifelgebirge – gerade dort, wo diese ehemalige „Schule des Führers" lag, die nach dem Krieg zur Kaserne geworden war.

Heute, nachdem das belgische Militär abgezogen ist, stehen die Tore jedermann offen. Heute ringt mancher um die richtigen Sätze. An einem Ort, an dem selbst das Wort Fremden-„Führer" durch „Referent" ersetzt worden ist, wird klar: Hier ist so Unfassbares geschehen, dass viele dies nur mit Hohn bewältigen können: *„Es heißt, die Führeranwärter in Vogelsang waren nicht sehr intelligent. Manch einer konnte dem Unterricht kaum folgen"*, sagt eine junge Vogelsang-Referentin auf dem Balkon, wo Adolf Hitler 1937 über das gewundene Seenland der Urfttalsperre schaute und jungen Männern die Herrschaft über eine eroberte Welt versprach.

Fest steht: Die so genannten Ordensjunker waren an Fanatismus und Linientreue kaum zu übertreffen. In Vogelsang wurde nur aufgenommen, wer im Braunhemd Auffallendes geleistet hatte; wer absolut gesund war und eine arische Ahnentafel besaß, getreu dem Motto: *„Wir glauben daran, dass der Mensch nicht allein das Produkt der Gegenwart, sondern vor allem auch das Produkt seines Blutes ist."* Bildung war unwichtig. Der Arbeiter hatte die gleiche Chance wie der promovierte Jurist.

Reichsorganisationsleiter Dr. Robert Ley hatte sich auf Hitlers Geheiß dem Bau von Schulen für den Führernachwuchs verschrieben: Im pommerschen Krössinsee, in Sonthofen im Allgäu und in Vogelsang in der Eifel wuchsen sie aus dem Boden, großspurig und auffallend nah an den Grenzen des damaligen deutschen Reichs.

Der Kölner Architekt Clemens Klotz plante die „NS-Ordensburg" Vogelsang als Landschafts-architektur.

Ley, berühmt-berüchtigt wegen seiner antisemitischen Ausfälle und Alkohol-Exzesse, wollte in den Ordensburgen junge Männer im nationalsozialistischen Glauben festigen. In der „Eliteausbildung" sollten Führungsstärke und Nazigeist in Herzen und Seelen verankert werden. Im Stile der mittelalterlichen Ordensritter sollten die Ordensjunker zu einer verschworenen Gemeinschaft werden und den Mangel an qualifiziertem Führungspersonal in der Nationalsozialistischen Deutschen Arbeiterpartei (NSDAP) beheben. Einen Weg zurück gab es nicht. Das betonte Ley in harten Worten: *„Wem die Partei das Braunhemd auszieht, dem wird dadurch nicht nur ein Amt genommen, sondern der wird auch persönlich mit seiner Familie, seiner Frau und seinen Kindern vernichtet sein. Das sind die harten und unerbittlichen Gesetze eines Ordens."*

Auf dem Lehrplan standen eine aggressive Außenpolitik, Kunst und Kultur, Wirtschafts- und Soziallehre, Wehrwissenschaft, Sport – und vor allem Rassenlehre. In Vogelsang wurde jenes düstere Gespinst gewebt, das durch eine pseudowissenschaftliche Erb- und Rassenlehre den Weg zum Massenmord an den Juden ebnete. Inmitten einer stillen Landschaft, umgeben vom Grün der weiten Berge, wurden Phantasien über die so genannten „arischen Völker" gelehrt, an deren Spitze die Deutschen angeblich das zur Führung auserwählte „Herrenvolk" waren; berechtigt, „minderwertige" Rassen in Massenvernichtungsfabriken zu zerstören.

Um diese brutale Anmaßung auch optisch zu unterstreichen, modellierte der Kölner Architekt Clemens Klotz auf einem

Höhenrücken nahe Gemünd ein steinernes Herrschafts- und Propagandafanal, das im Verbund mit der Landschaft einen Vergleich mit anderen NS-Bauten wie dem „Reichsparteitagsgelände“ in Nürnberg nicht zu scheuen braucht. Vom Hang des gegenüberliegenden Kermeter aus bietet Vogelsang mit seinem 48 Meter hohen „Bergfried“ in seiner Düsternis und Größe einen geradezu gewalttätigen Anblick. Heute gilt es als der drittgrößte in Deutschland erhaltene Bau der Nazis.

In der unglaublich kurzen Zeit von zwei Jahren haben 1.500 Arbeiter die Burg, die „Kameradschaftshäuser“, riesige Sportstätten und Unterrichtsgebäude aus blau-grauem und rötlichgelbem Eifelbruchstein in die Höhe gezogen. 1936 nahm Vogelsang mit 500 Teilnehmern als erste der drei Ordensburgen den Lehrgangsbetrieb auf.

Die Zuschauer waren begeistert, wie das Vokabular eines Reporters des „Westdeutschen Beobachters“ zeigt, der schon am 8. März 1934 für seine Leser schwärmt: *„Nicht trefflicher konnte die Wahl des Ortes sein. Man muss Natur und Landschaft am Urftsee kennen und erlebt haben, um zu verstehen, warum gerade hier das Schulungslager errichtet wird. Wohl kaum eine Landschaft kann so wie die Eifel in ihrer herben Schönheit und weltenfernen Einsamkeit und Wahrhaftigkeit Vermittlerin zu den Ewigkeitswerten deutscher Erde und Landschaft und unseres Volkstums sein.“*

Hätte nicht der selbst initiierte Krieg dem Spuk ein Ende bereitet, wären noch weit gigantischere Bauten entstanden: Zwischen Eingangstor und „Burg“ war ein „Haus des Wissens“ geplant: Auf einer Fläche von 100 mal 300 Metern sollte eine Ehrenhalle entstehen – einer Kathedrale gleich –, die bis Köln sichtbar gewesen wäre und in ihrer einschüchternden Größe von der Macht des Nationalsozialismus erzählt hätte. Ein „Kraft-durch-Freude-Hotel“ mit 2.000 Betten sollte vielen Reichsdeutschen möglich machen, sich einmal im Leben den Alltag auf einer Ordensburg näher anzusehen.

Möglich wurden Planungen und Bau durch Geldströme, die Dr. Robert Ley in seiner zweiten Eigenschaft als Chef der „Deutschen Arbeitsfront“ (DAF) kassierte. Nach Auflösung der Gewerkschaften waren alle Arbeitgeber- und Arbeitnehmer-Vertretungen in der DAF zwangsweise konzentriert worden und damit auch die Mitgliedsbeiträge. Sie flossen in Bauten, die inmitten einer von Arbeitslosigkeit und Wirtschaftsschwäche gebeutelten Eifelregion den Menschen Arbeit und

Lohn brachten, aus manchem Arbeiter einen treuen Nazi machten und viele über die wahren Ziele im Unklaren ließen.

Dabei ist die Symbolik in Vogelsang nicht zu übersehen. Im Burg-Turm lag das Herz der Anlage: der „Kultraum"; eine „Ehrenhalle" für die beim gescheiterten Putsch 1923 ums Leben gekommenen 16 Mitverschwörer Hitlers, bewacht von einer drei Meter hohen Plastik eines nackten Mannes mit erhobenem rechten Arm, dem viel zitierten *„neuen deutschen Menschen"*.

Schaurig der Gedanke, dass hier auch „braune Hochzeiten" zelebriert wurden. Zwar war das Privatleben der Burgjunker der Partei und ihren Wünschen völlig untergeordnet; die Ehe aber ausdrücklich erwünscht. Der Grund: Nach Überzeugung Leys *„fehlt es dem Mann an Entschlusskraft, wenn er mit 25 Jahren noch nicht verheiratet ist."* Also trat die Braut in weißem Schleier neben ihren Junker und ließ sich in einem pseudoreligiösen Ritual trauen: Priester wurden bei dieser „Sippenfeier"

Blick vom Urftsee-Ufer auf Vogelsang

abgelehnt, denn – so die Nazi-Überzeugung – *„...der deutsche Mensch, vor allem der ...., ist Kerl genug, um aus sich heraus Hoch-Zeiten des Lebens zu gestalten und mit der nötigen Weihe zu begehen."*

Rituale, Feierstunden, Symbolik: In Vogelsang zählte dies zum Alltag. Davon zeugt auch der „Fackelträger", eine

Skulptur – breitbeinig und kraftstrotzend – in Stein gemeißelt neben der mittlerweile teilweise zerstörten Inschrift: *„Ihr seid die Fackelträger der Nation. Ihr tragt das Licht des Geistes voran im Kampfe für Adolf Hitler.“*.

Die fünf Meter hohe Plastik „Fackelträger“ beherrscht den „Sonnenwendplatz“.

Auch wenn der Name des „Führers“ längst entfernt worden ist, das Gras gnädig den Platz überwuchert, zeigt dieses Standbild ohne jede weitere Erklärung, dass hier vom nationalsozialistischen Idealbild des „rassisch“ vollkommenen deutschen Menschen gefaselt wurde, der anmaßend genug war, um sich über alles und jeden zu erheben. Und nicht nur das: Neuere Forschungen zeigen, dass ein Teil der Junker auch zur Tat geschritten ist. Sie wurden in der Zivilverwaltung der besetzten Ostgebiete eingesetzt und beteiligten sich offenbar auch an der Tötung der dortigen Juden.

Sie waren nicht nur Schüler, sondern auch Täter, die an vorderster Stelle für ein Menschenbild standen, das der Nazi-Burg denkwürdigen „Ruhm“ eingebracht hat. 1942 verbreitete sich das Gerücht, Vogelsang sei eine Niederlassung des berüchtigten „Lebensborn e.V.“; des Lieblingsprojekts Heinrich Himmlers, der Mütter „guten Blutes“ zum Kindergebären animieren wollte. Diese Gerüchte haben sich nicht bewahrheitet. Richtig ist, dass in Vogelsang während der Kriegsjahre – als viele der Junker bereits gefallen waren und die Träume vom ruhmreichen Großdeutschen Reich im Bombenhagel der Alliierten zerstoben – eine Klinik eingerichtet worden ist, die es Frauen ermöglichen sollte, in relativer Sicherheit ihre Kinder zu gebären – allem Wahnsinn zum Trotz.

Vogelsang heute

Unter der Überschrift „vogelsang ip“, was so viel bedeutet wie „Vogelsang - Internationaler Platz im Nationalpark Eifel“, stehen die Zeichen auf Veränderung. Der historisch so tief belastete Platz soll sich seinen Besuchern weltoffen und freundlich präsentieren. Nach Jahren der Düsternis in der ehemaligen „NS-Burg“; nach Zeiten, in denen Vogelsang zunächst den Briten, dann den Belgiern als Truppenübungsplatz diente, sollen nun ganz neue Maßstäbe gesetzt werden.

Kameradschafts-häuser

Der Plan: Vogelsang wird als Lernort erhalten und durch die gemeinnützige Gesellschaft „vogelsang ip" pädagogisch gestaltet. In den nächsten Jahren sollen der Adlerhof und die umliegenden Gebäude saniert und ausgebaut werden. Das Forum wird erweitert und ein Besucherzentrum eingerichtet. Zudem entstehen eine NS-Dokumentation und eine 2.000 qm Nationalparkausstellung. Insgesamt wird mit rund 42 Millionen Euro Gesamtkosten gerechnet.

Auch das Deutsche Rote Kreuz engagiert sich bei der Umgestaltung von Vogelsang. Das ehemalige belgische Militärgebäude „Transit 59", wurde von ehrenamtlichen Rotkreuzlern teilrenoviert und zum Bildungshaus ausgebaut. Hier finden regionale und nationale Seminare und Tagungen statt. Zudem bietet Vogelsang ein differenziertes Bildungsprogramm für Jugendliche und Erwachsene an.

Das Rotkreuz-Museum im Kameradschaftshaus Nr. 10 legt den Schwerpunkt auf die internationalen Völker- und Menschenrechte. Es wurde erweitert werden und ist seit 2012 am Wochenende geöffnet.

Informationen:
vogelsang ip gemeinnützige GmbH, Kulturkino vogelsang ip, 53937 Schleiden, Tel. 02444/915790, www.vogelsang-ip.de.

vogelsang ip ist 365 Tage im Jahr von 10 bis 17 Uhr geöffnet. (Heiligabend und Silvester geöffnet von 10 bis 14 Uhr.)
Über Geschichte, Gegenwart und Zukunft der ehemaligen NS-Ordensburg informieren 90-minütige Geländeführungen. Vogelsang-Referenten besuchen mit den Gruppen zwei historische Gebäude. Sie starten täglich vom Besucherzentrum um 14 Uhr, sonn- und feiertags zusätzlich um 11 Uhr.

Ausstellung

Zur Zeit wird eine NS-Dokumentation erarbeitet, mit der „vogelsang ip" die zentrale Verantwortung für den Erinnerungs- und Lernort Vogelsang untermauern will. Die Ausstellung soll 2014 auf zwei Etagen im Westflügel des Forums eröffnet werden. Sie soll sich auf zirka 800 Quadratmeter Ausstellungsfläche erstrecken. Die „Burgschänke" und der „Kultraum" sollen als gesonderte „Exponaträume" des Gebäude-Komplexes der ehemaligen NS-„Ordensburg" präsentiert werden. Zusätzlich werden mehrere Informationspunkte das dezentrale Ausstellungskonzept ergänzen.

Die Thing-Stätte am Sportplatz

Gesucht werden noch Zeitzeugen, die ihre Erinnerungen zur Entstehungszeit von Vogelsang beitragen können. Auch Fotos sind willkommen.

Zentraler Bauabschnitt der Gesamtmaßnahme ist die Sanierung und der Umbau des Forum Vogelsang – auf Basis der Ergebnisse eines internationalen Architekturwettbewerbs 2008.

Das Besucherforum befindet sich bis 2014 im Kulturkino vogelsang ip, damit der Betrieb während der Bauzeit des neuen Forums ungestört weiterlaufen kann.

Kino in Vogelsang

Der aus den 50er Jahren stammende und von den Belgiern zur Zeit, als Vogelsang ihr Truppenübungsplatz war, errichtete, denkmalgeschützte Kinosaal ist zum dauerhaften Veranstaltungsort ausgebaut worden.

Rotkreuzmuseum

Das Rotkreuzmuseum im Kameradschaftshaus 10 der ehemaligen NS-„Ordensburg" Vogelsang gehört zu den größten Museen des Roten Kreuzes in Europa. Die Ausstellung informiert über internationales Völker- und Menschenrecht, und die Geschichte der internationalen humanitären Arbeit der Rotkreuz Bewegung.

Gruppenführung auf Anfrage: 02251/79110, www.rkmvip.de.

Schwimmbad

Vogelsang-Schwimmbad: Im Bad der ehemaligen Ordensburg kann heute jeder ins Wasser springen. Das Schwimmbadmosaik der drei nackten Athleten von Ernst Zoberbier aus dem Jahr 1937 zeigt die rassistische Vorstellung von einem idealen, als „arisch“ bezeichneten nackten Körper.

Weitere **Informationen**: www.schwimmbad-vogelsang.de.

Kutschfahrten im Nationalpark

Wer ein Stück Nationalpark in der ruckelnden Pferdekutsche – seit August 2007 auch für Rollstuhlfahrer geeignet – erleben möchte, hat in den Sommermonaten dazu Gelegenheit: Im 2,5-Stunden-Takt pendeln Kaltblüter zwischen Vogelsang und Wollseifen. Die Fahrten werden an jedem ersten und dritten Sonntag in den Monaten April bis Oktober angeboten und beginnen jeweils um 11.30 Uhr und 14.15 Uhr.

Weitere **Informationen:** Nationalparkforstamt Eifel,
Tel. 02473/95100, www.nationalpark-eifel.de.

Literaturtipps

Heinen, F.A.:
Vogelsang – Von der NS-Ordensburg zum Truppenübungsplatz in der Eifel. Eine kritische Dokumentation
Helios-Verlag, Aachen 2005.

Schmitz-Ehme, Ruth; Herzog, Monika:
Die ehemalige Ordensburg Vogelsang
Architektur – Bauplastik – Ausstattung – Umnutzung.
Arbeitsheft der rheinischen Denkmalpflege 41,
Wernersche Verlagsgesellschaft, Worms 2010.

Arntz, Hans-Dieter:
Ordensburg Vogelsang 1934–1945: Erziehung zur politischen Führung im Dritten Reich,
Kümpel-Verlag, Euskirchen 1999.

Herzog, Monika:
Architekturführer Vogelsang, Edition B im Biermann-Verlag, 2007.

Heinen, F.A., Threuter, Chr.:
Vogelsang – Im Herzen des Nationalparks Eifel.
Ein Begleitheft durch die ehemalige „NS-Ordensburg“,
Eifel-Verlag, 2012.

Heinen, F.A.:
Die Ordensburgen
Vogelsang, Sonthofen, Krössinsee,
Chr. Links Verlag, Berlin 2011.

Zeittafel

Sommer 1933:	Den Mangel an Führungskräften im Blick, fordert Adolf Hitler den Bau von „Parteischulen".
September 1934:	Grundsteinlegung in Vogelsang
24. April 1936:	Einweihung der drei „Ordensburgen".
1. Mai 1936:	Die ersten Junker beginnen ihre Ausbildung.
September 1939:	Schließung der „Ordensburgen" und Übergabe an den Kommandanten von Krössinsee, Otto Gohdes. Die zunächst geplante vierjährige Ausbildung wurde von niemandem abgeschlossen.
Frühjahr 1940:	Das Militär belegt Vogelsang; die Bauarbeiten werden weitestgehend eingestellt.
Ab 1941:	„Adolf-Hitler-Schüler" ziehen in Vogelsang ein.
1944:	Luftangriff. Die Turnhalle und Kameradschaftshäuser werden zerstört.
4. Februar 1945:	US-Truppen besetzen die Gebäude.
Winter 1945:	Belgische und britische Truppen rücken ein.
1946:	Vogelsang wird Truppenübungsplatz der Briten. Der Ort Wollseifen wird geräumt. Hier soll ein Schießplatz eingerichtet werden.
1. April 1950:	Übergabe des Truppenübungsplatzes Vogelsang durch die Briten an die Belgier.
1951:	Errichtung der Kaserne van Dooren auf den Fundamenten des nicht gebauten „Haus des Wissens"
30. März 2001:	Die belgischen Streitkräfte kündigen an, dass sie sich zurückziehen werden.
Herbst 2004:	Letzte Militärübungen auf „Camp Vogelsang".
31. Dezember 2005:	Ende der militärischen Nutzung
1. Januar 2006:	Vogelsang ist offen.

Die Herren stürzten sich in manches Scharmützel:
Frühe Sonnenstrahlen auf Burg Reifferscheid

Wer wissen will, muss fühlen

Das Nationalpark-Tor in Heimbach

Sein Trommelwirbel ist weithin zu hören: Der Buntspecht sucht laut klopfend nach Insekten und Larven. Dabei klammert sich der 23 Zentimeter große Vogel mit seinen spitzen, gebogenen Krallen am Holzstamm fest und nutzt auch die muskelgestärkten Schwanzfedern, um Halt zu finden.

Wer einmal fühlen möchte, wie eng der Vogel am Baume hängt, sollte dem Nationalpark-Tor Heimbach einen Besuch abstatten. Ein malerischer Buchenwald lädt hier im Dämmerlicht ein, durch enge Gänge zu bummeln und „Waldgeheimnisse“ zu ertasten. Wie groß ist der Körper des Buntspechts? Wie hängt er am Stamm? Wie schmal ist sein Schnabel?

Wer ganz genau fühlt, erfährt es – auch wenn ein wenig Herzklopfen dazu gehört: Die Hand muss in einen Kasten gleiten und tasten, was sich in der Dunkelheit bietet: Das kann das Präparat eines wohlgeformten Buntspechts sein oder eine Baumhöhle für die Fledermaus, ein Zunderschwamm, das Ei des Schwarzstorchs oder die Fußspur eines Luchses.

Dazu gibt's Vogelgezwitscher und ein kleines Hörspiel, in dem Schwarzstorch und Wildkatze die Hauptrollen spielen und ihren Besuchern Anekdoten aus der Wildnis erzählen.

Das Nationalpark-Tor Heimbach ist auch für blinde Naturfreunde ideal, denn die Informationen über die Geheimnisse des Nationalpark-Waldes werden zusätzlich in Punktschrift vermittelt.

Informationen: Nationalpark-Tor und Touristeninformation in Heimbach (im Bahnhof), An der Laag 4-6, 52396 Heimbach, Tel. 02446/805790, geöffnet 10 - 17 Uhr. Wie in allen Nationalpark-Toren gibt's auch in Heimbach Filme über den Nationalpark und ein digitales Landschaftsmodell zu sehen.

Das Nationalpark-Tor Heimbach ist Startpunkt für unseren Wandervorschlag „Hoch oben grüßt die Luna“ auf Seite 57.

Die Nationalparkstädte und -gemeinden

Ein Bähnchen tuckert zu den Seen

Heimbach: Wallfahrt, Wasser und Burg Hengebach

Touristische Informationen:
Rureifel-Tourismus-Zentrale
Nationalpark-Tor Heimbach
An der Laag 4
52396 Heimbach
Tel. 0700/34335000
oder 02446/8057914
www.rureifel-tourismus.de

Stadtverwaltung Heimbach
Hengebachstr. 14
52396 Heimbach
Tel. 02446/80811
www.heimbach-eifel.de
4600 Einwohner

Geadelt von trutzigem Gemäuer: Burg Hengebach in Heimbach

Manchmal geht es nur rückwärts vorwärts: Wer in Heimbach mit dem Auto über den Seerandweg rollt, kann von einem Schnauferl überrascht werden, das um den Rückwärtsgang bittet, denn Bähnchen und Auto haben nebeneinander keinen Platz. Zur Not hilft der freundliche „Lokführer" beim Lenken; besonders gerne, wenn eine Dame am Steuer sitzt.

„Die Rurseebahn wäre ohne den Nationalpark undenkbar", sagt der Leiter des Rureifel-Tourismus e.V., Gotthard Kirch.

Blühende Landschaften: Zwischen Heimbach und Vlatten

„Die Geschäftsleute wagen sich jetzt eher an Investitionen." Und deshalb ist die beschauliche Entdeckungsreise durch die kleinste Stadt in NRW ein Indiz für die These: „Durch Heimbach ist ein Ruck gegangen."

Zwar ist der Ort begünstigt durch die malerische Landschaft, geadelt von einer trutzigen Burg, gesegnet von Wallfahrtskirche und Kloster, gestärkt von einem Jugendstilkraftwerk, umspielt von den Wassern der zweitgrößten Talsperre Deutschlands, umrundet von Wanderwegen mit prächtigen Ausblicken und beschenkt mit guter Luft, die Heimbach den Titel eines staatlich anerkannten Luftkurortes eingebracht hat; doch jahrelang schien es, als reiche all dies nicht aus, um genügend Touristen anzulocken. Eigentümer suchten vergeblich nach Pächtern und allenfalls im Sommer waren Euro zu verdienen.

Dabei galt Heimbach schon früh als Touristenmagnet: Nach Eröffnung der Bahnlinie von Düren nach Heimbach im August 1903 war das Eifelstädtchen ein überaus beliebtes Ziel. Mit „Haus Schönblick" hoch über der Rur brachen 1905 ganz neue Zeiten an. Damals eröffnete das wilhelminische Prachthotel seine Pforten, das für sich selbst als „schönstes Hotel der Eifel" warb, und Gäste aus dem Ausland begrüßen konnte.

Doch seitdem es die Urlauber eher in südliche Gefilde zieht, dümpelte Heimbachs Tourismus dahin. Krisensicher erschien hier lange Zeit nur die Wallfahrt, die Jahr für Jahr Anfang Juli tausende Gläubige ins Städtchen schwemmt und den Glocken Überstunden beschert. Samstags, wenn die Oktav beginnt, spiegelt sich schon früh am Morgen frohe Erwartung auf den

Gesichtern. Im Eiscafé werden die Tische geputzt, Aufregung liegt in der Luft. Beim Blick auf die Uhr sagt eine Dame mit grauen Löckchen: „Um 12 kommen die Ersten."

Mit festen Wanderschuhen, entschlossenen Schritten, das Kreuz fest im Blick, oft mit Pauken und Trompeten, manchmal schweigend und allein, folgen Pilger seit mehr als 500 Jahren dem Weg durch wehende Getreidefelder und bergige Wälder zur Schmerzensmutter nach Heimbach. Der kostbare Schnitzaltar mit dem Gnadenbild aus dem Jahre 1460 wurde nach der französischen Revolution in die Heimbacher Pfarrkirche überführt, nachdem das Kloster Mariawald im Zuge der Säkularisation aufgehoben worden war.

Seitdem ist Heimbach Sehnsuchtsziel. Die Mutter Gottes hat schon unzählige Seufzer gehört. Im stillen Gebet oder in der Feier der Eucharistie suchen rund 10.000 Pilger allein zur Oktavwoche bei ihr Trost und Hilfe. Rund 60.000 sind es in jedem Jahr. Die Wallfahrt riss auch während der Nazi-Zeit nicht ab. Selbst als Heimbach in Trümmern lag, wurden am 8. Juli 1945 noch 5.805 Pilger in der Oktav gezählt. Kein Wunder, dass 1981 die Salvator-Kirche gebaut wurde, um den Strom der Gläubigen würdig aufzunehmen.

Mit den Glasfenstern des Kölner Bildhauers, Professor Georg Meistermann, schmiegt sie sich an die alte Pfarrkirche St. Clemens, deren Fundamente bis ins 11. Jahrhundert zurückreichen. 1687 wurde St. Clemens nach einem verheerenden Stadtbrand wieder aufgebaut und glänzt mit schöner Barockausstattung, dem Hochaltar, den Seitenaltären und der Kanzel.

Die Pfarrkirche hat auch jene schrecklichen Jahre unerschütterlich überdauert, da Heimbach – so nah an der Parteikaderschmiede „Ordensburg" Vogelsang – mitsamt seiner reizvollen Lage an der Rur von den Nationalsozialisten zum Musterort auserkoren und umgestaltet werden sollte. Hätte der Zweite Weltkrieg die Großmannsträume nicht verhindert, wäre das Kleinstädtchen mit unübersehbaren architektonischen NS-Herrschaftsidealen verziert worden: Ein neoklassizistisches Ehrenmal würde die Burg überragen, der Ortskern wäre von einem Aufmarschplatz geprägt und ein Künstlerdorf mit einem riesigen Ausstellungsgelände hätte die Ideale der Blut-und-Boden-Kultur verewigt.

Dass dazu eine Menge Häuser hätten weichen müssen, ist überflüssig zu erwähnen. Und so können sich Bewohner und Besucher glücklich schätzen, dass sie noch stehen – die zum

Teil winkligen Häuschen mit ihren engen Straßen, die sich hoch in die Berge winden und manchem Bewohner steile Anstiege, aber auch herrliche Aussichten schenken.

Ganz Glückliche haben vom Wohnzimmerfenster aus einen direkten Blick auf Burg Hengebach, die auf ihrem hohen Grauwackefelsen manchen ins Schwärmen brachte: Trutzig erhebt sich der Bau in die Höhe. Im 20. Jahrhundert bekam er sein neues Aussehen und bietet seitdem – von ein paar neumodischen Attitüden abgesehen – alles, was sich der Romantiker unter einer Burg vorstellt.

Dazu die Möglichkeit in altem Burggemäuer Kreativität zu entfalten. Die „Internationale Kunstakademie" macht es möglich – mit Workshops und Seminaren unterschiedlichster Ausrichtung.

Im Winter liegt Stille über dem Burgfried. Unten im Tal versickert die Zeit im Gleichmaß. Am „Haus des Gastes" zirpt ein Vogel, auf den Rebstöcken des einzigen Weinbergs am Nationalpark liegt Raureif und ein Schild weist zum „Labyrinth". Es lädt zur kürzesten Wanderung im Ort ein, aber wer sie achtsam geht, kann einen langen Weg ins Leben finden.

Romantisch und einladend: Aufgang zur Burg

Nur ein Pfad führt hinein, aber er weist unweigerlich in die Mitte. Doch beim Gang behindern Windungen die Orientierung. Manchmal scheint es, das Ziel könne nie erreicht werden – dann ist es nah und greifbar, um gleich wieder in der Ferne zu verschwinden. Im Gehen erteilt das Labyrinth Lektionen: Es ist verwirrend und manchmal mühsam, es peinigt den Rastlosen und geleitet den Geduldigen, es lädt zum Überdenken von Gewohnheiten ein und gibt überraschende Perspektiven – und sei es nur die, den Blick zu öffnen und zu staunen über das bergig-schöne Land....

Schöne Aussicht

Vom Bergfried der Burg Hengebach ist ein Rundumblick auf Heimbach möglich.

Sehenswürdigkeiten

Burg Hengebach: Begründet im 11. Jahrhundert durch Wilhelm von Hengebach. Die Burg zählt zu den ältesten Bauwerken der Eifel und wurde in ihrer wechselvollen Geschichte lange von den Jülicher Grafen beherrscht, deren Löwe noch immer das Heimbacher Stadtwappen ziert. 1955 begann die Restaurierung; 1970 folgten weitere Ausbauarbeiten. Die Burganlagen mit Wehrgang und Grünhof können ganzjährig besichtigt werden.

Pfarrkirche St. Clemens: Wiederaufbau nach dem Stadtbrand von 1687. Sehenswert sind der Barockaltar, der Seitenaltar und die Kanzel. Den Hochaltar ziert ein Altarbild des Rubens-Schülers Pieter Soutmann.

Nach dem Stadtbrand wieder aufgebaut: Die Pfarrkirche St. Clemens

Christus Salvator-Wallfahrtskirche: 1981 wurde der moderne Bau eingeweiht. Er schließt sich direkt an die Pfarrkirche an. Mittelpunkt ist ein kostbarer Antwerpener Schnitzaltar aus dem 15. Jahrhundert. Mit geöffneten Flügeln ist er mehr als 5,60 Meter breit. Er hütet die Pieta der Schmerzhaften Muttergottes aus dem Jahre 1460. Sehenswert sind auch die Auferstehungsfenster von Professor Georg Meistermann, die das Ostergeheimnis darstellen. Höhepunkt des Jahres ist die Oktavwoche Anfang Juli.

Katholisches Wallfahrtsamt, Tel. 02446/493,
www.heimbach-wallfahrt.de.

Kloster Mariawald: Das einzige Trappistenkloster für Männer in Deutschland liegt abgeschieden auf den Höhen des Kermeter. Kirche, Klosterladen, Klosterbuchhandlung und Gaststätte sind beliebte Ziele (Siehe auch Artikel auf Seite 61).

Abtei Mariawald, Zisterzienser von der strengeren Observanz (OCSO), Mariawalder Straße,
52396 Heimbach, Tel. 02446/95060,
www.kloster-mariawald.de.

Weinberg am Haus des Gastes: Die IG Weinanbau Heimbach e.V. lässt eine alte Tradition wieder aufleben: Schon Kaiser Karl soll Wein aus der Eifel bezogen haben, und Heimatdichter Josef Schregel (1926-1955) hat das Tröpfchen mit dem Burgunder verglichen.

Nationalpark-Tor Heimbach: mit seiner Ausstellung „Waldgeheimnisse“ (im Bahnhof), An der Laag 4-6, 52396 Heimbach, Tel. 02446/805790, täglich geöffnet 10 - 17 Uhr.

Staubecken Heimbach: Der malerisch gelegene Stausee hat ein Fassungsvermögen von 1,2 Mio m^3 und wurde im Jahre 1932 errichtet, um die unterschiedliche Wasserabgabe der ruraufwärts liegenden Kraftwerke Heimbach und Schwammen-auel auszugleichen. Um den See herum führt ein malerischer Wanderweg.

Labyrinth: Das Labyrinth im Kurpark unterhalb des Haus des Gastes wurde unter Leitung der Heimbacher Künstlerin Luise Kött-Gärtner nach dem Vorbild des Labyrinths in der Kathedrale von Chartres angelegt.

Museen und Ausstellungen

Wasser-Info-Zentrum Eifel: Die Eifel wird seit Urzeiten vom Wasser geprägt. So wundert es nicht, dass sich das Wasser-Info-Zentrum ausschließlich diesem Thema widmet. Es zeigt Talsperren-Modelle, informiert über Strom aus Wasser und lässt Schulklassen kurzweilig mit Wasser experimentieren. Eine Attraktion ist die Lambach-Pumpe, die in den 60er Jahren Kallmuth bei Mechernich mit Wasser versorgt hat.

Wasser-Info-Zentrum Eifel, Karl-H.-Krischer-Platz 1, 52396 Heimbach/Eifel, Tel. 02446/9119906, www.wasser-info-zentrum-eifel.de.

Seit Urzeiten ist die Landschaft von Wasser geprägt: Talsperren-Modell im Wasser-Info-Zentrum Eifel.

RWE-Industriemuseum und Jugendstil-Wasserkraftwerk: Schon von außen ist das alte Kraftwerk eine Augenweide. Weiß und trutzig liegt es an einem steilen Waldhang – ein besonders schönes Beispiel umweltfreundlicher Stromerzeugung. Das 1904 im schönsten Jugendstil gebaute Werk macht sich den Höhenunterschied zwischen der Urfttalsperre und dem Kraftwerk zunutze. Durch unterirdische Druckrohrleitungen bringen die Wassermassen mit ihrer Wucht die 110 Meter tiefer gelegenen Turbinenschaufeln in Bewegung.

In der Maschinenhalle erinnern zwei der 1905 installierten acht Francis-Turbinen mitsamt den dazugehörigen, blank gewienerten Schalttafeln an ein Stück Technikgeschichte: Die Anlage war das größte Speicherkraftwerk der Welt und erzeugt heute noch Strom für knapp 8.000 Haushalte.

Augenweide der Industriekultur: Das Jugendstil-Wasserkraftwerk

RWE-Energie-Wasserkraftwerk Heimbach, Kleestraße 5, 52396 Heimbach, Tel. 02446/9504320.
Das Kraftwerk kann einmal täglich im Rahmen einer Führung kostenfrei besichtigt werden.
Mo. - Fr. 14.30 Uhr, Sa., So., feiertags, 14 Uhr.

Haus des Gastes und Naturerlebniszentrum: Ausstellung und Informationen über den Lebensraum Rureifel. Besonderes Augenmerk gilt dem Uhu, dem „König der Nacht".

Haus des Gastes, Über Rur, Tel. 02446/3578.

Augenweide

Heimbach mausert sich zur Kunststadt: Bildende Künstler und Galerien beleben die Stadt:

Galerie Dorsel, Tonarbeiten, Bilder, Skulpturen, Schmuck, In den Wingerten 15, 52396 Heimbach, Tel. 02446/3636.

Atelier Luise Kött-Gärtner, Bildhauerin, In der Hilbach 14, 52396 Heimbach, Tel. 02425/1787, www.koett-gaertner.de.

Galerie Kunstwerk, zeitgenössische Kunst – Objekte und Arbeiten der jungen Szene, Hasenfelder Str. 6, 52396 Heimbach, Tel. 02446/805422, www.galerie-kunstwerk-heimbach.de.

Avantgart, Forum für zeitgenössische Kunst, Haus Schönblick, 52396 Heimbach, Tel. 02446/522000. www.avantgart.com.

Marion Winkel-Wergen, Atelier und Kunst im Garten, Am Rechtob 7, 52396 Heimbach-Hasenfeld, Tel. 02446/1275, www.mwwtonart.de.

Peer Krischbin, Spiel gegen Prominente, In der Hilbach 70, 52396 Heimbach, Tel. 02446/1446, www.book-a-game.com.

Frank Wollny, zeitgenössische Kunst und Aktion, www.wollny-artconcepte.de.

Ausstellung

Haus Schönblick: Hoch über der Rur präsentiert sich das 1905 eröffnete ehemalige wilhelminische Nobelhotel heute als Kunstzentrum.

Schiff, Bus und Bahn

Rurseeschifffahrt: Die Schiffe der weißen Flotte laden zu beschaulichen Fahrten über den Rursee ein. Haltestelle in Heimbach ist Schwammenauel (Siehe auch „Die Seen" S. 95).
Rurseebahn: Das stahlblaue Bähnchen schnauft in einstündigen Rundfahrten durch die schönsten Winkel des Städtchens. Sehenswürdigkeiten auf der Fahrt: Burg Hengebach, Staubecken, Jugendstilkraftwerk und Rursee. Der Fahrplan ist mit der Rurseeschifffahrt und mit den Zügen der Rurtalbahn abgestimmt.

Informationen zu Rurseeschiffahrt und Rurseebahn:
Rursee-Schifffahrt GmbH, Schwammenauel,
52396 Heimbach, Tel. 02446/479,
www.rursee-schifffahrt.de.

Rurtalbahn: Seit 1903 verbindet die Bahn Düren mit Heimbach und führt durch schönste Rurauenlandschaften und entlang der Buntsandsteinfelsen, www.rurtalbahn.de.
Mäxchen-Tour: Mit dem Doppeldeckerbus durch den Nationalpark.

DKB Service Center, Kaiserplatz 10, 52351 Düren,
Tel. 02421/200222, www.dkb-dn.de.

Stadtteile

Burg Merode in Vlatten

Vlatten: Der Stadtteil Vlatten wurde erstmals 839 erwähnt und ist damit die älteste Ansiedlung in Heimbach. Der Name ist vermutlich keltischen Ursprungs. Gleich zwei Burgen sind zu nennen: Die von den Edelherren von Merode im 13. Jahrhundert errichtete Oberburg wurde nach ihrem Besitzer „von Vlatten" genannt. Zu sehen sind noch Teile der Umfassungsmauern und ein Turm aus dem 14. Jahrhundert. Von der ehemaligen Unterburg ist nur noch ein Turmrest zu entdecken. Vlatten erinnert an die ehemalige Königspfalz, die 838 von Kaiser Ludwig dem Frommen, dem Sohn Karls des Großen, gegründet und von Kaiser Lothar I. besucht wurde. Von hier aus zogen die Herrscher zur Jagd. Sehenswert ist auch die alte katholische Pfarrkirche St. Dionysius, die – so wird vermutet – die Kapelle der Königspfalz war und erstmals 1300 erwähnt wurde. Der barocke Hochaltar stammt aus dem 17. Jahrhundert. Auf dem Lützenberg oberhalb von Vlatten liegt die St. Michaelskapelle. Vermutlich war hier in heidnischer Zeit eine Opferstätte.

Sportmöglichkeiten

Segeln: Segelschule und Bootsverleih in Schwammenauel: Günter Becker Wasserport, Tel. 02446/1497 oder 02422/5752. www.becker-wassersport.de
Paddel-, Ruder- oder Segelboot-Erlaubniskarten für den Rursee und das Staubecken in Heimbach gibt es bei der Stadt Heimbach, im Rathaus, Tel. 02446/80810.
Kanufahren: Die Ruraue zählt zu den schönsten natürlichen Flusslandschaften in NRW und für Kajakanfänger und Fortgeschrittene ideal. Um den Naturschutz zu gewährleisten, darf der Fluss nur zwischen dem 15. Juli und dem 18. Februar und zu festgelegten Mindestpegelständen befahren werden.
Vor der Fahrt ist eine Anmeldung nötig beim Kanu-Verband NRW, Tel. 0203/7381653.
Gruppentouren bietet an: Kanuschulung und Verleih, Wolfgang Petry, Frankenstraße 7, 53894 Mechernich-Eicks, Tel. 02443/7413, www.kanu-petry.de
Beheiztes Freibad: Auf Wissen Woog, 52396 Heimbach, Tel. 02446/3196
Angeln: Angelkarten und Informationen für Angeln in der Rurtalsperre:
Fischerei-Pächtergemeinschaft e.V. Kurt Hilgers, Tel. 02474/264. www.fischerei-rursee.de
Verleih von Elektrofahrrädern: Rureifel-Tourismus-Zentrale, Nationalpark-Tor Heimbach, An der Laag 4, 52396 Heimbach, Tel. 0700/34335000, www.rureifel-tourismus.de.

Nationalpark-Gastgeber

„Nationalpark Gästehaus“: Stadt Heimbach, Schulstraße 6, 52396 Heimbach-Hergarten, Tel. 02446/8097700, www.nationalpark-gaestehaus.de.
Pension Haus Diefenbach: Familiär geführtes Haus. Brementhaler Straße 44, 52396 Heimbach, Tel. 02446/3100, www.haus-diefenbach.de.

„Ferienhaus für Alle“: Zwei barrierefreie Ferienhäuser im Nationalpark Eifel in direkter Nähe zum Rursee für Gäste mit und ohne Handicap.
Familie Achim Schieffer, Auf dem Broich 1,
52396 Heimbach-Hasenfeld, Tel. 02474/351,
www.ferienhaus-fuer-alle.de.

Gastronomietipps

Landhaus Weber: Vorzügliche Küche mit französischem Akzent in einem Ambiente mit mediterranem Stil.
Hotel Restaurant Landhaus Weber, Schwammenaueler Str. 8,
52396 Heimbach, Tel. 02446/222.
Hotel Klostermühle: Zwischen 1869 und 1876 bauten Mönche des Klosters Mariawald das Anwesen in einem ehemaligen Mühlengelände. Heute ist das Haus ein modernes 100-Betten-Hotel.
Hotel Klostermühle, Hengebachstr. 106, Tel. 02446/80600,
www.hotel-klostermuehle.de.
Zur alten Mühle: Das Restaurant ist ein architektonisches Kleinod mitten in der Stadt.
Zur alten Mühle, Teichstr. 1,
52396 Heimbach, Tel. 02446/3124.
Eifeler Hof: Seit mehr als 80 Jahren mitten in Heimbach. Themenwochen und regionale Spezialitäten.
Eifeler Hof, Hengebachstr. 41,
52396 Heimbach, Tel. 02446/442.
Ritterstuben: Gut bürgerliche Küche.
Ritterstuben, Kermeterstr. 36, Hergarten,
Tel. 02446/95550, www.hotel-ritterstuben.de.
Hausener Kaffeestübchen: Gemütliches Café in der Burg, wo noch selbst gebackener Kuchen serviert wird!
Burg Hausen, 52396 Heimbach, Tel. 02446/3507.

Besondere Veranstaltungen:

Wallfahrt zur Piéta der Schmerzhaften Muttergottes:
Anfang Juli.
„Spannungen“: Kammermusikreihe im Wasserkraftwerk Heimbach (siehe auch „Im Zauber des Sommers“ auf S. 128).

Direkt unterhalb der Burg: Die Internationale Kunstakademie in Heimbach

Sehnsucht nach Kreativität

Die Internationale Kunstakademie

Burg Hengebach hat sich erstaunlich gewandelt: Ein gläserner Aufzug führt hoch in den Burghof, Galerien öffnen den Blick über das Städtchen und hinter den Mauern wird gemalt und gestaltet: Seitdem die „Internationale Kunstakademie" Einzug gehalten hat, ist nichts mehr wie es war. Von Nah und Fern reisen Menschen an, die sich vom Leitgedanken der Einrichtung angezogen fühlen: Die Internationale Kunstakademie in Heimbach möchte Kreativität wecken und Freude an schöpferischen Prozessen vermitteln.

Ein großes Team von zum Teil namhaften Dozenten bietet Workshops unterschiedlichster Richtungen an: Von Mal- und Zeichenkursen über Bildhauerei, Druckgrafik, Performance bis hin zu Neuen Medien reicht das Angebot. Wer will, kann sogar lernen, einen Spielfilm zu drehen; getreu der Überzeugung: „Jeder Mensch verfügt über ein schöpferisches Potential, das es individuell zu entdecken und zu bewegen gilt. Kreativität ist eine der Grundvoraussetzungen für Weiterentwicklung, Erneuerung (Innovation) und Verbesserung (Optimierung) in allen denkbaren Zusammenhängen von der Forschung bis zur Wirtschaft, von der Kunst bis zur Gesellschaft."

Informationen über das Programm:
Trägerverein Internationale Kunstakademie Heimbach/Eifel e.V., Hengebachstraße 48, 52396 Heimbach, Tel.: 02446/80970-0
www.kunstakademie-heimbach.de

Literaturtipp Heimbach: Beate Weiler-Pranter: Heimbach. Historische Stadt im Nationalpark Eifel. Gaasterland-Verlag.

„Spannungen“: Im Zauber des Sommers

Wenn in Heimbach die Zeit der „Spannungen“ naht, wird alles wunderlich: Das Jugendstilkraftwerk mit seinen orientalisch anmutenden Türmchen verwandelt sich in einen Konzertsaal. Weltklassekünstler wie die Geigerinnen Isabelle Faust und Baiba Skride oder die Cellisten Gustav Rivinius und Heinrich Schiff, die anderswo Traumgagen kassieren, reisen an, um in romantisch-ländlicher Kulisse zum Selbstkostenpreis zu agieren. Das Publikum im ausverkauften Saal wagt kaum zu atmen. Und über allem liegt der Zauber des Sommers, der manchen ins Schwitzen bringt, aber aufs Feinste das Drinnen der alten Werkhalle mit dem Draußen des Seenpanoramas verbindet. Die Vögel zwitschern zu Robert Schumann und Sergej Prokofiew.

Konzert zwischen Turbinen

Die Idee zu diesem Festival hatte Lars Vogt, 1970 in Düren geborener Pianist und Star der Klassik-Szene. Auf den Bühnen der Welt ist er längst zu Hause. Er pendelt zwischen Amerika und den europäischen Hauptstädten. Nun hat er in Heimbach sein eigenes Kammermusikfest: „Spannungen“, ein Ereignis, das in Zusammenarbeit mit dem „Verein der Freunde und Förderer von Kunst und Künstlern im Kreis Düren“ entwickelt wurde. Eine Idee, die Musikfreunde aus allen Regionen anzieht.

Immer im Juni, wenn in Heimbach alles ein wenig wunderlich wird....

Informationen: Spannungen, Musik im Kraftwerk Heimbach, Postfach 10 1145, 52311 Düren, Fax 02421/971683, www.spannungen.de.

Mit alter Ritterherrlichkeit

Hellenthal: Zwei Burgen und ein Wildgehege

Touristische Informationen & Nationalpark-Infopunkt
Tourist-Information Hellenthal
Rathausstr. 2
53940 Hellenthal
Tel. 02482/85115
www.hellenthal.de

Gemeinde Hellenthal
Rathausstr. 2
53940 Hellenthal
Tel. 02482/850
8800 Einwohner

Das Burgdorf Reifferscheid

Der schönste Blick auf Hellenthal hängt im Flur des Rathauses: Auf dem Foto liegt der Eifelort satt und propper zwischen dicht bewaldeten Berghängen, verziert von Kirchturmspitzen und Oleftalsperre, die sich mit ihrer mächtigen Staumauer dicht an den Ortsrand schiebt. Das Bild verflüchtigt sich bei der Fahrt durch Hellenthals Zentrum. Die Kölner Straße zieht mitten durchs Herz. Das grüne Land verschwindet hinter Häuserreihen.

Wenn die Eifeler Regenfronten Grautöne preisen, sieht es Hellenthal niemand an, dass es ein Publikumsmagnet ist und rund 320.000 Tagesgäste im Jahr zählt. Nüchternheit herrscht und Geschäftssinn: Fertigungsbetriebe der Stahl-, Edelstahl- und Kunststoffverarbeitung geben in den Tallagen von Hellenthal und Blumenthal 1.500 Menschen Arbeit und sind

Nachfolger der Eisenindustrie, die mit Hütten und Hämmern vom 16.- bis 19. Jahrhundert das Tal beherrschte.

Die Schönheiten liegen im Umland: Für rund 60 Ortschaften und Weiler, die auf 138 km^2 verstreut sind, bildet Hellenthal den Zentralort, und kann sich eine der größten Gemeinden in NRW nennen. Noch stolzer macht die Hellenthaler, dass im Ortsteil Udenbreth der „Weiße Stein" 687 Höhen-Meter misst und damit die mächtigste Erhebung in der nordrhein-westfälischen Eifel ist. Im Winter gewinnt der sonst so stille Ort Anziehungskraft und lockt mit Ski und Rodel bewehrte Familien in Scharen an. Aber auch ohne derlei Vergnügen bietet der Aussichtsturm prächtige Blicke, zum Beispiel nach Norden auf den Nationalpark, der dem Betrachter wie eine mächtig-grüne Wand zu Füßen liegt.

Philipp zog auf den „wilden Berg": Die Wildenburg

Ausblicke gibt's in Hellenthal auch anderswo, zum Beispiel auf Burg Reifferscheid, dessen Bergfried sich immerhin 470 Meter hoch über das Eifelland reckt und einen prächtigen Blick auf den Ort und das Eifeler Land gewährt. Schon 1106 erstmals genannt, wurde die damalige Burg von ihrem Besitzer Herzog Heinrich, einem treuen Gefolgsmann Kaiser Heinrichs IV, in Brand gesetzt. Der Grund: Die Gegner sollten sich nicht in dem Gemäuer festsetzen können. Nach dem Wiederaufbau übernahmen die Herren von Salm-Reifferscheid als Nachfahren der Limburger das imposante, einst 4-türmige Gemäuer und behaupteten ihr Recht bis zum Ende der Feudalzeit 1794.

Zusammen mit der Wildenburg zählt Reifferscheid zu den typischen gotischen Burg-Talsiedlungen der Eifel und erzählt bis heute trutzig von alter Ritterlichkeit. Ihre Herren stürzten sich in manches Scharmützel: Legendär ist Johann von Reifferscheid, ein Haudegen, der 1385 sämtliche Nachbarn gegen sich aufgebracht hat. Bewaffnet mit einer Steinwurfmaschine und „Donnerbussen", wie die frühzeitlichen Kanonen genannt wurden, versuchte der „Landfriedensbund" Johann zu bezwingen. Doch die Burg hielt stand. Es kam zur gütlichen Einigung, und Johann versprach brav, den Herren und Städten acht Jahre lang keinen Schaden mehr zuzufügen.

Heute herrscht tiefe Ruhe rund um das alte Gemäuer – bis am 3. Septembersonntag und zum Weihnachtsmarkt ein bunter Haufen die Burg erneut belagert. Tausende kommen – ohne Wurfmaschinen, aber mit dem festen Wunsch nach Vergnügen. Schrittchen für Schrittchen zieht die Menschenschlange durch das Matthias-Tor und dann immer schön langsam von einer Bude zur anderen. Wahrsager, Würstchenbräter, Töpfer und Porzellanmaler säumen den Weg, und wer's mag, nippt auch mal am Honigmet, das die Herren von Reifferscheid einst entzückt hat.

Ihr Territorium reichte in frühen Tagen bis hin zur Wildenburg; doch schon 1195 teilten die Brüder Gerhard und Philipp von Reifferscheid das Land. Philipp zog auf den „wilden Berg" und wurde Stammvater der Wildenburger. Noch heute reckt sich die einzige, nicht zerstörte Höhenburg des Kreises Euskirchen an besonders pittoresker Stelle über einem steilen, waldbedeckten Berggrat.

Schaurigen Ruhm errang die Burg, als der grausame Marsilius von Palandt Herrscher über das Gemäuer war. Im Verlauf eines Streits mit Graf Werner von Salm-Reifferscheidt um die hohe Gerichtsbarkeit wurden 1629 auf der Wildenburg 16 Menschen der Zauberei beschuldigt, grausam gefoltert, stranguliert und auf dem Scheiterhaufen verbrannt. Noch heute munkeln die Anwohner über den „Hexenturm" mit seinen bis zu viereinhalb Meter dicken Wänden und seinem „Angstloch", einem Verlies, das von schrecklichen Tagen erzählt.

Vergleichsweise angenehm lässt sich hier heutzutage die Zeit verbringen. „Die Wildenburg bietet in einzigartiger Weise das Leben auf einer ehemaligen Ritterburg, ohne auf die Annehmlichkeiten unserer Tage verzichten zu müssen", heißt es im schönsten Werbedeutsch, seitdem die Genossenschaft „Pro Wildenburg", eine Vereinigung der Stadt Grevenbroich und der Pfarrvikarie St. Johann Baptist Wildenburg, die Räume als Jugend- und Begegnungsstätte nutzt.

Doch ein weitaus größerer Anziehungspunkt ist der „Ardenner Cultur Boulevard", der in Losheim hart an der Grenze zu Belgien mit Ideen aufwartet, die Ausflügler bei Laune halten. In der „Ars Krippana", der – laut Eigenwerbung – „größten und wichtigsten Krippenkunstaustellung Europas" werden Krippen aus aller Welt das ganze Jahr über gezeigt.

Kostenlos dazu serviert wird das spezielle Flair, das Grenzorte immer an sich haben: „Stehen wir jetzt auf deutschem oder auf belgischem Boden?" fragt der Papa seine Kinder. Die zucken die Achseln. Hauptsache, es gibt gleich ein Eis.

In 70 Kilometer Entfernung liegt Köln: Schöne Aussicht „Weißer Stein"

Schöne Aussicht

Weißer Stein: Hier befindet sich mit 687 Metern die höchste Erhebung der nordrhein-westfälischen Eifel. Der alte, baufällige Feuerwachturm, der weite Ausblicke auf die Region bot, wurde November 2011 abgerissen. Geplant ist ein Neubau, um diesen lohnenswerten Aussichtspunkt wieder in die Reihe der Eifel-Blicke einzureihen, www.eifel-blicke.de.

Wandertipps

Wilde Narzissen im Oleftal: Mitte bis Ende April ist eine Wanderung zu den wilden Narzissen im Oleftal äußerst empfehlenswert. Vom Wanderparkplatz Hollerather Knie am Ortsausgang von Hollerath direkt an der B 265 führt ein rund vier Kilometer langer Weg zu den Narzissenwiesen im Oleftal.
Oleftalsperre: Der malerische Olefsee ist von Wäldern umrahmt. Um die Trinkwassertalsperre windet sich ein Rundwander- und Fahrradweg von 13,5 Kilometer Länge.

Sehenswürdigkeiten

Staudterhof: Repräsentatives bürgerliches Wohnhaus barocken Stils aus dem 18. Jahrhundert mit Gartenanlagen. Erbaut von der Kaufmannsfamilie Staudt. Das Objekt befindet sich in Privatbesitz.

Burgdorf Reifferscheid: Malerisch gelegen präsentiert sich die Burg mit Vorburg und Burgbering als typisch gotische Siedlung. Reifferscheid wurde 1106 erstmals erwähnt. Als eines der schönsten Dörfer Nordrhein-Westfalens gewann der Ort im Wettbewerb „Unser Dorf soll schöner werden" eine Goldmedaille, www.reifferscheid-eifel.de.

Wildenburg: Romantisch liegt die schon 1180 erwähnte Wildenburg auf einem steilen, schmalen Bergrücken. Äbte von Steinfeld bauten im 18. Jahrhundert das Schloss um. Ein Teil des Gebäudes dient als Kirche; Bergfried und Burgverlies sind noch vorhanden. Die Wildenburg ist heute eine Begegnungsstätte.

Pro Wildenburg eG, Am Markt 1, 41515 Grevenbroich,
www.wildenburg-eifel.de.

Museen und Ausstellungen

Besucherbergwerk Grube Wohlfahrt: Mit einem „Glück auf" geht es täglich um 11 Uhr, 14 Uhr und 15.30 Uhr in die Tiefe. Unter Tage herrscht permanent eine Temperatur von acht Grad. Während der 90-minütigen Tour erfahren die Besucher viel über den Arbeitsalltag in den Bleierzgängen und die Bedeutung der Spuren in den Millionen von Jahren alten Gesteinen. Direkt am Besucherbergwerk informiert ein kleines Museum im ehemaligen Grubenhaus über die Geschichte des Bergwerks (siehe auch „Ernste Gesichter, angstvolle Augen" auf S. 138).

Besucherbergwerk „Grube Wohlfahrt", Aufbereitung II 1,
53940 Hellenthal-Rescheid, Tel. 02448/911140,
www.grubewohlfahrt.de.

Ardenner Cultur Boulevard: Gleich mehrere Attraktionen warten auf Besucher: In der „Ars Krippana" werden auf einer Fläche von 2.500 qm Krippen aus aller Welt gezeigt. Gezeigt wird unter anderem eine Krippe, die schon die Räume von Papst Paul II. zierte. In der „Ars Figura" erwacht in Wohnstuben und Kaufmannsläden die Welt des 19. Jahrhunderts zu neuem Leben. Technisch wird es in der „Ars Technica" die den Traum kleiner und großer Jungen von einer riesigen Modelleisenbahn Wirklichkeit werden lässt. 100 Züge schnaufen über 2.000

Meter lange Schienen durch Spielzeuglandschaften, vorbei an Dörfern und Weilern, die Eifel und Ardennen im Miniformat zeigen. Dazu gibt's preiswertem belgischem Kaffe, Pralinen und den deftigen Ardenner Schinken. Das „Möbelland" stillt der Deutschen Sehnsucht nach rustikalen Eichenmöbeln.

Der Ardenner Cultur Boulevard liegt direkt an der deutsch-belgischen Grenze in 53940 Losheim/Eifel und ist ganzjährig geöffnet, Prümer Str. 55, Tel. 06557/866, www.ardenner-cultur-boulevard.net.

Tierpark

Greifvogelstation und Wildgehege Hellenthal: Weithin bekannt ist das Wildgehege wegen seiner Greifvogelstation und den Flugschauen. In dem 65 Hektar großen Park sind aber unter anderem auch Rotwild, Rehe, Gams, Muffel, Wildschwein, Fuchs, Wisent, Luchs, Auerochse und Bär zu Hause. Im Kleintierzoo fühlen sich die Kinder wohl.
Greifvogelstation Hellenthal, 53940 Hellenthal,
Tel. 02482/2292, www.greifvogelstation-hellenthal.de.

Besonderes Angebot

Oleftalbahn: Nostalgiefahrten mit dem historischen Schienenbus: Kall-Gemünd-Olef-Schleiden-Oberhausen-Blumenthal-Hellenthal. Sonn- und Feiertags von Mai bis November, www.oleftalbahn.de.

Besondere Sportmöglichkeiten

Ski und Rodeln: Wenn der Schnee die Eifel einhüllt und der aktuelle Wetterbericht freie Fahrt signalisiert, gleicht die B 265 einer Autobahn: Hübsch langsam tuckelt eine Karawane in die Skizentren Hollerath und Udenbreth.
Ski-Alpin ist in Hollerath (535-640 m.ü.NN) möglich, die Abfahrt ist rund 350 Meter lang. Ein Ankerschlepplift sorgt für den bequemen Aufstieg. Die Langlauf-Loipe ist zehn Kilometer lang. Zudem im Angebot: Eine 150 Meter lange Rodelbahn.
Der Weiße Stein bei Udenbreth (640-690 m ü.NN) hat eine Abfahrt für Ski-Alpin bis 550 Meter Länge. Langlauf ist auf rund 17 Kilometer langen, gespurten und beschilderten Loipen möglich. In Udenbreth-Wilsamtal gibt es Loipen von 7 Kilometer Länge.

Den aktuellen Wintersportbericht gibt es auch unter der Tel. 02482/85200.

Besonders in der Weihnachtszeit einen Ausflug wert: „Ars Krippana“

Fahrradverleih: Touristinformation Hellenthal, Rathausstraße 2, 53940 Hellenthal, Tel. 02482/85115.
Angeln: Olef-, Platißbach und Reifferscheider Bach. Campingplatz Hellenthal, Platiß, Tel. 02482/1500, www.camphellenthal.de.

Nationalpark-Gastgeber

Gästehaus „Im Tal 18“:
Jutta Bungard, Im Tal 18, 53940 Hellenthal-Reifferscheid, Tel. 02482/1569, www.gaestehaus-im-tal.de.
Ferienwohnung „Eifelblick“:
Elke Greven, Schnorrenberg 73, 53940 Hellenthal-Schnorrenberg, Tel. 0221/464581, www.elke-greven.de.
Ferienhaus „Hellenthal“:
Familie Scheidt, Auf der Schanz 30, 53940 Hellenthal, Tel. 02444/9158356, www.ferienhaus-hellenthal.de.

Gastronomietipp

Burg-Café Eulenspiegel: Winziges Kultur-Café mit selbst gebackenem Kuchen und ganz persönlicher Note. Lesungen und Musikabende. Burg-Café Eulenspiegel, Reidtmeisterstr. 24, 53940 Hellenthal-Reifferscheid, Tel. 02482/7575, www.burgcafe-eulenspiegel.de.

Besondere Veranstaltung

Burgfest in Reifferscheid: September
Weihnachtsmarkt auf Burg Reifferscheid:
1. Adventswochenende

Komm auf mein Federspiel!

Der Wildpark Hellenthal pflegt die alte Kunst der Falknerei

Weit über die Eifelgrenzen hinaus bekannt: Die Flugschau der Greifvogelstation

Seit 20 Minuten hockt Tanja auf dem Dach eines Schuppens und schaut in den nebligen Morgen. Es ist kalt. Der Raureif hat den Holzzaun überzuckert, und Tanja fragt sich, warum sie arbeiten soll. Mit scharfen Augen spät sie zu dem Mann, der am Waldweg auf sie wartet und stürzt – als er winkt – auf ihn zu: Strahlend trägt er sie auf Händen. „Na, komm schon, Tanja", turtelt er, „zeig, was du kannst." Mit mächtigem Schwung schleudert er die Kordillerenadler-Dame hoch in die Luft. Sie nutzt den Drall, die Glöckchen an den Beinen klingeln, und stürzt sich auf den nächstgelegenen Ast. Dort bleibt sie ungerührt hocken. „Das wird wohl nichts", seufzt der Falkner, „Sie braucht Aufwinde, Thermik. Adler fliegen sonst nicht."

Auch solch ein Fehlschlag kann den Ruhm des Wildgeheges in Hellenthal nicht schmälern. Er ist weit über die Eifelgrenzen hinaus bekannt für seine Greifvogelstation. Bei gutem Wetter schwingen sich die Vögel bis auf 2.000 Meter Höhe, umkreisen in majestätischen Runden das 65 Hektar große Areal, schweben über die spiegelnde Fläche des Olefsees und stürzen sich nach dem Lockruf wieder auf den behandschuhten Arm des Falkners. Geschwindigkeiten bis zu 300 Stundenkilometern sind keine Seltenheit. „Die kommen nur zurück, wenn sie optimale Bedingungen in der Vogelzuchtstation vorfinden", schmunzelt der Falkner. „Schließlich könnten sie jederzeit in freier Wildbahn leben."

Günstig scheinen die Zuchtbedingungen in Hellenthal zu sein. Nicht nur die still brütenden Weibchen sorgen hier für Nachwuchs. Einige Eier werden 34 bis 38 Tage in die Brutmaschinen gelegt, bis die Kleinen schlüpfen. Eine Methode, die besonders eng an den Menschen bindet: Schon kleinste Greifvögel lockt der Falkner mit saftigen Fleischstücken, die er an sein Federspiel bindet.

Ein Federspiel ist das wichtigste Trainingsgerät für Greifvögel, die gezähmt werden sollen. Es ist ein Stoff- oder Lederkissen, an dem Vogelflügel befestig sind. Diese „Köder" lässt der Falkner an langer Schnur über seinem Kopf kreisen – die Vögel lernen, dass sie kommen sollen. Zur Belohnung gibt's ein Stückchen Fleisch. Nach einem Monat hören sie auf das Kommando des Falkners, nach vier Monaten sind sie fertig ausgebildet und dürfen vor Publikum in Hellenthal starten.

Doch damit nicht genug: Seit Jahrzehnten wird in Hellenthal auch Wert auf die Nachzucht bedrohter Arten gelegt. Schon 1980 machte das Gehege von sich reden, als es zum ersten Mal die Nachzucht des amerikanischen Wappenadlers, des Weißkopfseeadlers, vorstellen konnte. 1982 wurden zwei Jungadler an den damaligen Präsidenten der USA, Ronald Reagan, verschenkt. In Hellenthal sind auch Europäische Seeadler, Sakerfalken, Turmfalken, Luggerfalken, Mäusebussarde und Adlerbussarde sowie diverse Nachtgreifvögel zur Welt gekommen.

So attraktiv sind die Vogelflüge, dass die Falkner ihren Wildpark ab und zu verlassen, um anderswo den Flug der Vögel vorzuführen. Gern gesehen sind sie am 3. Septembersonntag beim Fest auf Burg Reifferscheid: An diesem Tag schweben die Vögel über Wahrsagern, Gauklern, Töpfern und Porzellanmalern, die tausenden von Neugieren beim traditionellen Burgfest ihre Kunst zeigen – wie eh und je.

Die Burg ist ein mittelalterliches Kleinod und bietet den passenden Rahmen für die Falknerei; schließlich wurde die so genannte Beizjagd schon von den damaligen Fürsten gepflegt und auf vielen Illustrationen verewigt; hatte die Jagd doch damals auch eine sexuelle Komponente und symbolisierte Erotik – auch wenn es Tage gibt, an denen gar nichts gelingen mag, weil es kalt ist und kein Aufwind Fluglaune verspricht.

Informationen: Neben den Greifvögeln zeigt der Wildpark auch verschiedene Wildarten. Eindrucksvoll sind Bär, Rotwild, Rehwild, Wildschwein und Waschbär, aber auch Fuchs, Dachs Luchs und Muffelwild. In Kontaktgattern können viele Tiere direkt gefüttert werden.

Greifvogelstation und Wildgehege Hellenthal, 53940 Hellenthal, Tel. 02482/2292, www.greifvogelstation-hellenthal.de.
Geöffnet ist das Wildgehege ganzjährig.

Weitere Wildparks

Wildpark in Nideggen-Schmidt: Das 35 Hektar große Areal, lädt zu einem fünf Kilometer langen Rundgang vorbei an Rotwild, Schwarzwild, Damwild, Mufflons und Wasservögeln ein. Kinder können sich mit Ponys, Ziegen, Eseln und Lamas vergnügen.

Wildpark Schmidt, Wildparkstr., 52385 Nideggen-Schmidt, Tel. 02474/215. Ganzjährig geöffnet, www.wildpark-schmidt.de.

Hochwildpark Rheinland: In den malerischen Birken-, Buchen-, Eichen- und Ilexwäldern des Wildparks können heimische Tierarten, darunter Elche, in „freier Wildbahn" beobachtet werden. Auf die Kleinen wartet ein Abenteuerspielplatz und ein Streichelzoo.

Hochwildpark Rheinland, 53894 Mechernich, Tel. 02443/6532, www.hochwildpark-rheinland.de, ganzjährig geöffnet von 9 Uhr bis zur Dämmerung.

Ernste Gesichter, angstvolle Augen

Wie die Kumpel unter Tage schufteten: Bergbau in der Eifel

Es ist dunkel. Nur unser Atem ist zu hören; ein leises Scharren der Füße; plätscherndes Wasser, Tropfen. Kein Licht, keine Sicht, tiefschwarze Nacht. Hier haben sie gearbeitet, stundenlang, oft in völliger Finsternis, um das Raps-Öl in ihren Funzeln, den so genannten Grubenfröschen, aufzusparen, um vielleicht in der Pause ein Stück trockenes Brot hineintunken zu können und damit ein wenig Geschmack und Wärme in

Freie „Wildbahn": Eine Dammhirschgruppe im Hochwildpark Rheinland

ihren Alltag zu bringen. Hier haben sie gehockt oder gelegen, in 50 Zentimeter hohen Gängen, in Nässe und Kälte; hier haben sie den Stein gehauen, zwölf Stunden lang, beinahe jeden Tag.

Grubenführer H.-J. Schuley zündet ein Streichholz an und bringt die Grubenfrosch genannte Öllampe, groß wie ein Teelicht, wieder zum Leuchten. Wir atmen auf. Bedrückend war die Schwärze, erschreckend sind Schuleys Worte: „Bevor die Schicht begann, hatten viele schon mehrere Kilometer Fußmarsch von ihren Wohnorten hinter sich. Und wie wir aus alten Abrechnungsbüchern wissen, verdienten sie am Tag 3,15 Mark. Da war der Akkordzuschlag schon drin." Er reckt sich und zieht die weiße Bergmannsjacke unter dem schwarzen Gürtel mit dem gekreuzten Schlägel und Eisen, dem alten Bergmannssymbol, glatt. „Eine Arbeitshose kostete damals 7 Mark."

Wir schweigen: Die Bergleute des aufgehenden 19. Jahrhunderts malochten sich im wahrsten Sinne des Wortes zu Tode: Mit 35 bis 40 Jahren starben die meisten. Und doch galten sie als reiche Männer. Die Jobs in der Blei- und Eisenerz-Gruben waren begehrt, und die Bergleute bei den Bauern nicht gut gelitten. Als Säufer und Rabauken verschrieen sie die Pfarrer.

Wir gehen auf ihren Spuren unter der Erde im Besucherbergwerk der „Grube Wohlfahrt" bei Rescheid. Die Jüngsten, die Haspelknechte, waren gerade 12 Jahre alt. Über Tage schufteten schon 6-jährige und zerschlugen die Steinklumpen, die in Eimern nach oben befördert wurden. Bleierz, jenes silberhell-glänzende Metall, das oxidiert matt und grau aus-

Schon 6-jährige schufteten unter Tage: Eine Erzlore weist den Weg zur Grube.

sieht, war ihrer aller Schatz. Sie suchten es im Gestein, denn das schwere, aber weiche und verwitterungsbeständige Metall war schon damals hoch begehrt: In der Rüstungsindustrie, bei den Glasbläsern, aber auch in der Buchdruckerzunft und im Dachdeckergewerbe: Das Dach des Kölner Doms ist mit Blei gedeckt.

Schon die Kelten und Römer haben in der Eifel nach Bleierzen gegraben. 1543 wurde der Bergbau zum ersten Mal schriftlich erwähnt. Damals ernannte Johann IX. Graf von Salm, Herr zu Reifferscheid, Dyck und Alfter den Bastian von Stuckart zum Bergmeister „uff unseren bergwerck Reischeidt". Jeder konnte in Abstimmung mit ihm und unter Abgabe des Zehnten an den Landesherrn auf eigene Faust Bergbau betreiben.

Nicht nur in Rescheid war die Jagd nach den Bleierzen bekannt. Die Fundstätten liegen auf einem Streifen – wie Perlen an einer Kette: Von Burg Reuland in Belgien führt die Route über den uralten Bergbauort Bleialf bei Prüm nach Rescheid und weiter über die Grube Silberberg nördlich von Schmidtheim und über Kall bis hin zur größten Eifeler Bleierzlagerstätte in Mechernich.

Bis ins Mittelalter wurden acht bis zehn Meter tiefe Löcher in die Erde gegraben, die so genannten Pingen, um das Bleierz mit Körben zutage zu fördern. Ab dem 16. Jahrhundert ermöglichten Wasserlösungsstollen, das Grundwasser abzuleiten und unter Tage Gänge zu hauen.

Um 1500 wurden in der Umgebung von Schleiden bereits 18 Eisenerzgruben gezählt. Im 19. Jahrhundert arbeiteten auf 160 Eisenerzgruben 800 Bergleute und förderten jährlich 150.000 Zentner Eisenstein, die in 18 Eisenhütten und Hammerwerken verarbeitet wurden. Als im Ruhrgebiet die erste Steinkohle gefördert wurde, rauchten im Schleidener Tal schon seit Jahrhunderten die Holzkohle-Hochöfen. Mit der Eisengewinnung und Verhüttung war im späten Mittelalter eine Industrie von europäischer Bedeutung entstanden. In der Wissenschaft gilt die Eifel als Wiege der europäischen Montanindustrie. Im Mittelalter stammten zehn Prozent des europäischen Eisenbedarfs aus der Eifel.

Wer heute durch die stillen Täler wandert, kann sich kaum vorstellen, dass das Schleidener Tal noch vor 150 Jahren vom

Lärm der Hochöfen, Hammer- und Pochwerke erfüllt und die Heimat bedeutender Unternehmer war: Namen wie Hoesch, Poensgen und Schoeller sind mit der Landschaft eng verbunden.

Mit weit reichenden Folgen: Die Wälder der Eifel waren 1860 abgeholzt – ohne Rücksicht auf Verluste. Im 18. Jahrhundert steht in einer Kurtrierer Denkschrift: *„Es sei überhaupt in den Waldungen gehaust worden, als wan das Holtz wie Salatt im Garten wachsen täte“*. Mit Fug und Recht konnten die Arbeiten als Raubbau bezeichnet werden. Der Grund: Für die Verhüttung und Weiterverarbeitung der gewonnenen Metalle wurde Holzkohle als Energielieferant benötigt.

Noch heute finden sich in vielen Waldstücken ebene, runde Flächen, die auf die Arbeit der Köhler zurückzuführen sind. Sie bauten Meiler, indem sie Holzscheite von einem Meter Länge in zwei Gesetzen um den Feuerschacht aufeinander schichteten. Der runde Kopf des Meilers bestand aus einem halben Meter langen Hölzern. Zum Anzünden schaufelten die Köhler glühende Holzkohle in den Feuerschacht in der Mitte des Holzbergs. Einmal entfacht, musste der Meiler eine Woche lang rund um die Uhr bewacht werden: Aus 80 Raummetern Holz wurden etwa 10 Tonnen Holzkohle.

Die Wälder der Eifel wurden dafür gnadenlos abgeholzt. Waldschäden bestimmten das Landschaftsbild. Um 1820 schrieb der preußische Regierungsbeamte von Schwerz: *„Man sollte sehen und weinen, weil die Berge von allen Seiten ihre nackten Schädel, welche kein Sträusch deckt, erheben.“*

Abwasserstollen in der Grube Wohlfahrt, Hellenthal

Doch 1850 setzte der endgültige Niedergang ein. Der Grund: Mit dem Verschwinden der Wälder versiegte die Energiebasis, die Eifel-Eisenbahn wurde zu spät gebaut und im Ruhrgebiet konnte die Steinkohle billiger produziert werden. Als letztes Erzbergwerk der Eifel schloss im März 1969 der Bleierzabbau in Maubach bei Düren.

Alte Eisenbahntrasse in Olef

Geblieben sind nur die Geschichten über die Bergleute und ihre Arbeit unter der Erde. Geblieben sind ihre ins Gestein geritzten Bilder tief unten in der Grube Wohlfahrt: Ernste Gesichter zeigen sie, traurige Mienen, angstvolle Augen.

Und einer trägt eine Zipfelmütze, genau wie die ersten Bergleute; mit Moos und Stroh gefüllt. Wenn sie damit abends müde und zerschunden aus dem Berg krochen, sagten die Dorfleute: „Schaut, da kommen die Bergzwerge ans Licht." Und so ist sie wohl entstanden, die Sage von den Zwergen, die drunten im Berg die Arbeit verrichten – obwohl es doch die schwarzen Männer waren, die ihr Leben hier verbrachten – in Nässe, Kälte und Finsternis.

Informationen:
Direkt am Besucherbergwerk informiert ein kleines Museum im ehemaligen Grubenhaus über die Geschichte des Bergwerks.
Besucherbergwerk „Grube Wohlfahrt",
Aufbereitung II 1, 53940 Hellenthal-Rescheid, Tel. 02448/911140.
Täglich Führungen um 11 Uhr, 14 Uhr und 15.30 Uhr,
www.grubewohlfahrt.de.

Ein weiteres Besucherbergwerk kann in Mechernich besichtigt werden:
Bergbaumuseum Mechernich,
Bleibergstr. 6, 53894 Mechernich, Tel. 02443/48697,
www.bergbaumuseum-mechernich.de.

Information zur Holzkohleherstellung:
Nationalpark-Tor Gemünd, Kurhausstraße 6,
53937 Schleiden-Gemünd, Tel. 02444/2011.
Ein Eisenlehrpfad informiert über die Geschichte der Eisenindustrie.

Fernblick ins unheimliche Germanien

Hürtgenwald: Der Name weckt Erinnerungen

Nationalpark-Infopunkt Zerkall
Auel 1
52393 Hürtgenwald-Zerkall
Tel. 02427/909026
infopunkt-zerkall@huertgenwald.de
www.rureifel-tourismus.de

Gemeinde Hürtgenwald
August-Scholl-Str. 5
52393 Hürtgenwald
Tel. 02429/3090
www.huertgenwald.de
8900 Einwohner

Geschichten vom legendären Hüttenmeister: Kremer Mühle und Burg in Simonskall

Wer Hürtgenwalds schöne Seiten kennen lernen möchte, muss tief hinunter und hoch hinauf: Simonskall drunten im Tal und Vossenack auf der Höhe sind staatlich anerkannte Erholungsorte mitsamt der dafür nötigen Lage und Luft. Abgeschieden vom Lärm der Welt, liegt Simonskall an der mäandernden Kall, die sich durch langmähnige Wiesen zieht und manches Fachwerkidyll umplätschert. Vossenack erfreut Menschen mit Weitblick, die gern mit den dahin ziehenden Wolken träumen.

Seit Jahrhunderten sind die Orte eng verbunden, denn in Vossenack läuteten im 17. Jahrhundert die Glocken auch für die Simonskaller. Denen blieb nichts anderes übrig, als keuchend das „Kirchepädche" hochzulaufen, um die 200 Meter höher liegende Pfarrkirche auf dem Bergrücken von Vossenack

Energiequelle für das Tal: Der Kallbach in Simonskall

zu besuchen. Auch die Schulkinder kannten den schweißtreibenden Pfad in- und auswendig; denn sie mussten beinahe täglich zur damaligen katholischen Volksschule Vossenack marschieren.

Heutzutage begegnen sich hier allenfalls gut gerüstete Wanderer, die in Höhenlagen zwischen 170 und 564 Metern vielfältige Wanderwege finden, über den leuchtenden Fingerhut am Waldesrand staunen und nicht ahnen, dass ausgerechnet in dieser Idylle die Wiege der Stahlindustrie stand. Der Grund: Der legendäre Reidtmeister oder besser gesagt Hüttenmeister Simon Kremer, den Simonskall sogar im Ortsnamen verewigt hat, durfte „in der Callen" ab 1622 ein „eisenhuth und hammerwerck" betreiben und war damit so erfolgreich, dass er sogar die Waffenfabriken in Lüttich belieferte. Das „Haus des Gastes" in Simonskall erinnert noch heute an den Industriellen, denn es wurde 1651 von Johann Wilden erbaut, dem Schwiegersohn von Simon Kremer. Wie wichtig das Kalltal einst für die Eisenindustrie war, zeigt die Tatsache, dass sich hier selbst Spuren der Familie Hoesch finden, zu deren Besitz der Zweifallshammer zählte (siehe auch „Ernste Gesichter, angstvolle Augen" auf Seite 138).

Vorbei. Vorbei. An den Wochenenden melden die Hotels an 136 Tagen im Jahr 100 Prozent Auslastung, denn die Häuser sind beliebt und beherbergen Naturfreunde, die hier rund

70 Kilometer lange Rundwanderwege durchs Kalltal zur Kalltalsperre, zur Mestrenger Mühle, hoch nach Vossenack oder zum einzigen Bodenlehrpfad Nordrhein-Westfalens finden. Wer die weite Natur lieber in einem Bild konzentriert sieht, findet in Simonskall viele Interpretationsansätze. Der 2004 gegründete Verein „HöhenArt Hürtgenwald" knüpft an die Tradition der legendären „Kalltal-Gemeinschaft" an, einer Künstlerkolonie, die sich von 1919 bis 1921 in Simonskall etabliert hatte, und zeigt im „Haus des Gastes" Mensch und Natur durch die Brille unterschiedlicher künstlerischer Temperamente.

Ganz ungefärbt ist dagegen der Blick von Bergstein, wo der Krawutschketurm nach Renovierungsarbeiten vom 400 Meter hohen Burgberg den Ort überragt mit all den Legenden, die sich um ihn ranken: Mitte der 80er Jahre zeigten Ausgrabungen, dass zwischen 1090 und 1200 auf dem steil aufragenden Berggrat Burg Berenstein gestanden hat. Kaiser Heinrich IV. soll sie errichtet haben. Auch gilt als sicher, dass bereits die Menschen der Vorgeschichte auf den Höhen zwischen Rur und Kall Schutz vor feindlichen Horden suchten. Im Umkreis von drei Kilometern lagen Land und Tal dem Blick des Spähers offen, was später auch die Römer nutzten, um von hier aus gen Osten ins waldreiche, unheimliche Germanien zu blicken.

Die in Hürtgenwald immer gern erzählte Sage vom „Sürtges Mussel" macht deutlich, dass auch die Truppen Karls V. von hier aus düstere Pläne zur Eroberung von Burg Nideggen schmiedeten. Der Held der Sage rennt auf dem Dorfplatz von Bergstein als Bronzestatue noch immer um sein Leben und erzählt von einer Kriegslist, mit der er den Herzog von Jülich in die Knie zwingen wollte. Der junge Mann hatte sich einen Hundepelz umgehängt und schlich von Bergstein über Zerkall nach Burg Nideggen, um für seine Truppen einen gangbaren Weg zu finden. So sicher war er sich seiner Sache, dass er schwor, im Falle seines Scheiterns wolle er ruhelos als Schrecken der Region durch die Lande ziehen. Sein Fluch wurde wahr; die List entdeckt. Der junge Mann fand den Tod, und sein Geist schreckt noch heute ängstliche Gemüter; vor allem, wenn sie betrunken sind und nachts auf den Pfaden zwischen Bergstein und Zerkall wandern. Dann setzt er sich gerne huckepack auf ihre Schultern oder wirft sie einfach um; denn gegen solche Attacken sind trinkfreudige Gesellen bekanntlich überhaupt nicht gefeit.

Nicht diese Sage, sondern das pure Abenteuer lockt die meisten Besucher heute nach Bergstein. Schließlich haben hier die Segelflieger ihr Revier, und von Mai bis Oktober bieten sie Gästen Rundflüge über ihre windige Heimat an.

Trotz solch hochfliegender Angebote hat es die Gemeinde Hürtgenwald schwer, mit malerischen Schönheiten wie Monschau, Nideggen oder Heimbach konkurrieren zu können. Nur in Simonskall kann die Gemeinde auf historische Gebäude verweisen. Die menschenverachtende Schlacht um den Hürtgenwald von September 1944 bis Februar 1945 hat die meisten Ortschaften völlig zerstört, die Wälder verwüstet – und ihre Schrecken wirken nach, sogar in den Tourismusangeboten. So wirbt das malerische „Hotel Talschenke" in Simonskall mit Pauschalangeboten und Vorträgen über den Westwall und lädt ein zu Filmabenden mit historischem Material. Wohl wissend, dass noch immer Veteranen – selbst aus dem fernen Amerika – die Stätten des Grauens sehen wollen.

Eifelblicke

Vossenack am „Franziskus-Gymnasium": Gegenüber dem Ehrenfriedhof liegt der Aussichtspunkt 457 Meter hoch und gibt den Blick über Vossenack und die Hochfläche der Rureifel bis in die Kölner Bucht frei.

Raffelsbrand am „Jägerhaus": Panoramablick in 566 Meter Höhe, dem höchsten Punkt des Kreises Düren ins Aachener Land sowie in die Jülicher Börde und Kölner Bucht, www.eifel-blicke.de.

Sehenswürdigkeiten

Simonskall: Das Otto-Junker-Haus in Simonskall, das heutige Haus des Gastes, erinnert an Hüttenmeister Simon Kremer. Ein historischer Wanderweg, der vom Eifelverein angelegt wurde, führt durch das Kalltal, zur Kremer Mühle, zu einem Schaumeiler und zur Mestrenger Mühle, einem beliebten Ausflugslokal. Ein Faltblatt zu diesem Weg kann kostenlos bestellt werden. Wer sich laufend die schöne Region erobern möchte, sollte zum Simonskaller Staffellauf im Juni kommen.

Informationen: Otto-Junkers-Haus, 52393 Hürtgenwald-Simonskall, Tel. 02429/3090.

Vossenack: Gelegen auf einer Hochfläche zwischen dem Kalltal und dem Tal der Weißen Wehe, erlangte im 2. Weltkrieg traurige Berühmtheit (siehe „Heftig, grausam, Mann gegen Mann" auf S. 150). Sehenswert ist die Kreuzigungsgruppe des

457 Meter hoch und sehr empfehlenswert: Der Eifelblick am Franziskus-Gymnasium in Vossenack

Bildhauers Pater Laurentius auf dem Dorffriedhof. In Vossenack und Hürtgen erinnern Ehrenfriedhöfe an die Gefallenen.
Bergstein: Der 1934 eingeweihte Krawutschketurm wurde nach dem Eifelwanderer Franz Krawutschke benannt und 1972 wieder aufgebaut. Über drei Plattformen erhebt er sich auf dem 400,5 Meter hohen Burgberg und erlaubt bei gutem Wetter freie Sicht bis Köln.

Museum und Bodenlehrpfad

Historische Ausstellung „Hürtgenwald 1944 und im Frieden" in Vossenack, Pfarrer-Dickmann-Straße, Tel/Fax 02429/902613. Geöffnet sonntags von 10 - 17 Uhr (März-Nov.).
Bodenlehrpfad: Der barrierefreie Bodenlehrpfad Todtenbruch, der erste in NRW, ist ca. 4,5 Kilometer lang und bietet unter anderem beim Gang über einen 700 Meter langen Holzpfad Einblicke ins renaturierte Todtenbrucher Moor. Zu sehen sind u.a. eine eiszeitliche Vertiefung und frühere Torfstichstellen. Auch Moorpflanzen wie die rosa blühende Glockenheide haben sich angesiedelt. Führungen: www.rureifel-tourismus.de.

Puppenspiel

Die „Strippkes Trecker" sind feine Marionetten, die im Gymnasium der Franziskaner in Vossenack zu Hause sind. Die Bühne ist weit über den Ort hinaus bekannt.

Marionettentheater „Strippkes-Trecker",
Franziskusweg 1, 52393 Hürtgenwald, Tel. 02429/30853,
www.de-strippkes-trekker.de.

Im Junkerhaus befindet sich die Tourist-Information in Simonskall

Besondere Sportarten

Segelfliegen: Der Luftsportverein Düren bietet in Bergstein zwischen Mai und Oktober Segelflugexkursionen übers schöne Eifelland an. Auch der eigene Segler kann mitgebracht werden. Tel. 02429/908026, www.lsvdueren.de.

Moto-Cross: Der MSC-Kleinhau ist ein Verein für schnelle Männer und flotte Frauen auf zwei Rädern. Zweimal im Jahr, am Wochenende nach Christi Himmelfahrt und am letzten Wochenende im September, finden internationale Moto-Cross-Rennen statt, www.msc-kleinhau.de.

Reiten:
Trakehner-Gestüt Tannhof, Honighecke 19,
52393 Hürtgenwald, Tel. 02429/1036,
www.trakehnergestuet-tannhof.de;
Reitschule Ascheberg, Horm, An der Binnesburg 16,
52393 Hürtgenwald, Tel. 02429/7274,
www.reitschule-ascheberg.de.

Nationalpark-Gastgeber

Landhotel Kallbach: Regionale Küche und gepflegte Gastlichkeit.
Landhotel Kallbach, Familie Peter von Agris,
Simonskall 24-26, 52393 Hürtgenwald-Simonskall,
Tel. 02429/94440, www.kallbach.de.

Ferienwohnung Immengarten: Reiner Wiertz,
Germeter 62, 52393 Hürtgenwald, Tel. 02429/1502,
www.fewo-immengarten.de.

Gastronomietipp

Mestrenger Mühle: Beliebt bei Ausflüglern,
Mestrenger Mühle, 52393 Vossenack, Tel. 02474/9987085,
www.mestrenger-muehle.de.
Schön gelegen: **Waldhotel im Wiesengrund**,
Simonskall 12, 52393 Hürtgenwald, Tel. 02429/7155,
www.waldhotel-im-wiesengrund.de.
Hotel Talschenke, Bodenständige deutsche Küche.
Simonskall 1, 52393 Hürtgenwald,
Tel. 02429/7153, www.hotel-talschenke.de.
Zum alten Forsthaus, Schöne Aussicht und gute Küche.
Germeter Straße 49, 52393 Hürtgenwald-Vossenack,
Tel. 02429/7822, www.zum-alten-forsthaus.de.

Besondere Veranstaltungen

Moto-Cross-Rennen in Brandenberg.
Puppenspiel der „Strippkes-Trecker" (s. S. 147).

Hoch in den Bäumen

Höhenerlebnispfad Raffelsbrand verspricht ganz neue Perspektiven

Wer hat nicht schon einmal davon geträumt, wie ein Eichhörnchen durch Baumkronen laufen zu können und den Wald aus der Gipfelperspektive zu sehen? Mit ein wenig Mut und Abenteuerlust ist das auf dem Höhenerlebnispfad Raffelsbrand möglich. Zugegeben: Bevor es wirklich in die Höhe geht, ist auf festem Boden eine Einweisung nötig. Und wer schon auf einem Stuhl stehend von Schwindelgefühlen erfasst wird, ist sicherlich nicht der geeignete Kandidat.

Alle anderen aber werden ihren Spaß und ein unvergessliches Erlebnis haben – ganz gleich in welchem Alter sie sind; zumal auch der Teamgeist groß geschrieben wird. Gemeinsam klettern die Gruppen über Leitern auf die Aussichtsplattformen in schwindelnder Höhe. Wie in einem grünen Klassenzimmer erleben die Kletterer völlig neue Perspektiven, fühlen sich eins mit den Baumbewohnern, überwinden Hindernisse und klettern über schwankende Stege von Wipfel zu Wipfel. Ein einzigartiges Erlebnis in Nordrhein-Westfalen.

Die Sicherheit steht dabei an oberster Stelle. Neben einer genauen Einweisung ist die technische Seite auf dem neuesten Stand und garantiert ein ungetrübtes Vergnügen, das mit einer rasanten Abfahrt per „Seilbahn“ in die Tiefe endet.

Informationen: Landesbetrieb Wald und Holz NRW, Regionalforstamt Rureifel-Jülicher Börde, Dirk Lüder, Kirchstraße 2, 52393 Hürtgenwald, Telefon: 02429/9400-41.

„Heftig, grausam, Mann gegen Mann“

Hürtgenwald im Krieg

Nebliger Dezember. Ein lausiger Wind fegt durchs Geäst. Wir parken zwischen Regenpfützen am Ochsenkopf bei Raffelsbrand. Rasch über die L 160; schon verschluckt uns der Wald. Hoch recken sich die schwarzen Fichten, verbreiten Düsternis und Eintönigkeit. Stille, unendliche Stille am Gedenkstein für zwei amerikanische und einen deutschen Soldaten: Ein Engelchen aus Keramik verziert ihr Grab, als wolle es in seiner Niedlichkeit das Grauen wettmachen, das dieses Land noch immer niederdrückt.

Abgelegen, einsam - tief verwundet steht der Wald. Er hat die Hölle gesehen: „Zu beiden Seiten des Weges lagen viele, viele Tote, deren Leichen nun aus dem Winterschnee wieder auftauchten. Diese von Wundbrand gezeichneten, entstellten und zerfetzten Körper waren starr und wirkten geradezu grotesk, manche hatten die Arme zum Himmel erhoben, als schrieen sie um Hilfe .... Hinter den amerikanischen Minen, etwa vier Meter entfernt, lag das deutsche Minenfeld. Und dahinter drei oder vier tote Deutsche. Ein dramatisches Beispiel dafür, wie die Kämpfe in Hürtgen verlaufen sein mussten. Heftig, grausam, Mann gegen Mann.“

Der das schrieb, war nicht schnell zu erschrecken. Der amerikanische Generalleutnant James Gavin hatte schon viele Gefechte angeführt, bevor er im Winter 44/45 nach Hürtgenwald kam: Hier tobte die längste Schlacht des 2. Weltkriegs. Anfang November waren Teile der 28. US-Infanteriedivision vorgerückt um – von Vossenack kommend – Schmidt einzunehmen. Doch die so genannte „Allerseelenschlacht“ endete nach wenigen Tagen für die Amerikaner in einem Desaster. Zwar hatten sie bereits am 11. September 1944 den Westwall

„Die Männer brüllten und zerschrieen die Finsternis“: Der Westwall bei Kesternich.

bei Aachen erreicht; doch es gelang ihnen erst Monate später die Rur Richtung Rhein zu überschreiten.

Fehleinschätzungen des Geländes und die tiefe Schlucht der Kall zwischen Vossenack und Schmidt vereitelten die rasche Eroberung. Eine amerikanische Division nach der anderen wurde im „Hurtgen Forest“ – wie die Amerikaner den Wald zwischen Aachen, Düren und Monschau nannten – vernichtet. Tausende junge amerikanische und deutsche Soldaten starben zu einer Zeit, als der Krieg für Deutschland eigentlich längst verloren war.

Der Hürtgenwald und seine Gemeinden wurden während des Wütens völlig zerstört. Jahrzehnte vergingen, bis es möglich war, wieder sicheren Fußes durchs Gelände zu gehen: Noch Jahre nach den Kämpfen explodierten Bomben, brannten die Wälder, wiederholte sich das Grauen in der Erinnerung der geschundenen Bevölkerung.

Noch Jahre nach den Kämpfen zog ein junger Mann namens Julius Erasmus als „Totengräber von Vossenack“ durchs verminte Gelände und achtete nicht auf die Gefahr von Minen und Blindgängern, denn er hatte nur ein Ziel: Er wollte die überall verstreuten toten Soldaten bergen, identifizieren und begraben. Fragen, warum er das mache, beantwortete er unumwunden: „Im Sommer 1945 kam ich nach Vossenack zurück. Ich hatte meine gesamte Habe verloren. Der Krieg hatte mir alles

Er selbst ist hier begraben: Friedhof des Totengräbers von Vossenack

genommen. Und da fand ich sie in den Chausseegräben, am Waldrand, unter zerschossenen Bäumen. Ich konnte sie einfach nicht da liegen sehen, unbestattet und vergessen. Es ließ mir keine Ruhe." Allein auf dem Soldaten-Friedhof in Vossenack auf der heftig umkämpften „Höhe 470" ruhen heute 2221 Soldaten aus vier Nationen, 930 von ihnen unbekannt.

Still ist es am Ochsenkopf, wo unter hohen schwarzen Fichten, die Heinrich Böll, den „jungen Wald" nannte, weil sie allesamt erst nach dem Krieg wieder aufgeforstet worden sind, mancher Gedenkstein an die Gefallenen erinnert.

Still ist es im Wald, in dem - so Ernest Hemingway - „die Drachen hausen". Als amerikanischer Reporter berichtete er in seiner Depesche „Krieg an der Siegfriedlinie" von dem Grauen in einer Sprache, die allen heroischen Attitüden Hohn spricht und nur eins zeigt: Krieg ist unmenschlich und entwürdigend und hat nichts mit den Sonntagsreden zu tun, die auf Soldatenfriedhöfen so gerne gehalten werden: „Der Wald bestand aus Fichten, die dicht angepflanzt waren, und die Granaten krepierten zwischen den Bäumen und drehten sie ab und zerfetzten sie, und die Holzsplitter waren wie Spieße im düsteren Gehölz. Die Männer brüllten und zerschrieen die Finsternis, die verflucht war, und schossen und legten Krauts um und gingen jetzt vor... Es waren ungefähr zwölf, die herausgekommen waren. Der Rest war zerfetzt oder konnte nicht einmal kriechen. Beine lagen herum, Arme und Köpfe, es war ein verdammter Platz...."

Noch immer sind die Reste des Bunkers zu sehen, in dem die deutschen Soldaten krepierten oder grausam verstümmelt wurden. 1-Million-Dollar-Bunker nannten die Amerikaner den verfluchten Unterschlupf, weil unendlich viel Munition nötig war, um ihn endlich einzunehmen.

Das geschundene Land – noch immer in Schockstarre. Betroffen halten wir unser I-Phone in Händen: Goebbels hält Durchhalteparolen. Stolz ist er auf die Heimatfront, die durchhält in der Stunde der Bewährung und den Feind bezwingt „bis zum letzten Blutstropfen".

Der grausige Wald zeigt derweil seine Wunden: Deckungslöcher, Stellungen, Gräben. Dank modernster Technik sind wir eingewoben in die Vergangenheit, die hier oben am Ochsenkopf ganz gegenwärtig ist: Panzer, Soldaten, Gewehre zeigt das Display; Originalfilme berichten von Angriffen und Tondokumente belegen, wie unfassbar grausam diese Kämpfe waren. Hoffnungslos und unmenschlich.

Nur ein einziger Lichtblick zeigte sich - in all den düsteren Monaten. Daran erinnert die Gedenkskulptur „A Time for Healing" auf der Kallbrücke in der Nähe der Mestrenger Mühle. Sie würdigt den deutschen Stabsarzt Dr. Günther Stütgen, der im November 1944 mit den Amerikanern einen inoffiziellen Waffenstillstand aushandeln konnte, um die Verletzten beider Seiten behandeln zu können. Der glatte Stein ist schlicht und vermittelt den leisen Trost, dass in einer Welt, die aus den Fugen geraten war, ein Stück Menschlichkeit möglich wurde. - Für wenige Tage…

Informationen:
Auf sechs Themenschleifen des „Historisch-Literarischen Wanderweges – Hürgenwald 1938-1947" besteht die Möglichkeit, mit einem „Historyguide" in die Vergangenheit zu blicken. Bei Wanderungen direkt zu den Originalschauplätzen wird damit die Geschichte auf eindringliche Weise lebendig; zumal Augenzeugen und namhafte Schriftsteller wie Ernest Hemingway, Jerome D. Salinger und Heinrich Böll ihre Eindrücke schildern, die per iTunes über iPad oder iPhone abgerufen werden können. Originalfilme untermauern das Geschehen.
Entwickelt wurde das einzigartige Konzept von der Konejung Stiftung Kultur für die Gemeinde Hürtgenwald. Sie stellt damit sieben Stunden authentisches Bild-, Film und Tonmaterial über die Geschichte des Hürtgenwaldes vom Westwallbau 1938 über die Kämpfe 1944/45 bis zum Waldbrand 1947 aus der Sammlung der Stiftung sowie aus Archiven aller Welt zur Verfügung.
www.mm-historyguide.de

Der Multimedia-Historyguide ist auch als Mietgerät im Nationalpark-Infopunkt Zerkall erhältlich. Eine Voranmeldung ist unbedingt erforderlich.
Nationalpark-Infopunkt Zerkall, Auel 1,
52393 Hürtgenwald-Zerkall, Tel.: 02427/909026.

Historische Ausstellung „Hürtgenwald 1944 und im Frieden" in Vossenack, Pfarrer-Dickmann-Straße, Fax: 90 26 13. Die Ausstellung zeigt Relikte der Schlacht im Hürtgenwald, die in unmittelbarer Umgebung gefunden wurden, und informiert mit Bildern und Zeitungsausschnitten über die Auswirkungen auf die Region.

Soldatenfriedhöfe: Ehrenfriedhof Vossenack. Von der B 399 Vossenack Richtung Lammersdorf nach Simonskall links abbiegen (ausgeschildert). Ehrenfriedhof Hürtgen: An der B 399 von Vossenack Richtung Düren vor Hürtgen auf der linken Seite.

Literatur:

Ernest Hemingway: „49 Depeschen – Krieg an der Siegfried Linie", Rororo.
James Gavin: „On to Berlin", Viking Press.
Heinrich Böll: „Heimat und keine – You enter Germany", dtv.
Richard Matthias Müller: „Der Krieg, der nicht sterben wollte", Universitas.
Heinz Küpper: „Simplicius 45", Rheinische Edition
James Gavin: „Bloody Huertgen: The battle that should never have been fought", online: www.americanheritage.com
Jerome D. Salinger: „Für Esme" aus „Neun Erzählungen", rowohlt

Ein Händchen für gute Geschäfte

Kall: Der Aufschwung ist ohne Beispiel

St. Nikolaus im Zentrum von Kall

Nordeifel Tourismus GmbH
Bahnhofstraße 13
53925 Kall
Tel. 02441/994570
www.nordeifel-tourismus.de

Gemeinde Kall
Bahnhofstraße 9
53925 Kall
Tel. 02441/8880
www.kall.de
11.572 Einwohner

War das ein Vergnügen für die Bürger von Kall, als 2008 im Bahnhof der Nationalpark-Infopunkt errichtet wurde. Eigentlich ein wenig fern vom schützenswerten Grün, fühlen sie sich seitdem eng mit ihm verbunden. Der Nationalpark-Shuttle macht's möglich: Er fährt die Gäste vom Bahnhof Kall nach Vogelsang, im Eiltempo mit nur einem Stop im Nationalparkort Gemünd, am Wochenende sogar im Stundentakt.

Das gibt Kall einen neuen Anziehungspunkt. Dabei kann die Gemeinde über mangelnden Zulauf eigentlich nicht klagen: Tag für Tag nähert sich eine Karawane – Mutter, Vater, Kind und Oma - um zu schauen und zu kaufen: Alle zieht es zu großen Industrie- und Gewerbegebieten, die alles zeigen, was das Käuferherz wünscht. Im Behördendeutsch heißt das: Der Ort gilt als Grundzentrum mit Teilfunktionen eines Mittelzentrums.

Friedlich, ländlich, glücklich: Fachwerk-Idylle in Kall

Und das bedeutet: Auch von weither kommen Einkaufslustige, um das Warenangebot zu prüfen. Steht eine Gewerbeschau auf dem Programm, kann sich der Ort vor Blechlawinen kaum retten: Rund 30.000 Kauflustige ziehen dann an einem einzigen Tag an Läden und Buden vorbei.

Die rasante Entwicklung vom Bauernland zum Gewerbestandort ist in Kall ganz offensichtlich: Dieser Trend wurde schon mit dem Bau der Eisenbahnstrecke Köln-Trier (1860-1870) und Kall-Hellenthal (1885) begründet. Das bis dahin ländliche Dorf entwickelte sich mehr und mehr zu einem für die Eifel wichtigen Industriestandort, dessen Bedeutung nur durch den Zweiten Weltkrieg unterbrochen wurde: Im Ort Kall, Knotenpukt zweier Eisenbahnlinien und mehrerer Verkehrsstraßen, wurden 85 Prozent der Häuser völlig zerstört.

Die Lust an guten Geschäften verging den Kallern trotzdem nicht. Im Gegenteil: *„Nach dem Krieg setzte der Wiederaufbau mit einem Aufschwung ein, der in der bisherigen Geschichte der Gemeinde Kall ohne Beispiel ist"*, sagt stolz ein Vertreter der Stadtverwaltung und verweist auf die Kaller Geschichte: Da steht schwarz auf weiß, dass hier bereits in vorgeschichtlicher Zeit wohlwollend über Handel und Technik nachgedacht worden ist: Schon die Kelten durchwühlten den Boden auf der Suche nach Bleierzen. Davon erzählen Lanzenspitzen, die bei Keldenich gefunden worden sind. Die Römer führten ihren berühmten 95,4 Kilometer langen „Römer-Kanal" von Nettersheim nach Köln durch das Gemeindegebiet, und beschäftigten sich neben Ackerbau, Viehzucht und Waldwirtschaft im damals „Call" genannten Gebiet auch mit der Blei- und Eisenerzgewinnung.

Dieses Erbe hat die Gemeinde Jahrtausende lang geprägt. Im 16. Jahrhundert galten Kall und das Urfttal als wichtige Arbeitgeber. Eisen- und Bleihütten gaben vielen Brot und Arbeit. In einem Hammerwerk wurde der Klöppel der berühmten früheren Kaiserglocke im Dom zu Köln gefertigt. 1698 berichten Akten über Streitigkeiten zwischen den Grafen von Blankenheim und Jülich vor dem „Berggericht Call".

Wer heute auf den Spuren der Bergleute wandeln möchte, sollte den Pingenpfad erwandern, der entlang verlassener Schürfstellen, der Pingen, führt, in denen der Erde Eisenerze, Bleierze oder andere Mineralien abgerungen wurden. 2.000 dieser Pingen wurden in Kall vom Rheinischen Amt für Bodendenkmalpflege Bonn unter Schutz gestellt. Und auch wenn sie dem unbedarften Wanderer eher wie Bombentrichter erscheinen, über die das Grün gnädig hinweg gewuchert ist, geben sie doch einen Einblick in die ausgebeutete, zerwühlte Landschaft, in der einst die Haspelbäume standen, mit deren Hilfe der Bergmann das Erz ans Tageslicht beförderte.

Wer auf Zeichnungen sieht, unter welch schwierigen Umständen auch noch im Mittelalter diese Arbeit betrieben wurde, sehnt sich nicht zurück in derlei Zeiten. Ein Schacht drang tief hinab ins Erdreich, wo das Erzlager mit Spitzhacken mühsam ausgebeutet wurde. Der Bergarbeiter musste sich an einem Seil hinabhangeln, um unter Tage sein schweres Geschäft zu erledigen und die „Beute" mit einem Eimer nach oben zu befördern.

So gefährlich war die Arbeit, dass sich mancher nach einem Erdmännchen sehnte, das – so will es die Sage – einer armen Witwe mit drei Kindern den Weg in eine Grube wies und sie mit einer unerschöpflichen Erzquelle beglückte – bis zu dem Tag, an dem einer der Jungen das Geheimnis des Wichtels verriet und prompt den Tod fand. Mit Zwergen ist eben nicht zu spaßen.

Wer den Pingen-Wanderweg in Muße geht, lernt nicht nur viel über Arbeit und Leben unserer Altvorderern; er wird auch mit schöner Landschaft beglückt: Der Felsenweg schlängelt sich oberhalb der Buntsandsteinfelsen und belohnt mit einem romantischen Blick auf Kall und das Urfttal.

Friedlich, ländlich, glücklich erscheint hier die Welt und gerade die Dörfer Kalls mühen sich, dies zu unterstreichen: Das vom Wettbewerb „Unser Dorf hat Zukunft" ausgezeichnete Golddorf Steinfelderheistert etwa oder Dottel, das mit seiner

Pfarrkirche St. Antonius aus dem 15. Jahrhundert hoch oben auf dem Berge glänzt oder Sistig, dessen Pfarrkirchlein St. Stephanus reizvolle Ausmalungen schmücken.

In Sötenich verschmelzen sogar Weltkulturen in Freundschaft: Das jedenfalls hofft die „Osmanische Herberge" – ein Sufi-Zentrum in der Eifel. Idyllisch gelegen, lädt ihr Leiter, Scheikh Hassan Dyck, mit Moschee, Restaurant und Gästezimmern zu Vorträgen, Gesprächen und einmal im Jahr zum „Sufi-Soul-Festival" ein.

Das edelste Ambiente Kalls bietet zweifellos Kloster Steinfeld – ein überregional berühmtes Wahrzeichen Kalls - das weithin sichtbar von allem erzählt, was die Eifel auszeichnet: Weite, Ruhe, Spiritualität und ein frommes Herz.

Eifelblick

Von der Ruine der sagenumwobenen Stolzenburg, die 450 Meter hoch über dem Urfttal liegt und in deren Fundamenten viele die Reste einer Römerburg sehen, geht der Blick weit übers Land bis zum Kloster Steinfeld. Wegbeschreibung: Vom Bahnhof Urft dem gekennzeichneten Römerkanal-Wanderweg Richtung Kall folgen. www.eifelblicke.de

Wandertipps

Pingenwanderpfad: Start- und Endpunkt des 12 Kilometer langen Montanhistorischen Wanderwegs, der in Zusammenarbeit mit der RWTH Aachen angelegt wurde, ist das Rathaus in Kall. Hier findet der Wanderer auf der ersten Tafel einen kurzen Einführungstext und die Wanderkarte. Wer dem Logo des Pingenwanderpfades, einer symbolisierten Grube mit Haspelbaum, folgt, findet den Weg vorbei an den früheren Arbeitsstätten der Bergleuten bis hin zu Tafel 21 und genießt gleichzeitig die Schönheiten der Natur mit teilweisen weiten Ausblicken.

Eifelsteig: 13 Kilometer des insgesamt 313 Kilometer langen Eifelsteigs führen durch die Naturlandschaft Kalls. Von Kall aus hat man auch einen guten Einstieg in eine Vielzahl von Wanderwegen wie z. B. den Eifeler Quellenpfad.

Milchwanderweg: Seit Juni 2009 heisst es „Milch macht Ku(h)lturlandschaft" auf dem 1. Eifeler Milchweg. Auf einem 7,5 Kilometer langen Rundweg um Kloster Steinfeld erklärt das Maskottchen Kuh „Lotte" auf mehreren Informationstafeln allerhand Wissenswertes über die Milch, vom Erzeuger bis zum fertigen Produkt.

Größte Wasserleitung ihrer Zeit: Der Römerkanal

Der **Römerkanal-Wanderweg** ist 111,3 Kilometer lang und führt von Nettersheim über Kall, Euskirchen, Rheinbach, Brühl und Hürth nach Köln. Die Route ist mit 50 Schautafeln ausgestattet und gibt einen guten Überblick über den Verlauf der römischen Wasserleitung, die als größte ihrer Zeit gilt.

Sehenswürdigkeiten

Salvatorianerkloster Steinfeld, Zentrum für Bildung, Kunst und Kultur in der Nordeifel: Eines der bedeutendsten Klosterdenkmäler im Rheinland, das sich mit drei charakteristischen Türmen über einen Höhenzug der Eifel reckt. Die geschichtlichen Anfänge reichen bis in die Zeit Heinrichs I. (919-936) zurück. Im Gästehaus werden Einkehrtage angeboten, (siehe auch „Von der Kunst zur Spiritualität" auf S. 161).

Keldenich: Am Ortsausgang von Keldenich liegt das Naturschutzgebiet des Tanzbergs. Hier sind noch die Reste eines alten Bleibergwerks zu erkennen, das vermutlich bereits im 15. und 16. Jahrhundert betrieben wurde.

Unterirdischer Atombunker der Landesregierung NRW: Die Anlage war während des Kalten Krieges in Bereitschaft. Umgeben von drei Meter dicken Stahlbetonmauern gab es in 100 Räumen alles, was nötig war, von der Außenwelt vollständig unabhängig zu sein. Der Bunker zeigt den Versuch, im Atomkrieg zu überleben.

Ausweichsitz NRW, Harald Röhling, Am Gillesbach 1, 53925 Kall-Urft, Tel. 02441/775171, www.ausweichsitz-nrw.de.

Burg Dalbenden: Die Burganlage wurde ursprünglich im 12. Jahrhundert begründet. Die einst komplett mit Wasser umgebene Anlage ist im 16. und 18. Jahrhundert erweitert worden. Nach der Renovierung präsentiert sich das historische Gemäuer heute als Wohnanlage.

Privatmuseum und Ausstellungen

Museum Primbsch: In dem kleinen Ort Keldenich will die Stiftung „Klara und E.O. Primbsch" Kunst zum lebendigen Gesprächspartner machen. Der 2003 verstorbene Schüler von Oskar Kokoschka, Erich Oswald Primbsch, hat sein Haus mit rund 4.000 Gemälden, Zeichnungen und Mosaiken einer Stiftung hinterlassen, die sein Vermächtnis in einem Privatmuseum präsentiert.

> **Museum Primbsch**, Stiftung „Klara und E.O. Primbsch",
> Königsfelder Str. 30, 53925 Kall-Keldenich,
> Tel. 02441/6365, www.museum-primbsch.de.
> Öffnungszeiten nach Absprache.

Töpferei und Werkstatt Galerie Moses: Kunst aus Keramik, frisch gebrannt.

> **Galerie Moses**, Wallenthaler Str. 17, 53925 Kall-Scheven,
> Tel. 02441/5399, www.toepferei-moses.de.

Holzschnitzereien: Krippen, Ställe, Madonnen, Putten und vieles mehr sind die Spezialitäten von Holzschnitzer Junctorius.

> **Holzschnitzereien Junctorius**, Am Hammerwerk 2,
> 53925 Kall, Tel. 02441/8438, www.eifelschnitzer.de.

Besondere Sportmöglichkeiten

aktivpark GmbH: Ein breites Fitness- und Wellnessangebot sowie das aktivi Kinder Abenteuerland bietet die

> **aktivpark GmbH**, Auelstr. 40,
> 53925 Kall, Tel. 02441/7717852,
> www.aktivpark-kall.de, www.aktivi.info.

Reiten: Reiterpension Quellenhof, Klausentalstr. 21, 53925 Kall, Tel. 02441/779844, www.quellenhof.de.

Hallenbad Kall: Das Bad nutzt Sole statt Chlor zur Desinfektion. Hallenbad Kall, Am Hallenbad, 53925 Kall, Tel. 02441/6354.

Nationalpark-Gastgeber

Ferienhaus „Lorsy": Gelegen am Freilinger See.
Maria Lorsy, Ringstr. 1, 53925 Kall, Tel. 02441/5421,
www.ferienhaus-lorsy.de.

Burg Dalbenden

Eifelpension Schebesta: Familie Schebesta, Hüttenstraße 63a, 53925 Kall, Tel. 02441/771515, www.eifelpension-schebesta.de.

Gastronomie-Tipp

Osmanische Herberge: Das Sufi-Zentrum der Eifel freut sich über Gäste. Im Restaurant ist Alkohol verpönt. Dafür gibt's Schmackhaftes aus dem Orient.
Osmanische Herberge, Rinner Straße 15,
53925 Kall-Sötenich, Tel. 02441/770783,
www.osmanische-herberge.de.

Besondere Veranstaltung

Eifeler Musikfest in Kloster Steinfeld

Von der Kunst zur Spiritualität

Kloster Steinfeld: Rückzugsgebiet für Gestresste

Wälder, tiefe Wälder. Nirgends eine Siedlung, kein Obdach. Wildnis. Unwirtlich, weltfern und gefährlich war die Eifel. Doch fromme Wandermönche ließen sich von derlei Unbill nicht abschrecken. Sie wollten ein Kloster gründen. Die erste

Urkunde geht auf 1070 zurück. Schnell wird Steinfeld zu einer Eifeler Legende: 1130 bekannten sich die Mönche zum Prämonstratenserorden, einer kurz zuvor vom heiligen Norbert von Xanten gegründeten Vereinigung, und bereits wenig später zählte Steinfeld zu den bedeutendsten Klöstern im deutschen Reich. Das Haus entfaltete ein außerordentlich reges geistliches und geistiges Leben, das bis zur Säkularisierung von 44 Äbten gefördert wurde.

Noch heute stehen die drei charakteristischen Türme von Steinfeld für Größe und Geist. Schon von weitem grüßen sie Autofahrer und Wanderer, laden zur Kontemplation, aber auch zu Ausstellungen und Musik ein. Die Salvatorianer, die das Kloster seit 1923 leiten, führen die Tradition der Prämonstratenser fort, die das Kloster schon im frühen Mittelalter zu einem Ort des geistigen Lebens in der Nordeifel gemacht hatten.

Barocke Pracht im Kloster Steinfeld-

Sie stellten lange Zeit den Rektor der Kölner Universität, sie waren Berater weltlicher und geistlicher Fürsten. Und die Salvatorianer gründeten ein Jungeninternat, eine Verlagsbuchhandlung und leiten eine Bildungsstätte mit Gästehaus.

Steinfeld gilt als eines der besterhaltenen Klöster des Rheinlandes. Die 1142 bis 1150 gebaute Basilika präsentiert sich romanisch; doch das gesamte Ensemble trägt Züge verschiedener aufeinander folgender Stile: Ältäre und Kanzel sind aus dem Barock, einige Wandgemälde gotisch. Die Gewölbe und die Gurtbögen wurden im Übergang zur Renaissance ausgemalt.

Etwa ab 1480 beginnt die Zeit der Renovierungen: Die Kirche erhält ein neues Chorgestühl. Ein genauer Blick darauf lohnt sich, zeigt es doch für das Mittealter typische Szenen: Unzucht und Wollust werden durch das Bild eines Mannes verdeutlicht, der liebevoll ein Schwein streichelt; eine Mahnung ist der Mensch, der in einem mit Eiern gefüllten Korb hockt, und zum Sinnbild für Faulheit wird.

Im Gegensatz zu diesem irdischen Treiben stehen die Heiligenfiguren und die barocken Reliquienschreine. Beide Seiten verdeutlichen die Situation des Mönchs im Spannungsfeld zwischen „niederer" Neigung und „höherem" Streben.

Großartig wie so vieles in Steinfeld ist auch der Kreuzgang. Gegen Ende des 15. Jahrhunderts wird er errichtet, um Kirche und Kloster vor den rauen Eifeler Wetter zu schützen. Statt der ursprünglichen romanischen Architektur wurden farbig verglaste Fenster gewählt. Um sie rankt sich manches Geheimnis: Zur Zeit der Säkularisation verschwanden sie auf bis heute ungeklärte Weise. Und merkwürdig: Zu Beginn dieses Jahrhunderts wurden sie in England wiederentdeckt. Zum Beispiel das Teilstück „Der Bärtige": Die Scheibe wurde in der Kiste einer Pfarrkirche in East Bilney bei Norwich gefunden und im Oktober 1998 nach Steinfeld zurückgebracht. Im Victoria & Albert Museum in London ist bis heute das Kreuzgangfenster „Paradies" zu sehen, das Adam und Eva mit der Schlange zeigt, die einen Menschenkopf trägt. Auch „Die Fußwaschung" ist nach wie vor in London.

Eine weitere Kostbarkeit, die Steinfeld berühmt gemacht hat, ist die „König-Orgel". Im Jahresverlauf bieten sich viele Gelegenheiten, bei Orgelvespern ihrem Klang zu lauschen. Weithin bekannt ist das Eifeler Musikfest, das Jahr für Jahr Kenner nach Steinfeld lockt. Auch Musik- und Meisterkurse finden Freunde.

Doch nicht nur wegen derlei Kostbarkeiten zieht es viele Menschen in die Einsamkeit von Kloster Steinfeld. Auch das Gästehaus findet immer mehr Freunde: „Kunst und Kultur sind Anknüpfungspunkte für viele Menschen, die unser Kloster besuchen", sagt Pater Bernhard Fuhrmann. „Deshalb spielen sie in unserem Entwicklungsprozess eine tragende Rolle. Über Kunst und Kultur finden die Menschen auch zur Spiritualität Zugang."

Vor diesem Hintergrund will die 2004 gegründete „Stiftung Kloster Steinfeld" das Gäste- und Bildungshaus erweitern. In schlichten, aber schönen Klausuren, ganz ohne Telefon, Internet, Radio und Fernsehen, sollen die Gäste die Kostbarkeit des

Ortes erleben können. Das Ziel: Der Suchende soll zu sich selbst und seinen Wurzeln zurückgeführt werden, getreu der Regel Nr. 1 in Steinfeld: Stelle die Antennen auf „Empfang" von Schönheit. Architektur und Natur bieten sie in reichem Maße.

Die einen verbringen die Tage in Steinfeld in Stille und Meditation; andere wollen wandern oder an Seminaren teilnehmen. Ganz gleich, was der Antrieb ist: Die meisten verlassen das stille Refugium in der sicheren Gewissheit, zurückkommen zu wollen. Es gibt eben nicht viele Orte in der Welt, die den Blick öffnen für neue Dimensionen und manches Problem des Alltags sehr klein erscheinen lassen.

Informationen:

- Über Seminarangebote und Einkehrtage informiert: Salvatorianerkloster Steinfeld, Franziskus-Jordan-Gästehaus, Hermann-Josef-Str. 4, 53925 Kall/Steinfeld, Tel. 02441/889131.
- Informationen zu Klosterführungen unter Tel. 02441/8890.
- Fragen zu Konzerten an der „Königs-Orgel" beantwortet: Br. Andreas Warler SDS, Organist an der Basilika Steinfeld, Kloster Steinfeld, Postfach 220, 53922 Kall-Steinfeld, info@andreas-warler.de, www.kloster-steinfeld.de.

Ein kostbarer Ort: In der Klosterkirche von Steinfeld

In jedem Winkel ein kleines Schloss

Mechernich: Gerechnet wurde schon immer

Touristische Informationen:
Touristik-Agentur Mechernich
Bergstr. 1
53894 Mechernich
Tel. 02443/494321
www.mechernich.de

Stadtverwaltung Mechernich
Bergstraße 1-4
53894 Mechernich
Tel: 02443/490
28.000 Einwohner

Schräge Balken, hutzelige Fenster: Kommerns Fachwerk-Herrlichkeit

Da strahlen die Herren. Mechernichs Kommunalpolitiker reden nicht – wie es ihre Kollegen gerne tun – in Kamera und Aufnahmegerät, wie schwer und sorgenvoll die Verwaltung einer Stadt angesichts all der Kosten und Lasten ist. Sie nennen stolz eine Zahl: 176.291.790 Euro.

Zwei Jahre lang haben sie jeden Zaun, jede Straße, jedes Haus in ihrer Stadt gezählt und wertgeschätzt, bis Mechernich als eine der ersten Kommunen in Nordrhein-Westfalen eine Eröffnungsbilanz vorlegen konnte und klare Antwort auf die Frage gibt: „Was ist Ihre Stadt wert?" Mit diesem „Neuen kommunalen Finanzmanagement" müssen die Stadtväter fürs Erste keine Roten Zahlen mehr schreiben und können besser bewerten, was öffentliche Dienstleistungen wirklich kosten.

Industrieller mit Visionen: Eine Steinzeugfabrik wird zum „Zikkurat".

Gerechnet wurde in Mechernich schon immer, vor allem von Bergarbeitern, die jeden Pfennig umdrehen mussten. Noch heute sieht es der Besucher: Nüchtern, zweckdienlich, zeitgemäß ist das Zentrum. Nur das Wahrzeichen der Stadt, die zweischiffige, spätgotische Kirche St. Johannes (1514) mit ihrem romanischen Westturm aus dem 11. Jahrhundert und dem geschlossenen Chor aus dem 13. Jahrhundert ist eine historische Augenweide und bietet obendrein einen prächtigen Blick auf das malerisch im Tal liegende Städtchen.

Wer ihm näher kommen möchte, hat oft eine Eisenbahnschranke im Weg und wenig Aussicht auf architektonische Höhepunkte. Kern der Stadt ist eine Bergarbeitersiedlung. Schon die Kelten im ersten vorchristlichen Jahrhundert durchwühlten den Boden nach Erzen, und das blieb so bis in die jüngste Vergangenheit.

Die Bergstraße erzählt dazu die Geschichte: Einfach und zweckmäßig sind die Häuser, eine proper renovierte, aber bescheidene frühere Arbeitersiedlung. „Op Spandau" nannten die Bergleute ihre Arbeitsstätte. Der Grund: Die Bedingungen waren hart und ähnelten nach Meinung vieler denen in der Preußischen Strafanstalt nahe Berlin.

Trotzdem war es für viele ein Schock, als Silvester 1957 die Preussag-Tochter „Gewerkschaft Mechernicher Werke" den Betrieb einstellte und eine 2.000jährige Tradition zu Ende ging. Doch schnell zeigte sich: Allen Mühen zum Trotz – der Bergbau lebt weiter – dank der Entschlossenheit von sieben ehemaligen Kumpeln. So sehr identifizierten sie sich mit ihrer Arbeitergeschichte, dass sie 1990 den Rentnersessel mit der Hacke tauschten, um die Stollen des ehemaligen Schachtes Günnersdorf wieder freizulegen – ehrenamtlich, versteht sich.

Heute schleichen Besucher durch Stollen und Schächte, um zu sehen, wie mühsam hier gearbeitet wurde. Wer lieber an der frischen Luft bleibt, kann auf dem „bergbauhistorischen Wanderweg" vorbei an Schornsteinen und Monumenten aus alter Zeit gehen.

Der Lohn für all die Arbeit tief im Berg floss reich in die Kassen der Herren. Und sie konnten sich manchen Bautraum erfüllen. Burg Kommern etwa, Stammsitz der Grafen von Arenberg, deren Geschichte bis 1299 zurückreicht, als Heinrich von Arenberg das Jagdrecht in Cumbirne, dem späteren Kommern, erwarb. Bis Napoleons Truppen den Ort erreichten, blieb es im Besitz der Herzöge.

Heute ist Mechernichs Ortsteil Kommern ein Refugium für Freunde historischer Architektur; denn hier lädt das größte geschlossene Fachwerkensemble des Rheinlands aus dem 17. bis 18. Jahrhundert zum Bummeln ein: Schräge Balken, Kopfsteinpflaster, hutzelige Fenster: In Kölner Straße, Mühlen- und Gielsgasse zeugen reich verschnitzte Bauten von Bürgerlichkeit und Wohlstand.

Anderswo wurde die Mechernicher Arbeitertradition sogar zum Event-Schauplatz:

1994 hatte der Fabrikant und Kunstliebhaber Johann Josef Wolf eine Vision: Die Steinzeugfabrik aus dem Jahr 1882 sollte zu einem Kultur und Freizeitzentrum verschmelzen. Die hoch aufragenden Schornsteine des gewaltigen Ziegelbaus erinnerten ihn – warum auch immer – an babylonische Tempeltürme, und schon hatte er den merkwürdigen Namen für seinen Traum gefunden: Zikkurat.

Die alte Fabrik gehört heute zur „Erlebnisstraße", mit der Mechernich seine Kräfte bündelt. Das Zikkurat beherbergt mit der Tonfabrik eine Diskothek, hat ein modernes Wellnessbad und Sportstudio angegliedert, bietet einem Restaurant Raum, und hat genügend Räume, Flure und Gänge, um Ideen von Künstlern, Händlern und Werbefachleuten erfüllen zu helfen. Von 200 bis 2.000 Quadratmetern reicht das Platzangebot.

Ein Geheimtipp ist Mechernich aber für alle, die Burgen und Schlösser lieben, denn ist schon der Kreis Euskirchen der burgenreichste in Nordrhein-Westfalen, so zählt Mechernich mit seinen 44 Dörfern die größte Zahl an Adelssitzen: Da ist Burg Satzvey, deren Besitzer, Graf und Gräfin Beissel von Gymnich, mit Ritterspielen, Minne und Romantik in ihr Refugium locken. Ebenfalls von Wasser umflossen ist Schloss Eicks, das 1344 erstmals erwähnt wurde, und malerisch wie eine verwunschene Insel im Tal zu schweben scheint.

Burg Zievel, schon 1107 als freies Eigentum erwähnt, liegt mit seinem stolzen weißen Turm weithin sichtbar im Land und dient heute den Golfspielern als Ausflugsziel. Schloss Wachendorf, bereits 1190 erwähnt, bietet einen edlen Rahmen für stilvolle Festlichkeiten und die untere ehemalige Wasserburg Antweiler aus dem 16. bis 18. Jahrhundert lässt in vielen Bereichen ebenfalls von früher träumen.

Burg Kallmuth, heute eine schöne Wohnanlage, zählt zu den ältesten befestigten Steinhäusern des Eifelvorlandes, und ihr erster Ritter wurde bereits 1285 genannt. Das schlichteste Anwesen ist das Burghaus Berg mit einer spätmittelalterlichen Wirtschaftsanlage aus dem 12. bis 14. Jahrhundert. 699 erhielt der Heilige Willibrord die „villa" Berg von Irmina von Oeren als Geschenk. Berg war eine Schutz- und Fluchtburg an zwei historischen Straßenzügen. Und wer sie heute sieht, von einer Anhöhe aus, malerisch im Tal gelegen, glaubt das Lebensrad zurückdrehen zu können – so eindringlich spiegelt sich in den mächtigen Bruchsteinmauern, der trutzigen Zierde der Dachfronten ein Stück alte Zeit.

Nationalpark-Infopunkte

Das „Waldhaus" im **LVR Freilichtmuseum Kommern**,
Eichser Straße, 53894 Mechernich-Kommern, Tel. 02443/99800.
Bergbaumuseum Mechernich,
Bleibergstr. 6, 53894 Mechernich, Tel. 02443/48697
www.bergbaumuseum-mechernich.de.

Eifelblick

Brehberg: Der höchste Punkt der Stadt Mechernich liegt auf dem 525 Meter hoch gelegenen Brehberg. Von Weyer aus der Beschilderung „Eifel-Blick" über den Kreuzweg folgen.
www.eifel-blicke.de

Wandertipp

Kartsteinfelsen mit Kakushöhle: Wer zu einem Ausflug in die Vorzeit aufbrechen möchte, sollte sich die Kakushöhle nicht entgehen lassen. Der Höhlenkomplex liegt in einem bewaldeten Hang zwischen den Dörfern Eiserfey und Weyer in

Wie eine verwunschene Insel: Schloss Eicks

Dreimühlen und hat vor 80.000 Jahren den Neandertalern Schutz gewährt. Das beweisen bei Ausgrabungen gefundene Knochen und Werkzeuge. Der vier Kilometer lange Wanderweg A 1 führt rund um die Kakushöhle. Schautafeln informieren über ihre Entstehung.

Sehenswürdigkeiten

Die alte Pfarrkirche St. Johann Baptist aus dem Jahre 1514 diente vermutlich im Mittelalter als Wehrturm.
Die Burgen und Schlösser **Antweiler**, **Berg**, **Eicks**, **Firmenich**, **Gehn**, **Kallmuth**, **Wachendorf** und **Zievel** sind sehenswert.
Römischer Aquädukt in Vussem.
Römisches Sammelbecken in Eiserfey.
Römische Brunnenstube bei Kallmuth.
Die **Fachwerkaltstadt in Kommern** lockt viele Ausflügler an.

Attraktionen an der „Erlebnisstraße Mechernich"

Rheinisches Freilichtmuseum Kommern – Das Museum bietet eine authentische Zeitreise durch das bäuerliche Leben des 15. bis 19. Jahrhunderts. Zu sehen sind Bauernhöfe, Windmühlen, Gemeinschaftshäuser aus der guten alten Zeit. Bei zahlreichen Veranstaltungen erfüllen Mitarbeiter in historischen Kostümen die Häuser mit neuem Leben (siehe auch „Reisbrei, warm und matschig" auf S. 172).

Rheinisches Freilichtmuseum – Landesmuseum für Volkskunde Kommern, Auf dem Kahlenbusch, 53894 Mechernich-Kommern, Tel. 02443/99800, www.kommern.lvr.de.

Erlebniswelt Eifeltor: Spiel, Spaß und Unterhaltung werden groß geschrieben in der Erlebniswelt Eifeltor, im Angebot: 680 Meter Sommerrodelbahn, Off-Road Quadbahn, Spielplatz mit elektrischer Schaukel, 18-Loch-Minigolfanlage, Schlittschuhbahn und Indoor-Spielwelt.

Erlebniswelt Eifeltor, Zur Sommerrodelbahn, 53894 Mechernich-Kommern, Tel. 02443/981351, www.erlebniswelt-eifeltor.de.

Besucherbergwerk & Museum Grube Günnersdorf: Ein sachkundiger Führer fährt mit den Besuchern ins Besucherbergwerk ein und erläutert die früheren Arbeitsbedingungen der Bergleute. Auch eine bergbauhistorische Wanderung ist möglich. Nationalpark-Infopunkt.

Bergbaumuseum Mechernich, Bleibergstr. 6, 53894 Mechernich, Tel. 02443/48697, www.bergbaumuseum-mechernich.de.

Hochwildpark Rheinland: In den malerischen Birken-, Buchen-, Eichen- und Ilexwäldern des Wildparks können heimische Tierarten auf 80 Hektar in „freier Wildbahn" beobachtet werden. Auf die Kleinen warten ein Abenteuerspielplatz und ein Streichelzoo.

Hochwildpark Rheinland, 53894 Mechernich, Tel. 02443/6532. Ganzjährig geöffnet von 9 Uhr bis zur Dämmerung, www.hochwildpark-rheinland.de.

Burg Satzvey: Weit über die Grenzen der Nordeifel bekannt, bietet Burg Satzvey Ritterspiele, mittelalterliche Märkte, Musik- und andere Veranstaltungen. Auch eine Übernachtung im Gästehaus ist möglich (siehe auch „Selbst an Geistern fehlt es nicht" auf S. 174).

Burg Satzvey, An der Burg 3, 53894 Mechernich-Satzvey, Tel. 02256/938931, www.burgsatzvey.de.

Sommerrodelbahn: Die Sommerrodelbahn bietet Spaß für groß und klein. Mit Disco, Nachtfahrten und Zeitnahme.

Jania Freizeit-Insel GmbH, Zum Mühlenthal, 53894 Mechernich-Kommern, Tel. 02443/981380, www.freizeit-insel.de.

Eifeltherme Zikkurat: Eine alte Fabrik hat sich in ein Freizeitzentrum verwandelt – mit Wellnessbad, Disco, Veranstaltungssälen und vielen Ideen für Künstler und Händler.

Zikkurat Veranstaltungs GmbH & Co KG, An der Zikkurat 4, 53894 Mechernich, Tel. 02256/958380, www.zikkurat.de, www.eifel-therme-zikkurat.de.

Ein Bild aus dem Märchenbuch: Burg Satzvey

Besondere Sportmöglichkeiten

Golf: Golfschule und 18-Loch-Golf-Platz, Burg Zievel, 53894 Mechernich, Tel. 02256/1651, www.gcburgzievel.de.
Kanuschulung und Verleih: Wolfgang Petry, Frankenstraße 7, 53894 Mechernich-Eicks, Tel. 02443/6747, www.kanu-petry.de.
Reiten: Freizeit mit Pferden auf dem Gestüt Rosenhof, Martin Dirks, 53894 Mechernich-Eicks, Tel. 02443/48423, www.gestüt-rosenhof.de.
Schwimmen und Sauna: Eifel-Therme Zikkurat, An der Zikkurat 2, 53894 Mechernich, Tel. 02256/95790, www.eifel-therme-zikkurat.de.
Nordic-Walking: Im Mechernicher Nordic Walking Park finden Läufer sechs unterschiedliche Routen mit verschiedenen Schwierigkeitsgraden. Die Streckenverläufe sind ausgeschildert und mit Infotafeln versehen. Routenkarte und Termine für Treffs gibt's bei der Touristik-Agentur.

Nationalpark-Gastgeber

„Fachwerk-Ferienhaus-Rothe": Familie Rothe, Kapellenstraße 12, 53894 Mechernich, Tel. 02441/777432, www.fachwerk-ferienhaus-rothe.de.
Ferienwohnungen „Margarethenhof": Toni Schröder, Virnicher Straße 3, 53894 Mechernich, Tel. 02256/7126, www.margarethenhof.info.

Gastronomietipps

Landhotel Josefhof: Schöne Lage, gute Küche: Familie Hopp, Eifelstraße, 53894 Mechernich-Bergheim, Tel. 02484/919571, www.landhotel-josefshof.de.

„La Fornace“: Italienische Küche, stilvolles Ambiente, romantisch am Bleibach gelegen.
La Fornace, In der Zikkurat, 53894 Mechernich, Tel. 02556/958461.
Historischer Ratskeller: Speisen im historischen Ortskern.
Ratskeller, Kölner Str. 53, 53894 Mechernich, Tel. 02443/317511, www.historischer-ratskeller.de.
Zehntscheune: Gemütliches Café in historischem Gemäuer, wo noch selbst gebackener Kuchen serviert wird.
Zehntscheune, Familie Voissel, Am Auel 1, 53894 Mechernich-Eicks, Tel. 02443/315983, www.cafezurzehntscheune.de.

Besondere Veranstaltungen

Wallfahrt zum Gnadenbild der Schmerzhaften Mutter in die Pfarrkirche St. Georg in Kallmuth. Am 1. Mai zieht eine ungewöhnliche St. Georgs-Reiterprozession über die Felder, um dort eine Messe zu feiern.
Historischer Jahrmarkt im Oktober in Mechernich-Kommern.

Reisbrei, warm und matschig

Rheinisches Freilichtmuseum: Eine Reise ins uralte Dorf

Die Hufe der Pferde klacken auf den steinigen Pfad, der Kutscher schwingt schnalzend die Peitsche. Wir ruckeln durch Waldstücke, die sich winzigen Dörfern öffnen. Ein paar Hühner rennen aufgeschreckt in einen Hof, eine Bauersfrau in derbem Tuch winkt aus einer dunklen Fensterhöhlung, durch die geöffnete Tür eines Schuppens lodert das Feuer des Schmieds, von fern grüßen die Räder einer Windmühle. Im Garten steht müde der Rittersporn.

Wer mit einer Kutschfahrt das Rheinische Freilichtmuseum durchruckelt, verliert mit jedem Meter ein Stückchen Eile. Ruhig, friedlich, ländlich ist das Leben auf dem rund 80 ha großen Gelände. 67 historische Gebäude aus Eifel, Westerwald, vom Niederrhein und aus dem Bergischen Land wurden Stein für Stein wieder aufgebaut und spiegeln das Leben und Arbeiten der Landbevölkerung seit dem 15. Jahrhundert.

Die Welt von gestern ist so „echt“ wie möglich rekonstruiert: Bauernhöfe, Wind- und Wassermühlen, Werkstätten, Schul- und Backhaus, Tanzsaal und Kapelle erzählen von alten Tagen.

Neues über das karge Leben von Gestern: Historischer Jahrmarkt in Kommern

Die Nutzpflanzen und selbst das brave Glan-Donnersberg Rind sind erhalten, das Deutsche Weideschwein wühlt ungestört im Museumswald, und sogar die Weißstörche lassen es sich gut ergehen.
Bäuerin Anna Ippendorf erzählt in einem Haus aus dem Jahr 1871 über das karge Leben ihrer Vorfahren. Anderswo wird das Dreschen mit dem Flegel vorgeführt, auch ein kaiserlicher Landbriefträger ist mit von der Partie und in der Dorfschule erklingen Kaiserlieder. „Gespielte Geschichte" heißen derlei Vergnügen, bei denen Schauspieler dem werten Publikum Heiteres und Ernstes von Gestern erzählen.

„Wir leben in einer Zeit rasanten Wandels. Nie zuvor hat sich unser Alltagsleben so rasch verändert wie heute. Das Rheinische Freilichtmuseum hilft, unsere Gegenwart besser zu verstehen", erläutert der Prospekt des Landschaftsverbandes Rheinland die Idee eines der größten Freilichtmuseen Europas. Und sie kommt an: Rund 230.000 Besucher zählt das Museum im Jahr, Tendenz steigend.

Viele von ihnen haben angesichts so viel Vergangenem Lust auf einen ganz gegenwärtigen Gaumenschmaus. Für sie ist der „Gasthof zur Post" genau richtig: Hier gibt's Reisbrei, warm und matschig, genau wie zu Urgroßmutters Zeiten. Mmmh.....

Informationen: LVR Freilichtmuseum-Kommern
Rheinisches Landesmuseum für Volkskunde
Eickser Straße, 53894 Mechernich-Kommern,
Tel. 02443/9980-0, www.kommern.lvr.de.

Selbst an Geistern fehlt es nicht

Burg Satzvey: Burg-Erhaltung durch Unterhaltung

Wer zum ersten Mal vor der Wasserburg aus dem 12. Jahrhundert steht, mag sich ungläubig die Augen reiben: Satzvey ist eine Bilderbuchburg. Trutzig sind die Türme, wehrhaft die Mauern, ungezählt die Erker und Winkel. Ein Fass ohne Boden für den Besitzer.

Bei den Ritterspielen auf Burg Satzvey

Graf Beissel von Gymnich hat aus der Not eine Tugend gemacht. Mittlerweile ist er so etwas wie der größte Entertainer der Eifel. Er lädt zu Ritterspielen ein und lässt das Mittelalter auferstehen – als köstliches Spektakel. „Burg-Erhaltung durch Unterhaltung", heißt die Devise, die den Grafen und seine Gräfin immer wieder auf neue Ideen bringt. Neben erbitterten Showkämpfen in Rittermanier stehen mittelalterliche Märkte auf dem Programm und laden dazu ein, Spezereien aus alten Zeiten zu probieren.

Und das ist längst nicht alles: Pünktlich zur Walpurgisnacht übernehmen die Hexen im alten Gemäuer das Regiment, und auch die weite Welt ist zu Gast in der Burg: Es gibt arabische Feste und spanische Nächte, schottische Abende und irische Lieder. Wie könnte es anders sein: Auch an Geistern fehlt es nicht zu Halloween.

Wer an all dem Geschmack gefunden hat, kann selbst zum Feste laden – an derben Holztischen, unter dem flackernden Licht von ungezählten Kerzen und im Angesicht der ehrwürdigen Ahnentafel der Grafen Beissel von Gymnich. Für einen Abend wird der Traum vom Burgenleben komplett serviert: Mit mittelalterlichen Gastereyen oder Gourmet Dinner bei klassischer Musik. „Man muss sich schon etwas einfallen lassen", lacht der Graf. „Schließlich habe ich 1,2 Hektar Dachfläche zu unterhalten."

Informationen:
Franz Josef Graf Beissel v. Gymnich, Burg Satzvey,
An der Burg 3, 53894 Mechernich-Satzvey, Tel. 02256/95830,
www.burg-satzvey.de.

Ach, der schöne alte Schein

Monschau: Eine Stadt striegelt die Vergangenheit

Seit 300 Jahren kaum verändert: Monschau

Touristische Informationen und Nationalpark-Infopunkt:
Monschau Touristik GmbH
Stadtstraße 16
52156 Monschau
Tel. 02472/8048-0

Stadtverwaltung
Laufenstraße 84
52156 Monschau
Tel. 02472/810
www.monschau.de
13.700 Einwohner

Verwinkelt, schief, alt, romantisch: Eines dieser Worte sagt jeder, der zum ersten Mal durch Monschau bummelt. So ungewöhnlich ist das Städtchen im tiefen Tal der Rur, dass es jeden ins Staunen versetzt. Doch was bliebe von Monschau, wenn all seine Fachwerkhäuser und Gässchen nicht zu sehen wären? „Das probieren wir aus", dachten sich Mitarbeiter des „Kunst- und Kultur-Zentrums Monschau" und setzten Touristen eine Schlafbrille auf, um sie sozusagen blind durch die Altstadt zu führen.

Und siehe da, auch sie hatten etwas zu erzählen: Ein Tourist, der Monschau nur spüren kann, redet vom Kopfstein-Pflaster, das hart unter seinen Sohlen liegt und seit Jahrhunderten den ganz normalen Alltag einer Eifeler Kleinstadt mit Krieg und Frieden, mit Irrungen und Wirrungen, mit Kindergeschrei und Totenehren untermauert.

Im gelben Meer der Narzissen

Das Nationalpark-Tor in Monschau-Höfen

Grüne Talwiesen, durchwirkt mit Wildkräutern, prägen neben Fichtenwäldern den Süden des Nationalparks rund um Höfen und Monschau. Vor allem im Frühling verwandeln sie sich in ein gelbes Blütenmeer, wenn Millionen von Narzissen die warme Jahreszeit ankündigen.

Damit solche Naturschönheiten bewahrt werden, renaturiert die Nationalparkverwaltung die Bachauen bei Wahlerscheid, die in ihrer Ruhe und Schönheit zur Muße einladen und auch Insekten wichtige Rückzugsgebiete schenken.

Das Gesicht der Landschaft im südlichen Bereich des Nationalparks wird sich in den nächsten Jahren verändern. Nach und nach soll die Fichte jungen Buchenpflanzen weichen, die schon jetzt in weiten Waldgebieten gedeihen: Im Schatten der Fichtenriesen.

Im neuen, barrierefrei gestalteten Nationalpark-Tor in Monschau-Höfen können sich Menschen mit und ohne Handicap mit fast allen Sinnen (Sehen, Hören, Tasten, Riechen) über die Fauna und Flora rund um Monschau informieren. Im Mittelpunkt der Ausstellung stehen die Waldentwicklung sowie die Wiederherstellung und Pflege der Bachtäler; erklärt wird auch die Wildbestandsregulierung. Die Gäste erfahren viel Wissenswertes über das Management des Nationalparks. Arbeiten, die dazu beitragen sollen, einen einzigartigen Lebensraum in seiner Schönheit und Artenvielfalt für die Nachwelt zu erhalten und zu entwickeln.

Informationen: Nationalpark-Tor Monschau-Höfen, Hauptstraße 72, 52156 Monschau-Höfen, Tel. 02472/8025079, mit Bistro „Alte Molkerei".

Fassaden trotzen den Widrigkeiten: Fachwerk in Monschau

Ein Tourist, der Monschau nur schmecken kann, beschreibt Düttchen und Vennbrocken; Delikatessen, die in der Altstadt an jeder Wegbiegung in ein Café locken. Vielleicht erzählt er auch vom Senf, der von Guido Emil Breuer äußerst publikumswirksam in seiner historischen Senfmühle präsentiert wird. Eine Tradition, die auf das Jahr 1883 zurück geht und dem Ur-Rezept heute solch ansprechende Zutaten wie Meerrettich, Kümmel, Orange, Tomate oder gar Johannisbeere hinzufügt.

Ein Tourist, der Monschau nur hören kann, lauscht dem Stimmengemurmel der unzähligen Touristen. Kommt er spätabends zur Sommerzeit, könnte er sogar Aidas strahlenden Sopran hören, die den Zauber Ägyptens bei den Festspielen „Monschau-Klassik" hoch auf die Burgruine aus dem 13. Jahrhundert trägt.

Ein Tourist, der Monschau nur riechen kann, würde vom Aroma der Rur schnuppern, die gemächlich durch Monschau zieht, manches Fachwerkhaus umspielt und an vielen versteckten Ecken morbide Fäulnis hinterlässt.

Doch die meisten Touristen erleben Monschau mit allen Sinnen und sehen die Stadt mit ihren Gassen und Plätzen, den winkeligen Häusern und Brücken, dem Gemäuer, das seit Jahrhunderten allen Widrigkeiten trotzt und der Jugend die gelassene Patina des Alters entgegensetzt.

Was sie nicht sehen, ist die Mühe und das Geld, das der schöne alte Schein kostet: Steht eines der Häuser zum Verkauf, wird der Interessent schon im Vorfeld ermahnt, dass er sich etwas ganz Besonderes aussucht: „Die Stadtverwaltung ist bestrebt, Monschau nicht nur erlebenswert, sondern auch

Gut bedacht: Die Schieferstadt Monschau

lebendig zu erhalten", erklärt die Verwaltung im Internet. „Nur eine aktive Wohnbevölkerung und engagierte Gewerbetreibende und Investoren können dazu beitragen, dieses Ziel zu verwirklichen. So genügt es nicht, die Häuserfassaden wie einen Museumsschatz zu hüten, sondern auch das Leben hinter den Kulissen muss gefördert werden."
Das heißt: Während die Geschäftskollegen in anderen Städten mit Schaufenstern klotzen und mit Leuchtreklamen werben, verstecken sich die Bäcker, Textilhändler und Metzger in Monschau hinter trautem Fachwerk. Jeder Umbauplan wird geprüft, diskutiert und erst genehmigt, wenn er den viel besungenen schönen Schein der Stadt im engen Tal der Rur nicht zerstört. Per Ortsstatut sicherte sich die Verwaltung bereits 1908 diesen Einfluss zu, um den historischen Wert der rund 300 Baudenkmäler zu schützen. Und seitdem mühen sich die Stadtväter, die Altstadt-Bürger davon zu überzeugen, dass der Erhalt der Vergangenheit die wichtigste Arbeit für die Zukunft ist. Einfach ist das nicht: Viele junge Leute ziehen ein Leben außerhalb der engen Mauern und Reglementierungen vor. Manches Haus wartet allzu lange auf ein Lifting.

Doch was zählt, ist der Gesamteindruck, und der wurde mehrfach ausgezeichnet und in ein Förderprogramm des Landes NW aufgenommen, von dem nur 31 historische Stadtkerne profitieren. Das Resultat ist bestechend; vor allem in der Frühe, wenn die Gassen menschenleer sind: Die Sonne beleuchtet Bruchstein und Fachwerkbalken, die so schräg über den Wassern stehen, dass sie sich gegenseitig zu stützen scheinen.

Nicht einmal Autos stören das historische Bild, denn mit Unterstützung des Landes NRW wurde der Treck der Sonntagsausflügler und Kurzzeittouristen mit einem Parkleit- und Verkehrslenkungssystem an feste Zügel gelegt. So vorbildlich ist die Regelung, dass sie nach Meinung der Landesregierung Modellcharakter hat für viele autogeplagte Altstädte im Land, die an ihrer Beliebtheit zu ersticken drohen: In Monschau werden rund zwei Millionen Tagesbesucher im Jahr gezählt.

Viele von ihnen ziehen durchs „Rote Haus", das 1752 gebaut wurde, und noch immer von Glanz und Reichtum der Frühkapitalisten erzählt. So prunkvoll residierte hier der Bürger, dass selbst der Edelmann vor Neid erblasste: Eine kostbare

Leinwandtapete schmückt das Herrenzimmer, die Salons zieren Aachen-Lütticher Schränke, die Holzvertäfelungen sind edel, das Porzellan ist fein. Prachtstück und Mittelpunkt des Hauses ist die freitragende Eichenholz-Treppe, die sich spiralförmig durch drei Stockwerke windet. In ihrem Schnitzwerk erzählen Putten von der Profession des Eigentümers. Alle Figuren werkeln für die Tuchproduktion.

Johann Heinrich Scheibler hat mit dem Bau ganz offensichtlich die Neider wecken wollen. Und auch seine Lebensgeschichte kann sich sehen lassen: Er brachte es vom Tuchmacherlehrling zum Millionär, und sein „Rotes Haus" gibt noch heute Zeugnis von seinem Sinn für gute Geschäfte, der die Suche nach der richtigen Partie durchaus einschloss: Mit 18 Jahren heiratete er die verwitwete Tochter seines Lehrherrn und übernahm die Firma ihres verstorbenen Mannes. Damit zählt er zu den Tuchfürsten der Eifelstadt, die in Monschau

Glanz und Reichtum des Frühkapitalismus: Das „Rote Haus"

alles fanden, was ihre Profession benötigte: Das kalkfreie Wasser der Rur zum Waschen und Färben der Tuche, Schafe, die ihre Wolle hergaben und Monschauer, die ihnen Erfahrung und Arbeitskraft schenkten: Seit dem Mittelalter gehörte das Spinnen und Weben zu ihrem Alltag. 1765 beschäftigte Scheibler bis zu 6.000 Menschen, die er allerdings äußerst karg entlohnte: Auf den alten Listen stehen nur Groschenbeträge.

Dabei wurde der Monschauer Tuchmacher-Adel mächtig und baute Gebäude wie „Haus Troistorff" aus dem Jahr 1783 an der Laufenstraße 18, das auch heute noch von Größe und Macht erzählt. 1845 zählte Monschau 19 Tuch- und

Burg Monschau

Kaschmirmanufakturen, sechs Wollspinnereien, eine Deckenmanufaktur, eine Färberei und eine Walkmühle.

Erst die moderne Technik mit ihren Dampfwebstühlen und ihrer industriellen Fabrikation machte dem Zauber ein Ende. Was bleibt ist das bauliche Erbe und die Erinnerung an eine Zeit, als Monschau mit den besten englischen und französischen Tuchherstellern konkurrieren konnte und auf dem Textilmarkt eine Macht war.

Was bleibt ist der Versuch, über den Fremdenverkehr, der heute die stärkste wirtschaftliche Kraft in Monschau ist, an die Handwerkertraditionen anzuknüpfen. In einer alten Textilfabrikhalle wetteifern Kunsthandwerker heute um die Gunst des Publikums: In der römischen Glashütte wird der glühendheiße Glasbrei in antike Gefäße und Trinkgläser verwandelt, während nebenan Krippenbauer, Töpfer und Maler ihre Künste zeigen – im Takt der Busse, die ihre Insassen direkt vor den Toren abladen.

Schöne Aussicht

Vom 450 Meter hoch gelegenen Monschauer „Kierberg" bietet sich ein Panoramablick auf die historische Tuchmacherstadt. Wer in der Innenstadt den Hauptwanderwegen 11 oder 12 folgt, gelangt zum Aussichtspunkt oberhalb des Friedhofes, www.eifel-blicke.de.

Wandertipp

Rund um die **Perlenbachtalsperre** führt ein Wanderweg. Im Frühjahr ist das Gebiet berühmt wegen seiner gelb-blühenden Narzissentäler. Informationen sind bei der Monschau-Touristik erhältlich, die auch Führungen anbietet, Tel. 02472/80480.

Sehenswürdigkeiten

Monschauer Altstadt: Rheinisches Rothenburg wird Monschau liebevoll genannt. Der Grund: Das Stadtbild hat sich seit 300 Jahren kaum verändert und lädt dazu ein, auch Kleinigkeiten zu entdecken: Eine Türklingel, einen Giebel, eine Balkenverzierung und, und, und....

Rokoko-Treppe im Roten Haus

Das Rote Haus: Inbegriff von Pracht und Herrlichkeit der Monschauer Tuchhändler. Gezeigt wird die komplette Einrichtung in den Stilen Rokoko, Louis-Seize und Empire.

Stiftung Scheibler-Museum, Rotes Haus Monschau,
Laufenstr. 10, 52156 Monschau, Tel. 02472/5071.

Burg Monschau: Die Anfänge gehen ins 13. Jahrhundert zurück. Mitte des 14. Jahrhundert wurde die Trutzburg ausgebaut und von mächtigen Ringmauern umgeben; eine fast uneinnehmbare Festung der Jülicher Grafen, die dennoch 1543 von Karl V. mit schwerem Geschütz eingenommen wurde. In der Franzosenzeit wurde die Burg verkauft und verkam zur Ruine, die erst Anfang des 20. Jahrhunderts gesichert und erhalten wurde. Nach dem Ersten Weltkrieg ist eine Jugendherberge im Westflügel eingezogen. Ruhm erlangte Burg Monschau, als Künstler Christo das Gemäuer 1971 verpackte.

Museen und Ausstellungen

Nationalpark-Tor Monschau-Höfen: mit Ausstellung „Narzissenrausch und Waldwandel" (siehe „Im gelben Meer der Narzissen" auf S. 176).

Nationalpark-Tor Monschau-Höfen,
Hauptstraße 72, 52156 Monschau-Höfen.

Kunst- und Kulturzentrum Monschau: Das KuK, Kunst- und Kulturzentrum ist eine Arbeits- und Begegnungsstätte, die zum Austausch zwischen Künstlern und Kunstinteressierten einlädt. Techniken zeitgenössischer Kunst über Malerei, Grafik, Design, Fotografie und Keramik sind in den Ateliers zu sehen.

Kunst- und Kulturzentrum (KuK), Austraße 9,
52156 Monschau, Tel. 02472/803194,
www.kuk-monschau.de.

Monschauer Glashütte und **Monschauer Handwerkermarkt:** In der Glashütte verwandelt sich vor den Augen der Besucher glühendheiße Glasmasse in Vasen, Teller und Gläser. Der Handwerkermarkt vereint eine Fülle traditioneller Kunsthandwerke unter dem Dach einer alten Fabrikhalle.

Glashütte und Handwerkermarkt, Burgau 15,
52156 Monschau, Tel. 02472/8025785,
www.monschauer-handwerkermarkt.de.

Historische Senfmühle: In der 100 Jahre alten Senfmühle wird heute in der 5. Generation Senf hergestellt. Gezeigt wird die Produktion im alten Stil. Im Lädchen können viele Senfsorten gekauft werden.

Historische Senfmühle, Laufenstr. 118,
52156 Monschau, Tel. 02472/2245, www.senfmuehle.de.

Felsenkeller Brauerei-Museum: Bei einem Rundgang durch Sudhaus, Gär- und Lagerkeller erläutert der Kellermeister die Geheimnisse der Bierproduktion. Der historische Felsenkeller wurde 1830 in den Felsen gesprengt und gilt als Höhepunkt der Tour.

Felsenkeller Brauerei-Museum,
St. Vither Str. 22, 52156 Monschau,
Tel. 02472/3018, www.brauerei-museum.de.

Caffee-Rösterei Wilhelm Maasen: Unter dem Motto „Caffee und mehr" bietet die Rösterei Führungen mit Kaffee-Verkostungen an.

Caffee-Rösterei Wilhelm Maassen, Stadtstr. 24,
52156 Monschau, Tel. 02472/8035880,
www.caffee-roesterei.de.

Felsenkeller Brauerei-Museum

Musik-Museum Monschau: Zu sehen sind Kirmes- und Tanzorgeln, Orchestrione und Pianola. Dazu eine Mini-Spieluhr und eine große Philharmonie-Orgel mit fast 1200 Pfeifen. In der Grammophon-Abteilung läuft eine Schellackplatte auf einem der größten Grammophone der Welt!

Musik-Museum Monschau-Imgenbroich, Erlenweg 2, 52156 Monschau, Tel. 02472/5122, www.musikmuseum.de.

Webereimuseum Höfen: Das Haus zeigt vier der letzten verbliebenen Webstühle aus der Zeit der Kleinweberei im Altkreis Monschau. Diese Lohnwebereien arbeiteten bis in die 70er Jahre des 20. Jahrhunderts vor allem für Tuchfabriken im Aachener Raum.

Webereimuseum Höfen, Hauptstraße/Haus Seebend, 52156 Monschau, Tel. 02472/3418, www.webereimuseum-hoefen.de.

Heimatmuseum „Uraalt Scholl": Das Museum „Uraalt Scholl" ist in einem alten Schulgebäude eingerichtet worden. Hier hat der Heimatverein Mützenich ein nostalgisches Ambiente geschaffen, das den Besuchern einen tiefen Einblick in das dörfliche Leben vergangener Zeiten bietet.

Heimatverein Mützenich, Ringstraße 4, 52156 Monschau-Mützenich, Tel. 02472/3323.

Sägemühle: Der Waldlehrpfad in Rohren bei Monschau führt zu einem Schaumeiler und einer wasserbetriebenen Sägemühle mit historischem Arbeitsgerät.

Monschau Touristik, Tel. 02472/80480.

Druckerei Museum Weiss: Einblick in Kunst und Geschichte des Buchdrucks.

Druckerei Museum Weiss, Am Handwerkerzentrum 16, 52156 Monschau-Imgenbroich, Tel. 02472/982982, www.druckereimuseum-weiss.de.

Eifeler Photographica und Film-Museum: Die Geschichte der Fotografie von der Laterna Magica bis zur heutigen Digitalkamera zeigt der gelernte Fotograf und Gastronom Wolfgang Geisel in einer Ausstellung. Ein Highlight der Sammlung: Die Hochgeschwindigkeitskamera der NASA, die bis zu 40.000 Aufnahmen pro Sekunde machen kann.

Eifeler Photographica und Film-Museum, Laufenstrasse 40, 52156 Monschau, Tel. 02472/3590, www.altstadt-post.de.

Kloster Reichenstein: Mönche aus dem Kloster „Unserer Lieben Frau" von Bellaigue in der Auvergne möchten auch in Deutschland eine Niederlassung gründen. Dank Spenden und behördlicher Unterstützung konnten sie die 900 Jahre alte Klosteranlage Reichenstein erwerben. Das ehemalige Prämonstratenser-Kloster aus dem 12. Jahrhundert liegt auf einem Felsplateau im Mündungswinkel der Rur, etwa sieben Kilometer von Monschau entfernt.

Kloster Reichenstein, Verein St. Benedikt e. V., 52156 Monschau, Tel. 02295/2796, www.kloster-reichenstein.de.

Rundfahrt

Monschauer Stadtbahn: Bei einer 30-minütigen Rundfahrt schnauft die Bahn sogar hinauf zur Burg.

Jansen & Kell GmbH, Laufenstr. 67, 52156 Monschau, Tel. 02472/800010, www.jansen-kell.de.

Stadtteile

Höfen: Die meterhohen Hecken aus Rotbuchen zum Schutz der Häuser vor rauen Winden haben den Ort berühmt gemacht. Schon mehrfach wurde er mit Preisen im Wettbewerb „Unser Dorf hat Zukunft" ausgezeichnet. Unter dem Motto „Aufbruch zur Einzigartigkeit" erhält Höfen den europäischen Dorferneuerungspreis für ganzheitliche Dorfentwicklung.

Kalterherberg: Die 1898 im neuromanischen Stil erbaute, doppeltürmige Pfarrkirche im Dorf Kalterherberg direkt an der deutsch-belgischen Grenze wird auch gerne als Eifeldom bezeichnet und ist weithin bekannt.

„Aufbruch zur Einzigartigkeit": Hohe Hecken im Monschauer Land

Konzen: Geschichtsträchtigster Ort im Monschauer Land. Sein frühester Name Compendium lässt es schon ahnen: Eine römische Erstbesiedlung wird vermutet. Hier stand zudem einer jener karolingischen Königshöfe, die König Arnulf von Kärnten 888 bestätigte. Sehenswert ist die Kirche mit ihrem Taufbecken aus dem 12. Jahrhundert und ihren Grabmalen im gotischen Chor. Konzen wurde mehrmals ausgezeichnet im Wettbewerb „Unser Dorf soll schöner werden".

Mützenich: Auch in Mützenich haben zunächst die Römer gelebt, wie die 1783 gefundene Leiche eines römischen Legionärs zeigt. Sehenswert ist der mehrfach im Wettbewerb „Unser Dorf hat Zukunft" ausgezeichnete Ort wegen seiner gepflegten Windschutzhecken, die alte Höfe und Häuser „bewachen". In der Kirche ist ein großfigürlicher Kreuzweg sehenswert. Am Rande des Hohen Venn liegt der 80 Meter lange Felsen der Richelsley. Auf seiner Spitze steht ein 1890 zu Ehren des Priors Stephan Horrichem errichtetes Kreuz. Auch ein Spaziergang zu „Kaiser Karls Bettstatt", einem merkwürdig geformten Felsen ist sehr beliebt.

Rohren: In der wasserbetriebenen Sägemühle am Waldlehrpfad in Rohren können historische Geräte besichtigt werden. Terminabsprache unter Tel. 02472/7035. Rohren ist der bedeutendste Sommer- und Wintersportort Monschaus.

Besondere Sportmöglichkeiten

Nordic-Walking: Im Nature Fitness Park ist Nordic Walking für Anfänger und Fortgeschrittene möglich. Strecken mit zum Teil atemberaubend schönen Aussichten mit einer Gesamtlänge von über 90 km warten auf Sie. Die kürzeste Strecke ist 3,45 km lang, die längste 17,8 km.

Monschau-Touristik, Tel. 02472/80480, www.naturefitnesspark-monschau.de.

Sommerbobbahn und Skilauf: 1.251-Meter-Bobbahn mit 751 Metern rasanter Abfahrt und 500 Metern beschaulicher Rückfahrt im 1er- und 2er-Bob. Im Winter Ski-alpin und Langlauf.

Sommer- und Wintersportzentrum Monschau-Rohren, Rödchenstr. 37, 52156 Monschau-Rohren, Tel. 02472/4172, www.sommerbobbahn.de.

Mountainbike: Geführte MTB-Touren im Umfeld – nicht innerhalb – des Nationalparks Eifel und im Gebiet des deutsch-belgischen Naturparks Hohes Venn-Eifel.

mtb-guide-eifel, Am Kirchrott 8, 52156 Monschau-Rohren, Tel. 02472/5755, www.mtb-guide-eifel.de.

Schlittschuhlaufen: Im Januar und Februar lädt eine Eisbahn in der Monschauer Markthalle an der Rurbrücke zum Schlittschuhlaufen ein.

Rail Bike: Am ehemaligen Bahnhof Leykaul startet die Fahrt mit dem Rail Bike, einem durch die Muskelkraft zweier Beinpaare angetriebenen, draisinenähnlichen Gefährt, das zu einer Tour über die Gleise zwischen Kalterherberg und Sourbrodt einlädt.

Railbike des Hautes Fagnes, Am Breitenbach, 4750 Leykaul, Tel. 0032 (0) 80/685890, www.railbike.de.

Nationalpark-Gastgeber

Hotel Lindenhof: Nevenka Becht, Laufenstr. 77, 52156 Monschau, Tel. 02472/4186, www.lindenhof.de.

Gasthaus Pension Haus Vennblick: Brigitte und Rik Deckers, Hauptstraße 24, 52156 Monschau-Höfen, Tel. 02472/2295, www.haus-vennblick.de.

Alte Molkerei: Sigrid Schmitz, Hauptstraße 72-74, 52156 Monschau, Tel. 02472/8025777, www.alte-molkerei-hoefen.de.

Ferienwohnung Küpper: Diana Küpper, Messeweg 77, 52156 Monschau-Kalterherberg, Tel. 02472/7811, www.fewo-kuepper.de.

Gastronomietipps

Restaurant Graf Rolshausen: In einem alten Gewölbekeller lässt es sich gut speisen. Eine Besonderheit ist das original Monschauer Zwickelbier vom Fass.

Monschau für alle Sinne: Entspanntes Genießen im barocken Flair

Restaurant Graf Rolshausen, Kirchstr. 33, 52156 Monschau, Tel. 02472/2038, www.grafrolshausen.de.
Schnabuleum: In der Senfmühle wird selbstverständlich mit Senf gekocht.
Schnabuleum, Laufenstr. 116-124, 52126 Monschau, Tel. 02472/909840, www.senfmuehle.de.

Besondere Veranstaltungen

Monschau-Klassik: Opern und Operetten unter freiem Himmel und vor der historischen Kulisse der Monschauer Burg. Für viele ist dies der Höhepunkt des Sommers.

Monschau Touristik, Stadtstraße 1, 52156 Monschau, Tel. 02472/80480, www.monschau-klassik.de.

Erntedankfest: Am ersten Wochenende im Oktober zieht sich ein Erntedankzug durch den Ortsteil Mützenich, der tausende Besucher anzieht. www.muetzenich.net.
Weihnachtsmarkt: Weit über die Grenzen des Städtchens hinaus berühmt ist der Monschauer Weihnachtsmarkt mit Buden, die sich durch die Altstadt ziehen.

Hinter Hecken

Wer durchs Monschauer Land fährt, kann sie nicht übersehen: Rund 1.000 Haushecken prägen die Dörfer als eigenwillige „Architekten". Das hat Tradition. Seit Jahrzehnten bilden die zehn bis 30 Meter langen und vier bis sechs Meter hohen Hecken einen Schutzring um manches Bauernhaus und behüten es gegen den ruppigen Wind. Unten breiter, nach

Eigenwillige Landschaftsmaler: Die Durchwachser-Hecken

oben schmaler, haben sie Standfestigkeit, benötigen aber auch penible Pflege. Ab dem dritten Jahr werden jüngere Äste zurück gebogen und hinter stärkere geklemmt. Ab dem sechsten Jahr muss die Hecke aus Rotbuche regelmäßig geschnitten werden – was bei ausgewachsenen Exemplaren mit Kletterpartien auf hohen Leitern verbunden ist.

Draußen um die Wiesen des Monschauer Landes gedeiht die Flurhecke als eigenwilliger Landschaftsmaler. Ursprünglich diente sie dem Schutz der Viehherden vor wilden Tieren. Tradition hat die so genannten Durchwachserhecke, die besser als Heckenwände vor Westwind und Kälte schützt. Durchwachser sind Bäume, die aus einer Niederhecke hervorragen. Ihre partielle Durchlässigkeit verhindert die Wirbelbildung und verbessert die Temperatur im Heckenbereich.

Seit Ende des 17. Jahrhunderts sind Hecken am Vennrand, bei Simmerath und im Monschauer Land urkundlich nachweisbar. Die beeindruckend hohen Haushecken mit ihren eingeschnittenen Tür- und Fensteröffnungen in Höfen, Eicherscheid, der Gemeinde Simmerath und anderen Eifeler Höhendörfern sind so markant, dass sie manchen Preis im Wettbewerb „Unser Dorf hat Zukunft", höchstes Lob und öffentliche Finanzhilfe eingebracht haben.

Informationen:
In Höfen präsentiert ein „Heckenweg" die schönsten Exemplare. Der Weg ist ausgeschildert; einen Plan gibt's auch bei der Tourist-Information Monschau, Tel. 02472/8048-0, www.monschau.de.
Weitere Information: Nationalpark-Tor Monschau-Höfen, Alte Molkerei, Hauptstraße 72, 52156 Monschau-Höfen, Tel. 02472/8025079.

Allein vor dem Angstloch

Nideggen: Burgenromantik und Machtspiele

Nationalpark-Tor Nideggen
Im Effels 9
52385 Nideggen
Tel. 02427/3301150
www.rureifel-tourismus.de

Stadt Nideggen
Zülpicher Straße 1
52385 Nideggen
Tel. 02427/8090
www.nideggen.de
11.000 Einwohner

Einschüchternde Bastion an einschüchterndem Ort: Burg Nideggen

Burg Nideggen war vor gut 800 Jahren eine einschüchternde Bastion an einem einschüchternden Ort: Nach drei Seiten hin stürzt das Felsplateau in die Tiefe, undurchdringlich erscheinen die Wälder. Nur ein Weg führt ins waffenstarrende Herz der Burg; bewehrt mit mächtigen Eisentoren, Schießschächten und Wachtürmen. Ein Bollwerk, in dem am Gespinst der Macht gewebt wurde, das in erbitterte Kämpfe führte.

Die mittelalterlichen Schreiber konnten die Gräuel kaum dokumentieren, die während der Fehde zwischen den Herzögen von Jülich und den Kölner Erzbischöfen an der Tagesordnung waren. Nideggen stand immer im Zentrum. Und heute geht keine Burg-Besichtigung zu Ende, ohne dass die Besucher nicht mit Schaudern in jenes Verlies im Jenseitsturm geblickt hätten, in dem Erzbischof Konrad von Hochstaden, der Gründer des

Wie die Kletten

Das Nationalpark-Tor in Nideggen

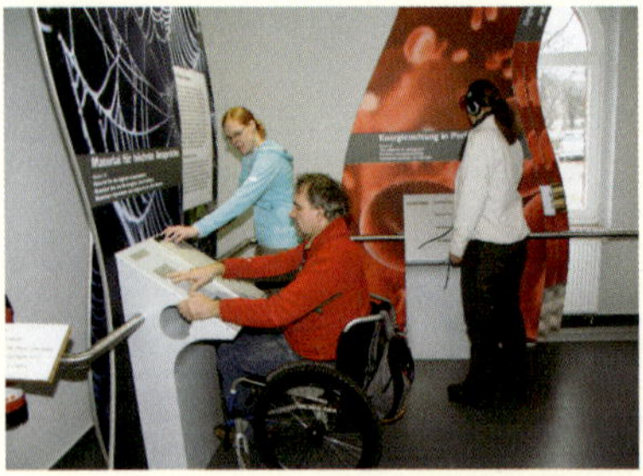

Zipp, zipp, einen Klettverschluss benutzt fast jeder jeden Tag. Doch wer hatte die Idee? Kaum zu glauben; es war die Natur: Kletten mit ihren flexiblen Widerhaken, die sich in Sekundenschnelle an Haare, Pullover oder Fell hängen, haben Anstoß und Namen gegeben. Ein Grund mehr, genau hinzuschauen, was die „Schatzkammer Natur" alles zu bieten hat.

Das Nationalpark-Tor in Nideggen hat sich genau dies zur Aufgabe gemacht. Hier ist Staunen an der Tagesordnung: Der Besucher erfährt, dass das Drüsensekret der Frösche hochwirksame Medizin liefert und wie sinnvoll es ist, die Schwarmintelligenz von Vögeln oder Fischen für die Logistik zu nutzen. Insektenbeine – wer hätte das gedacht – können Vorbild für energiesparende und stabile Fortbewegung von Laufrobotern sein.

Allerdings: Einige Glanzleistungen der Natur sind trotz aller Bemühungen bis heute nicht umgesetzt worden: So ist es nicht gelungen, einen so leichten, haltbaren und gleichzeitig elastischen Stoff wie das Spinngewebe zu entwickeln.

Bionik heißt die Wissenschaft, die sich mit der Entschlüsselung von „Erfindungen der belebten Natur" und ihrer innovativen Umsetzung in der Technik beschäftigt. Bei Bedarf arbeiten Naturwissenschaftler und Ingenieure, aber auch Architekten, Philosophen und Designer eng zusammen – und lernen das Staunen über das Wunder Natur.

In Nideggen, dem jüngsten Nationalpark-Tor, können diese Phänomene auch ertastet oder per Audiogerät belauscht werden – in vier verschiedenen Sprachen. Dazu ist ein intimer Blick auf Wolf, Bär und Luchs möglich; Raubtiere, die sich in den nächsten Jahren wieder im Nationalpark ansiedeln könnten.

Informationen: Nationalparktor Nideggen, Im Effels 9,
52385 Nideggen, Telefon: 02427- 3301150,
geöffnet täglich, 10 bis 17 Uhr. Wie in allen Nationalparktoren gibt's auch in Nideggen verschiedene Filme über den Nationalpark und ein digitales Landschaftsmodell.
Das Nationalparktor Nideggen ist Ausgangspunkt für die Wanderung „Atemberaubend schöne Ausblicke" auf S. 90.

Gediegenheit und Wohlstand: Das Dürener Tor in Nideggen

Kölner Doms, neun Monate des Jahres 1241 schmachten musste, bei Kälte, Dunkelheit und Feuchtigkeit, umzingelt von meterdicken Mauern, weltentrückt und getröstet allein vom „Angstloch", das ihm erlaubte, der Messe in der benachbarten Burgkapelle zu lauschen. In Freiheit kam er wie viele seiner Mitgefangenen erst wieder, nachdem er horrende Summen gezahlt und wichtige Rechte an die Jülicher abgetreten hatte.

Die düstere Geschichte der Burg begann mit dem Bau einer bescheidenen Höhenfestung in den Jahren 1177 bis 1191 durch den Grafen von Jülich, Wilhelm II. Von ihm wird Schreckliches berichtet: Der „Starke Helmes" soll seine Frau Alveradis mit Honig bestrichen und an die Außenmauern gehängt haben, um sie von Bienen peinigen zu lassen. Zum Glück hatten die Dorfbewohner Erbarmen und befreiten sie, wofür sie herzlich dankte: Mit der Nutzung des Waldes Mausauel.

Ob's stimmt? Fest steht, dass Wilhelms Nachfolger mächtiger und mächtiger wurden. Wilhelm V. erlangte gar die Herzogwürde – ein mittelalterlicher Regent über die nördliche Eifel, der 1356 den wohl bedeutendsten gotischen Saalbau im Rheinland bauen ließ – mitsamt einem Damenerker, dessen riesige Fenster einen herrlichen Blick auf die Eifelwälder frei geben.
Der Marktplatz ist zwar von einem futuristisch anmutenden Brunnen verstört, aber immer noch so charaktervoll, dass manch einer gerne unter dem steinernen Kreuz aus dem 15. Jahrhundert sitzt und über den Lauf der Zeit nachsinnt. Nideggen schenkt Muße für solche Gedanken. Gediegenheit und Wohlstand atmet die Stadt. Das belegen auch die Statistiker Nordrhein-Westfalens: Sie haben entdeckt, dass in dem Ort

An drei Seiten fällt das Felsplateau, auf dem die Burg steht, steil ab.

überdurchschnittlich viele Millionäre heimisch sind, die sich – ebenso wie die Gäste, die den Hotels an 126 Tagen im Jahr volle Auslastung bescheren – an schöner Landschaft und ansehnlicher Gastronomie erfreuen.

300 Kilometer Wanderwege und ein gut ausgebautes Radwegenetz ziehen Touristen an, auch wenn es meist Autotouristen sind: Anderenfalls ist die Stadt nämlich nur mit dem Linienbus einzunehmen. Zwar führt die Rurtalbahn bis Brück, aber von dort geht's steil bergan. So träumt mancher Touristiker von einer Bimmel- oder gar Seilbahn, um dann doch in der Realität und im Auto zu bleiben, dem in Nideggen eine besondere Ehre zuteil wurde. Von 1922 bis 1927 war der Ort Start und Ziel der ersten Autorennen in der Eifel. Doch den Nideggenern erschien dies eher als Zumutung: So viel Lärm und Gestank war ihnen die Show nicht wert. Von dieser heftigen Ablehnung profitierten die Südeifeler: Sie witterten ihre Chance und schrieben Rennsportgeschichte – sonst wäre der Nürburgring wohl niemals gebaut worden.

Eifelblicke

Der **„Kuhkopf"** in Nideggen-Rath liegt 360 Meter über dem Meeresspiegel und gibt den Blick auf Schmidt, das Hohe Venn und die Rur frei.

Vom 325 Meter hohen **„Effelsdach"** bietet sich in der Felsengruppe Effelsley ein Panoramablick ins mittlere Rurtal. Vom Parkplatz Zülpicher Tor/Kurpark ist der Eifelblick rund 800 Meter entfernt.

www.eifel-blicke.de

Sehenswürdigkeiten

Burg Nideggen: Obwohl Nideggen im 2. Weltkrieg Frontgebiet war und Ziel zerstörerischer Bombenangriffe wurde, ist der Ort – auch unter Mithilfe der Bürger – in alter Pracht wieder aufgebaut worden. Wie vor Jahrhunderten zieht sich die Stadtmauer mit ihren Rund- und Halbtürmen um das Städtchen. Zwei Tore öffnen den Weg ins mittelalterlich anmutende Herz. Wer zur Burg ansteigt, muss ein weiteres enges Tor durchschreiten und erkennt, dass der Ort die erste Verteidigungslinie der Herzöge war. Wie ein Bollwerk versperrt der riesige Bergfried, der gefürchtete „Jenseitsturm", die Felsspitze gegen das davor liegende Plauteau. Im Burghof sind noch Reste des 1340 von Wilhelm V. erbauten gotischen Saalbaus (61 m lang und 16 m breit) zu sehen. Ein Blick durch die Fenster gewährt Aussicht über das Eifeler Land.
TIPP: In der romantischen Kapelle von Burg Nideggen kann von Mai bis September an jedem Freitag standesamtlich geheiratet werden.
Die katholische Pfarrkirche St. Johann Baptist im Burgflecken wurde in den letzten Jahrzehnten des 12. Jahrhunderts gebaut. Wilhelm IV. erhielt sein Grab in der Pfarrkirche, nachdem er 1277 im Streit um die Reichsstadt Aachen in einen Hinterhalt geraten war und erschlagen wurde. Der harmonisch proportionierte Bau zeugt innen und außen von Größe und Anspruch der Jülicher Burgherren. Die sehenswerten Fresken des Chores sind Reste einer üppigen Kirchenausmalung.
Altstadt: Ein Rundgang durch die mittelalterlich anmutende Stadt ist empfehlenswert. Die Stadtbefestigung wurde im 14. Jahrhundert gebaut; der so genannte Burgflecken, der Burg und Stadt verband, im 13. Jahrhundert ummauert. Schöne Patrizierhäuser aus dem 17. und 18. Jahrhundert setzen Akzente; sehenswert ist auch der Bewershof im Nordostwinkel der Stadtbefestigung. Besonders stimmungsvoll: Der Weihnachtsmarkt am 3. Adventssonntag.

Museen und Ausstellungen

Burgenmuseum: Lage und Bedeutung von Burg Nideggen waren Anstoß für den Kreis Düren, hier das erste Burgenmuseum des Rheinlandes einzurichten. Auf fünf Geschossen erfährt der Besucher vieles über das Leben im Mittelalter. Ritter, Burgfräulein, Schlachten und Alltagswelt werden lebendig. Auch das gefürchtete Verlies kann besichtigt werden. Der

Gerichtssaal gibt Einblick in die Rechtsprechung und in Folter- und Verhörmethoden. Bei einer multimedialen Präsentation nimmt der Besucher am Burgleben teil, erlebt aber auch die Zerstörung des Gemäuers. Workshops und Veranstaltungen vertiefen die geschichtlichen Einblicke.
Burgenmuseum, Burg Nideggen,
52358 Nideggen, Tel. 02427/6340,
www.burgenmuseum-nideggen.de.

Im alten Bahnhof von Nideggen-Brück befindet sich die Ausstellung „Rur und Fels".

Dürener Tor: Wechselnde Ausstellungen ansässiger Künstler.

Ausstellung Rur und Fels: Im ehemaligen Bahnhof von Nideggen-Brück kann der Besucher das verborgene Leben der Waldbewohner studieren. In der Ausstellung „Rur & Fels" sind Uhu, Fledermaus und Ameisenlöwe die Hauptdarsteller. Die naturgetreue Nachbildung eines Rurabschnitts lädt dazu ein, das quirlige Leben am Wasser und in den Buntsandsteinfelsen besser kennen zu lernen. Zudem können Exkursion an die Rur und zu den Buntsandsteinfelsen gebucht werden.

Informationen:
Biologische Station im Kreis Düren e.V.,
Zerkaller Straße 5, 52385 Nideggen-Brück, Tel. 02427/949870,
www.biostation-dueren.de.

Ortsteile

Abenden: Das Dorf am Fuß des Nideggener Burgbergs im Rurtal empfängt die Besucher mit einer liebevoll gepflegten, malerischen Dorfkulisse. Abenden liegt an der alten Römerstraße Conzen-Zülpich.

Berg-Thuir: Archäologen geraten ins Schwärmen, wenn die Sprache auf den Ort kommt: In den 50er Jahren wurde hier ein römischer Gutshof samt Grabanlagen frei gelegt. Zwischen 100 bis 400 nach Christus ist im „Badewald" Erzbau betrieben worden, wie die Freilegung mehrerer Metallschmelzöfen zeigt.

Embken: Embken und Wollersheim waren ursprünglich merowingische Königsgüter, bevor sie an das Stift Maria im Kapitol zu Köln kamen und zur Vogtei Hengebach der Herrschaft Jülich gehörten. Embken gilt als wichtiger Fundort der Archäologie für die Römer- und Frankenzeit.

Schmidt: Der Höhenort ist aus einer Römersiedlung hervorgegangen. Schmidt ist der einzige Ort im Kreis Düren, der am Rursee einen öffentlichen Badestrand hat: Eschauel, unterhalb von Schmidt gelegen. Die Kirche wurde nach dem 2. Weltkrieg wieder aufgebaut und trägt scherzhaft den Namen „St. Mokka", weil der Bau mit Geldern aus dem Kaffeeschmuggel finanziert wurde. Dort ist auch ein Nationalpark-Infopunkt: Kirche St. Hubertus, Monschauer Straße, 52385 Nideggen-Schmidt, Tel. 02472/99180.

Schmidt hat eine vorbildliche Übernachtungsstruktur. Von der kleinen Pension bis zum guten Hotel ist hier alles zu finden. Bekannt und beliebt auch die Schmidter Wanderwoche. Unter dem Motto „Sieben Tage, sieben Touren" werden die schönsten Wanderungen durch die Region.

Information: Verkehrsverein Schmidt e.V., Monschauer Straße 55, 52385 Nideggen-Schmidt, Tel. 02474/311.

Wollersheim: Die alte Wollersheimer Kirche Heilig Kreuz – heute als Friedhofskapelle genutzt – gilt mit ihrem Turm aus dem 12. Jahrhundert als eines der ältesten Sakralbauwerke im Dürener Land.

Wildpark

Im Ortsteil Schmidt liegt ein 35 Hektar großer **Wildpark**, der zu einem fünf Kilometer langen Rundgang vorbei an Rotwild, Schwarzwild, Damwild, Mufflons und Wasservögeln einlädt. Kinder können sich mit Ponys, Ziegen, Eseln und Lamas vergnügen.

Wildpark Schmidt, 52385 Nideggen-Schmidt,
Tel. 02474/215, ganzjährig geöffnet von 9.30 - 17 Uhr,
www.wildpark-schmidt.de.

Besondere Sportarten

Klettern: Freunde des Klettersports finden in den Nideggener Buntsandsteinfelsen etwa 200 Routen unterschiedlicher Schwierigkeitsgrade. Um die Natur zu schützen, müssen Regeln beachtet werden. Vor dem Einstieg ist es notwendig, ein Ticket zu kaufen und zwar an der Aral-Tankstelle in Nideggen, über die Servicenummer: Tel. 02427/1309 oder online unter www.nideggen.de. Weitere Informationen:
www.rureifel-tourismus.de, www.klettern-im-rurtal.de.

Reiten: Gut Kallerbend ist eine der 60 geprüften und anerkannten Wanderreitstationen in der Eifel. Auf dem geräumigen, abseits gelegenen Gutshof, umgeben von Wald und Wiesen, werden die Pferde versorgt.
Gut Kallerbend, Gerd Humpert, 52385 Nideggen,
Tel. 02427/1217, www.gut-kallerbend.de.
Kanufahren: Die Ruraue zählt zu den schönsten natürlichen Flusslandschaften in NRW und ist für Kajakanfänger und Fortgeschrittene ideal. Zum Schutz der Natur darf der Fluss nur zwischen dem 15. Juli und dem 18. Februar und zu festgelegten Mindestpegelständen befahren werden.
Vor der Fahrt ist eine Anmeldung nötig beim
Kanu-Verband NRW, Tel. 0203/7381653, www.kanu-nrw.de.
Gruppentouren bietet an: Kanuschulung und Verleih,
Wolfgang Petry, Frankenstraße 7, 53894 Mechernich-Eicks,
Tel. 02443/7413, www.kanu-petry.de.

Nationalpark-Gastgeber

Haus Seeblick: Heinz-Paul Kommer,
Monschauer Straße 55, 52385 Nideggen-Schmidt,
Tel. 02474/311, www.seeblick-eifel.de.
Hotel Roeb: Michael Roeb,
Monschauer Straße 1, 52385 Nideggen-Schmidt,
Tel. 02474/477, www.hotel-roeb.de.
Campingplatz Hetzingen: Heinz Klein,
Campingweg 1, 52385 Nideggen-Brück,
Tel. 024727/508, www.campingplatz-hetzingen.de.

Gastronomietipps

Burg-Gaststätte: Neue deutsche Küche, wo einst die Haudegen hausten:
Burg-Gaststätte, Kirchgasse 10,
52385 Nideggen, Tel. 02427/1252, www.burg-nideggen.de.
Zur ewigen Lampe: Rustikale Atmosphäre, Themenabende, einfallsreiche Küche.
Zur ewigen Lampe, Hotel-Restaurant,
Bahnhofstr. 9, 52385 Nideggen,
Tel. 02427/94090, www.zur-ewigen-lampe.de.
Restaurant Heiliger: Auf der Terrasse ein Weitblick zu feinen Grüßen aus der Küche.
Restaurant Heiliger, Kirchgasse 5, 52385 Nideggen,
Tel. 02427/901266, www.a-la-heiliger.de.

Markiert den alten Handelsplatz: Marktkreuz in Nideggen

Gut Kallerbend: Ausflugslokal mit deftiger Küche.
Gut Kallerbend, Gerd Humpert, 52385 Nideggen,
Tel. 02427/1217, www.gut-kallerbend.de.
Rosenflora: Ambitionierte Küche in fein dekorierter Dorfgaststätte.
Hotel Restaurant Rosenflora, Kirchstr. 2,
52385 Nideggen-Berg, Tel. 02427/94040,
www.rosenflora.de.

Besondere Veranstaltungen

Erntedank in Abenden: Am ersten Oktobersonntag jeden Jahres zieht ein Erntedankzug mit bunten Trachtengruppen durch den Flecken. Rund 10.000 Zuschauer sind keine Seltenheit.

Das Herz krampft sich zusammen

Konfliktpotential Buntsandsteinfelsen

Wer auf der L 249 zwischen Abenden und Hausen fährt, sieht sie am Straßenrand, mächtig, majestätisch, vom späten Licht der Sonne in Rot-Braun getunkt: 250 Millionen Jahre alte Buntsandsteinfelsen, die einzigartig sind; ein Lebensraum für wärmebedürftige Artengemeinschaften. An den Wänden des

Gesteins wachsen rund 85 zum Teil sehr seltene Gesellschaften aus Blatt-, Krusten-, Becherflechten und Moosen. Seltene Farne gedeihen ebenso wie Kiefern- und Traubeneichen. Auch haben hier gefährdete Fledermausarten, die Mauereidechse und die Schlingnatter eine Heimat.

Vor allem aber lebt in den Felsen wieder der Uhu, der in den 60er Jahren bereits ausgerottet war, und mühsam wieder angesiedelt werden konnte. Auch der Wanderfalke hat im Rurtal ein Rückzugsgebiet; liebt er doch Felsen, die markant aus der Landschaft ragen, über alles. Obendrein ist die Rur hier romantisch und schön. Sie wird von Erlen, Hochstauden und Auwaldresten begleitet. Äsche und Bachforelle, Wasseramsel und Eisvogel sind heimisch.

Alles wäre wunderbar, wenn sich genau dieses Revier nicht auch bestens zum Klettern eignen würde. Schon vor 40 Jahren erkannte der als Eifeler Fernsehförster bekannt gewordene Paul Losenhausen: *„Nun reizen Felsen, sie mögen stehen, wo sie wollen, die Bergsteiger aus Leidenschaft zum Klettern. Das Herz krampft sich einem zusammen, wenn Kletterer in einer Steilwand hängen und die wenigen brütenden Falken aufjagen. Das Angstgeschrei und die klagenden Rufe der Altvögel, die oft stundenlang verzweifelt über die Störungsstelle kreisen, müssen jeden Tierfreund anrühren.“* Daran hat sich bis heute nichts geändert. Die Felsenlandschaft zieht Freizeitsportler an.

Doch das Problem ist erkannt: Bei 190.000 Übernachtungen pro Jahr in der Rureifel und 10 Mal so vielen Besuchern ist das Rurtal eines der naturschutzpolitisch konfliktreichsten Gebiete in NRW. Allerdings konnte die Situation entschärft werden: Seitdem das Klettern per Verordnung auf 200 Routen unterschiedlicher Schwierigkeitsgrade beschränkt worden ist, wurde es ruhiger an den Felsen.

Ordnung und Anmeldung heißen jetzt des Kletterers wichtigste Gebote: Der Sport kann nur außerhalb der Brutzeiten ausgeübt werden. Vor dem Einstieg müssen Tickets gekauft, die Kletterregeln gelernt werden. Dann heißt es auf den vorgeschriebenen Routen zu bleiben. Sport und Naturschutz – fürs erste sind sie versöhnt.

Informationen:

Um die Natur zu schützen, müssen Regeln beachtet werden. Vor dem Einstieg ist es notwendig, ein Ticket zu kaufen und zwar an der Aral-Tankstelle in Nideggen, im Nationalpark-Tor Nideggen oder online unter www.nideggen.de.

r. S. Kletterroute am Effelsfelsen bei Nideggen

Vom Leben in toten Bäumen

Das Nationalpark-Tor in Gemünd

Ausgestopfte Musterbeispiele: In der Ausstellung des Nationalpark-Tors Gemünd.

Zugegeben, den meisten ist es nicht vergönnt, einen Mittelspecht im Eichenhain zu erspähen. Deshalb ist es gut, dass es das Nationalpark-Tor Gemünd gibt: Hier sitzt *Dendrocopos medius* als ausgestopftes Musterbeispiel im naturgetreu stilisierten Umfeld „seines" Lebensraums: Alles, was der Vogel will, sind urwaldähnliche Zustände und mindestens 100 Jahre alte Eichen oder abgestorbene Hölzer, die er emsig nach Insekten und Spinnen absucht. Weil solche Bäume in unseren normalen Wirtschaftswäldern äußerst selten sind, ist auch der Mittelspecht in Deutschland recht rar. Gerade mal 10.000 Brutpaare werden vermutet. Im Nationalpark allerdings ist der Vogel wieder häufiger anzutreffen. Ein guter Grund, warum er in der Ausstellung des konventionell gestalteten Nationalpark-Tors Gemünd der Star ist.

Nach dem Motto „Knorrige Eichen, bunte Spechte und Waldgeschichte(n)" wird hier die Entwicklung des Waldes erzählt: Von den Buchenwäldern in den Anfängen über die Römerzeit, das Mittelalter bis in die Gegenwart des Nationalparks, der ein Stück Zukunft bringt: Den Buchenwald, mit dem einst alles begann…

Wer will, kann sich auch das Innenleben eines Kohlenmeilers genauer ansehen und über die Arbeit der Köhler nachdenken: Rund um einen Feuerschacht schichteten sie mitten im Wald Holzscheite auf, die sie mit glühender Kohle anzündeten und eine Woche lang glimmen ließen – bis sich fast der ganze Eifelwald in Holzkohle verwandelt hatte. Lang, lang ist's her…

Informationen: Nationalpark-Tor Gemünd, Kurhausstraße 6, 53937 Schleiden-Gemünd, Tel. 02444/2011, geöffnet 10 - 17 Uhr. Wie in allen Nationalpark-Toren gibt's auch in Gemünd einen Film über den Nationalpark und ein digitales Landschaftsmodell zu sehen.

Das NationalparkTor in Gemünd ist Startpunkt für unseren Wandervorschlag „Keuchend zur Kaisereiche" auf S. 79.

Ränke und Kämpfe

Schleiden: Ein Schloss und Pfarrer Kneipp

Touristik Schleidener Tal e.V.
Nationalpark-Tor Gemünd
Kurhausstraße 6
53937 Schleiden-Gemünd
Tel. 02444/2011
www.natuerlich-eifel.de

Stadt Schleiden
Blankenheimer Straße 2-4
53937 Schleiden
Tel. 02445/890
www.schleiden.de
14.500 Einwohner

Wehrhafte Anlage auf abfallendem Bergrücken: Das Schleidener Schloss

Pfarrer Kneipp ist in Schleiden-Gemünd ein viel zitierter Mann: Auf fünf Säulen stützt sich seine Welt, und dass sie gesund und fit macht, bezweifelt im Kneipp-Kurort Gemünd niemand: Bereits vor mehr als 150 Jahren hat Sebastian Kneipp ein ganzheitliches Gesundheitskonzept entwickelt, in dem das Wasser neben einer ausgewogenen Ernährung, der Anwendung von Heilpflanzen und Kräutern sowie regelmäßige Bewegung und bewusste Lebensführung eine wichtige Rolle spielen.

Im Kneipp-Kurort Gemünd stehen Wasseranwendungen auf der Tagesordnung. Und der feste Wille zum Wandern in freier Natur kann direkt im Nationalpark in die Tat umgesetzt werden. Gleich hinter dem Kurhaus hebt sich ein Bergwald in die Höhe und prüft die Fitness – mit steilem Anstieg zur Kaisereiche. Die Strecke ist mühsam genug, um über Sebastian Kneipps

Schön wie keine zweite: Die Schlosskirche in Schleiden

Motto einmal keuchend nachzudenken: „Wenn die Menschen nur halb so viel Sorgfalt darauf verwenden würden, sich gesund zu erhalten, wie sie unbewusst Mühe verwenden, krank zu werden – die Hälfte der Krankheiten bliebe ihnen erspart."

Der kleine Kneipp-Kurort am Fuße des ca. 3.300 Hektar großen Kermeters hat alles, was der Mensch für diese Sorgfalt braucht: Gemünd ist umgürtet von bergigen Wäldern und liegt am Zusammenfluss von Urft und Olef. Fast wild anmutende Uferränder laden zu Spaziergängen ein, die Wege sind oft steil, aber ursprünglich.

Mit nüchternem Blick für das Machbare hat die Stadt erkannt, dass ihre Gästeklientel nicht die jungen Dynamischen mit dem Hunger nach Sonne und Abenteuer sein kann, sondern eher der reife, gesundheitsbewusste Urlauber, der Muße und Erholung schätzt: Ein mehr als 200 Kilometer langes, vorbildlich markiertes Wander- und Radwegenetz in 281 bis 620 Meter Höhe sorgt für Abwechslung und immer wieder neue Ausblicke. Eine frische Idee ist die „Rur-Olef-Route", die in Kombination mit dem „Eifelsteig" und dem „Wildnis-Trail", zu mehrtägigen Wanderungen einlädt und Marscherleichterung garantiert: Der Einfachheit halber wird das Gepäck von Hotel zu Hotel transportiert.

So viel Gemeinsamkeit ist im Stadtverbund nicht selbstverständlich. Unsichtbar ziehen sich Gräben durch die Gemeinde und trennen die beiden „Schwergewichte" Schleiden und Gemünd: So fremd sind sie sich, dass es den Kommunalpolitikern Mühe bereitet, gemeinsame Pläne zu erarbeiten.

Dabei haben beide Orte malerische Winkel und Wege, die vergessen lassen, wie mühselig hier einst die Arbeit war: Das

Idylle in Olef

Schleidener Tal war jahrhundertelang Mittelpunkt der Eifeler Eisenindustrie. Schon im 14. Jahrhundert blühte das Gewerbe, angezogen vom Eisenerz-, Holz- und Wasserreichtum der Region.

Wer sich auf die Suche nach Zeugnissen dieser Zeit machen möchte, sollte dem Dörfchen Oberhausen einen Besuch abstatten. Hier stand eine der fünf Eisenhütten, die schon 1438 erwähnt wurden. Auf dem heutigen Zöllerplatz, wo sich neben dem ehemaligen Reidtmeisterhaus anheimelnde Fachwerkhäuser eng aneinander schmiegen, war früher Industrierevier.

Der Arbeiter Kraft ließ die Einnahmequellen der Grafen von Manderscheid auf Burg Schleiden lebhaft sprudeln. Als die Dynastie der Herren von Schleiden ausgestorben war, die seit 1198 „Castrum Sleyda", die Burg auf dem Abhang, regiert hatten, gelangte der trutzige Bau über Erbtöchter zunächst an das Haus Nassau und dann 1451 an die Grafen von Manderscheid. Für sie war die Eisenindustrie Garant für Wohlstand und gutes Leben. Von sieben Hütten lagen allein vier im heutigen Stadtgebiet Schleiden. Hüttenmeister mit Namen wie Poensgen und Schoeller waren die Stammväter berühmter Industriellenfamilien.

Die Gelder, die sie den Manderscheidern zufließen ließen, nutzte Dietrich IV. (1501-1551), zum Bau der Schleidener Schlosskirche, eines der schönsten Gotteshäuser in der Eifel. Dietrich, der Reformer, löste „seine" Kirche 1539 aus dem Steinfelder Pfarrverband und unterstellte sie seinem Patronat. Viele Schleidener begeisterten sich damals für die Ideen des Humanismus und der Reformation - fast 80 Jahre lang, bis Graf

Ernst von der Marck (1613-1654) 1619 die Gegenreformation einleitete und den evangelischen Gottesdienst verbot.

100 Jahre später waren auch die Tage der Schleidener Burg gezählt. 1702 wurde sie von den Franzosen zerstört und lag nach dem verheerenden Stadtbrand im Jahr 1603 zum zweiten Mal in ihrer Geschichte in Schutt und Asche.

Als unbefestigtes Schloss wurde die einst so wehrhafte Anlage auf steil abfallendem Bergrücken um 1726 wieder aufgebaut und erhielt nach erneuten schweren Schäden im 2. Weltkrieg bei mehreren Umbauten seit 1950 ihr heutiges Gesicht.

Wenn im Sommer die Sonne untergeht und sich erste Schatten zeigen, lädt der mächtige Bau zu saumseliger Muße ein: Von der Terrasse des Restaurants im Schloss Schleiden genießt der Kenner einen Blick über die Dächer der Stadt, während er still über die Zeiten räsonieren kann: Im Gemäuer sind 800 Jahre Leben und Leiden, Ränke und Kämpfe so unauffällig verschmolzen – als seien nur wenige Tage verstrichen.

Eifelblick

Der „Modenhübel" am Ortsausgang von Morsbach liegt 485 Meter hoch. Von hier aus geht der Blick auf die ehemalige NS-„Ordensburg" Vogelsang und die Waldflächen des Nationalparks Eifel, www.eifelblicke.de.

Sehenswürdigkeiten

Das Schleidener Schloss: Die Geschichte der früheren Burg der Herren von Schleiden reicht bis ins 12. Jahrhundert zurück. Nur wenig erinnert noch an die ursprüngliche Festung, da sie zwei Mal in ihrer Geschichte völlig zerstört wurde. 1726 wurde das Schloss auf einem in das Schleidener Tal vorspringenden Bergrücken erbaut und nach schweren Schäden im 2. Weltkrieg erneut restauriert. 1998 – 2001 erhielt Schloss Schleiden seine heutige Bestimmung: Es wurde in eine Seniorenresidenz umgebaut.

Schlosskirche: Von außen eher schlicht, besticht die 1516 bis 1525 nach Plänen von Johann Vianden gebaute Schlosskirche im inneren mit einer dreischiffigen spätgotischen Halle und dem eingebauten, ursprünglich höheren Turm an der Südwestecke. Beeindruckend sind die Glasfenster und eine wertvolle König-Orgel, die auf 1770 datiert ist, sowie die Altäre, Standfiguren des 16. und 19. Jahrhunderts, Epitaphien, ein Tumben-Grab und liturgische Geräte in der Sakristei.

Glasfenster der Schleidener Schlosskirche

Rathaus Schleiden, ehemaliges Landratsamt: Die Hufeisenanlage wurde 1913/14 als Königlich Preußisches Landratsamt in den Hang des Ruppenberges gebaut. Auffallend ist, dass der Bau keinen historisierenden Zierrat zeigt. Damit zählt er zur deutschen Avantgarde-Architektur vor dem Ersten Weltkrieg. Seit 1972 dient das Gebäude der Stadt Schleiden als Rathaus.

Ehemalige Arenbergische Rentei: Das ehemalige Arenbergische Rentamt wurde um 1835 gebaut. Von der einst dreiflügeligen Hofanlage ist nur noch das repräsentative zweigeschossige Wohnhaus zu sehen, das heute ein Restaurant beherbergt.

Evangelische Pfarrkirche Schleiden: Zwischen 1837 und 1839 wurde die Kirche gebaut und nach Kriegsbeschädigung durch Artilleriebeschuss 1944/45 in den Jahren 1952 bis 1954 instand gesetzt.

Ausstellung

Nationalpark-Tor Gemünd: Nach dem Motto „Knorrige Eichen, bunte Spechte und Waldgeschichte(n)" wird die Entwicklung des Waldes erzählt, mit Bildern und Schautafeln - von den Anfängen bis in die Gegenwart.

Nationalpark-Tor Gemünd, Kurhausstraße 6, 53937 Schleiden-Gemünd, Telefon: 02444/2011, geöffnet 10-17 Uhr. (s. S.200).

Am Zöllerplatz in Oberhausen

KunstForum Eifel: Die Maler der Eifel und ihre Nähe zur Natur möchte das KunstForum Eifel in der alten Schule von Gemünd ins Blickfeld rücken.

Informationen: KunstForum Eifel, Dreiborner Str. 22, 53937 Schleiden-Gemünd, Tel. 02444/ 914551.

Ortsteile

Gemünd: Sehenswert ist die Pfarrkirche St. Nikolaus aus den Jahren 1857-62 im neugotischen Stil. Idyllisch liegt die evangelische Kirche, die 1753 entstanden ist. Malerisch über der Urft grüßen Villen an der Bergstraße 15 und 17, die 1885 und 1901 für einen Kölner Rentner gebaut wurden. St. Nepomuk: Die Figur des St. Nepomuk ist aus rotem Sandstein und etwa lebensgroß.

Olef: Seit 1993 ist der Ortsteil Olef, eine der ältesten Pfarreien der Eifel, Mitglied der Arbeitsgemeinschaft „Historische Ortskerne in NRW". Olef wurde erstmals 1252 erwähnt und war einst stolz auf Kloster und Burg. Das Gewerbe war eng mit der Olef verbunden, was bereits im 16. Jahrhundert zum Bau einer Eisenhütte führte. Der historische Ortskern ist rund 3,5 ha groß und entspricht auch heute noch im wesentlichen der Tranchotkarte von 1808. Im Mittelpunkt liegen der ummauerte Kirchhof in einem Olefbogen und der nach dem großen Brand von 1697 entstandene Dreiecksplatz. Das Ortsbild wird bestimmt von der spätgotischen Pfarrkirche St. Johann Baptist und den zweigeschossigen Fachwerbauten, die nach 1697 entstanden sind.

Oberhausen: Am Zöllerplatz in Oberhausen lag eine der fünf Eisenhütten, die 1438 im Schleidener Tal erwähnt werden.
Dreiborn: Die malerisch auf 540 Metern gelegene Wasserburg Dreiborn wurde um 1300 gebaut und gilt als höchst gelegene ihrer Art. Sie war Kulisse für den Spielfilm „Bluthochzeit" sowie zahlreiche weitere Filmproduktionen.

Kneippkur

Die fünf Wirkprinzipien nach Pfarrer Sebastian Kneipp stehen im Mittelpunkt der ambulanten Kuren im Kneippkurort Gemünd: Balance suchen – Natur buchen. Aus verschiedenen Gesundheitsbausteinen kann ein persönliches Wohlfühlprogramm zusammen gestellt werden.

Tourist-Info im Nationalpark-Tor Gemünd, Kurhausstraße 6, 53937 Schleiden, Tel. 02444/2011, www.natuerlich-eifel.de.

Besondere Sportmöglichkeiten

Erlebnisbad Schleiden: Unter dem Motto „Jede Welle Spaß" bietet das Erlebnisbad alle, was klein und groß Vergnügen bereitet.
Erlebnisbad Schleiden, Im Wiesengrund, 53937 Schleiden, Tel.: 02445/852898.
Rosenbad Gemünd im Kurpark:
Das Bad liegt direkt am Nationalpark.
Rosenbad Gemünd am Nationalpark-Tor, Tel.: 02444/3143, www.rosenbad-gemuend.de.
Fliegenfischen in Urft und Olef:
Tageskarten: Nationalpark-Tor Gemünd, Kurhausstraße 6, 53937 Schleiden, Tel. 02444/2011, www.natuerlich-eifel.de.
Minigolf: Im Kurpark Gemünd, Tel. 02444/2011.
Reiten: Zucht- und Turnierstall Tannenberg, Gerhild Schorn, Bruchstr. 59, 53937 Schleiden, Tel. 02444/569.
Gestüt Windrose, 53937 Schleiden, Harperscheid 55, Tel. 02485/514, www.gestuet-windrose.de.

Besondere Angebote

Wandern ohne Gepäck: Rundwandertouren mit 3-, 4-, 5-Tagesetappen in und um den Nationalpark Eifel.

Informationen: Nationalpark-Tor Gemünd, Kurhausstraße 6, 53937 Schleiden, Tel. 02444/2011, www.natuerlich-eifel.de.

MAN Schienenbus VT 23 im Endbahnhof Hellenthal

Oleftalbahn

Abwechslungsreiche Fahrt vom Nationalpark-Infopunkt Kall, an Urft und Olef entlang bis zum Nationalpark-Infopunkt in Hellenthal. Auch private Farten sind möglich.

Informationen: Telefon: 0170/8813144, bubi-schleiden@web.de.

Nationalpark-Gastgeber

„Kurpark-Hotel": Familie Wurst, Parkallee 1, 53937 Schleiden-Gemünd, Tel. 02444/9511-0, www.kurparkhotel-schleiden.de.

Hotel „Zum Urfttal": Gerda und Werner Hartmann, Alte Bahnhofstrasse 12, 53937 Schleiden-Gemünd, Tel. 02444/9595-0, www.urft-hotel.de.

Hotel-Restaurant „Haus Salzberg": Am Lieberg 31, 53937 Gemünd, Tel. 02444/494, www.hotel-haus-salzberg.de.

Hotel-Restaurant „Friedrichs": Alte Bahnhofstraße 16, 53937 Schleiden-Gemünd, Tel. 02444/9509-50, www.hotel-friedrichs.de.

Tagungshotel „Schleiden": Monschauer Straße 5, 53937 Schleiden, Tel. 02445/857-4, www.tagungshotel-schleiden.de.

Hotel-Restaurant „Kermeterschänke": Familie Kruff, Kermeterstraße 4, 53937 Schleiden-Wolfgarten, Tel: 02444/ 2116, www.kermeterschaenke.de.

Café-Restaurant „Zum alten Rathaus": Dreiborner Str. 55, (Marienplatz), 53937 Schleiden-Gemünd, Tel. 02444/914200, www.altes-rathaus-gemuend.de.

Gemünder Ferienpark „Salzberg“: Haselnussweg 2-4, 53937 Schleiden-Gemünd, Tel. 02444/83-0, www.ferienpark-gemuend.de.
Ferienwohnung und Wanderreitstation „Eifel zu Pferd“: Selbacherstr. 1, 53937 Schleiden-Wintzen, Tel. 02445/7794, www.ferienwohnung-pielorz-eifel.de.
Ferienwohnung Geschwind: Familie Geschwind, Trinkpütz 19, 53937 Schleiden-Gemünd, Tel. 02444/2697, www.fewo-geschwind-gemuend.de.
Ferienwohnung „Die Pawlaks“: Sabine Pawlak, Martinstr. 4, 53937 Schleiden-Herhahn, Tel: 02444/ 911594, www.diepawlaks.de.
Ferienwohnung Malsbenden: Familie Wolfgang Meyer, Bruchstraße 13, 53937 Schleiden-Gemünd, Tel. 02444/3444 und 914223, www.ferienwohnung-malsbenden.de.
Ferienhaus „Forsthaus Kermeter“: Familie Scheidt, 53937 Schleiden, Tel.: 02444/9158356, www.eifel-ferienhaus.info.
Gastronomie Vogelsang: Im Besucherzentrum Vogelsang, 53937 Schleiden, Tel. 02444/912589, www.vogelsang-ip.de.
Naturcampinganlage „Schafbachmühle“: Jens Wagner, Schafbachmühle, 53937 Schleiden, Tel. 02485/268, www.schafbachmuehle.de.
„Wohnmobilhafen am Nationalpark Eifel“: Elisabeth und Reiner Dartenne, Pfarrer-Kneipp-Straße, 53937 Schleiden-Gemünd, Tel. 02485/1569, www.womo-nationalpark-eifel.eu.

Besondere Veranstaltungen

Kunst-, Handwerker- und Antik-Markt am 4. Sonntag im August in Olef.
Genießerwochen im Oktober
Kurkonzerte im Kurpark sonntags von Mai bis September.

Informationen: Nationalpark-Tor Gemünd, Kurhausstraße 6, 53937 Schleiden, Tel. 02444/2011, www.natuerlich-eifel.de.

Im Spiegel der Silberzungen

Das Nationalpark-Tor in Rurberg

Gläsern, glitzernd, futuristisch, transparent: Das Nationalpark-Tor am Eiserbachdamm in Rurberg ist ein zerbrechlich erscheinender Kasten, der bei Regen mit dem Umland zu verschmelzen scheint. Die Silberzungen auf dem Wasser des Rursees spiegeln sich in den tropfnassen Fensterscheiben. Die Architektur – mit 480.000 Euro vom Ministerium für Wirtschaft, Mittelstand und Energie NRW bezuschusst – scheint die wasserreiche Landschaft nach Innen zu saugen.

Das hat einen Grund: In Rurberg dreht sich alles ums Wasser: „Lebensadern der Natur" heißt das Motto der Ausstellung, die die fließenden und stillen Gewässer des Nationalparks ins Blickfeld rücken möchte – mit ihren Bewohnern und Eigenarten. Wer einmal erleben will, wie der Milan hoch in den Lüften nach Beute Ausschau hält, kann sich in seine Flug-Perspektive versetzen lassen. Auch Geschichten aus dem Leben von Flusskrebs, Perlmuschel und Biber werden erzählt; damit jeder erkennt, wie wichtig es ist, die vom Aussterben bedrohten Tierarten zu schützen.

Wie eng die Entwicklung der Landschaft mit dem Leben der Tiere verbunden ist, zeigen Spuren, die durch die Natur- und Kulturgeschichte der Eifel führen - einer Landschaft, deren Gewässer, Niederschlagsmengen und Vegetation in Rurberg per Knopfdruck auf einem dreidimensionalen Landschafts-Relief beleuchtet werden können: Eine Spielwiese für Technik-Freunde.

Informationen: Nationalpark-Tor Rurberg, Seeufer 3, 52152 Simmerath-Rurberg, Tel. 02473/93770, Fax 02473/937720, geöffnet 10 - 17 Uhr. Wie in allen Nationalpark-Toren gibt's auch in Rurberg mehrere Filme über den Nationalpark und ein digitales Landschaftsmodell zu sehen.
Das Nationalpark-Tor in Rurberg ist Startpunkt für unseren Wandervorschlag „Zu Fuß und auch per Schiff" auf S. 87.

Stille Tage an der Uhusley

Simmerath: Vom Kraremann und seinen Erben

Von eigentümlichem Reiz: An der Uhusley

Touristische Informationen
Nationalpark-Tor Rurberg
Rursee-Touristik GmbH
Seeufer 3
52152 Simmerath-Rurberg
Tel. 02473/93770
www.rursee.de

Gemeindeverwaltung
Simmerath
Rathaus
52152 Simmerath
Tel. 02473/6070
Fax 02473/607100
15.423 Einwohner

Da steht er, breitbeinig, stolz und überaus selbstbewusst: Bekleidet mit feinem Jackett, Schlips und Kragen, lugt er unter dem Hut hervor und trägt „untenrum“ derbe Arbeitsstiefel und Gamaschen. In der Faust eine Mistgabel – so selbstverständlich als sei sie ein Spazierstöckchen: Die Bronzestatue des „Sömmer Kraremann“ ist ein Sinnbild für den Ort, denn als „Kragenmänner“ wurden die Simmerather früher bezeichnet, hatten sie doch – umgeben von Weiden, Wäldern, wiederkäuenden Kühen – einen äußerst kühlen Sinn fürs Geschäft.

Schon die Altvorderen brachten gekonnt Gewinn und Landwirtschaft unter einen Hut und rümpften über die Bewohner der umliegenden „Kuhdörfer“ die Nase. Sie hielten sich für etwas Besseres; für Händler nämlich, die schon immer wussten, wohin der Euro rollt.

Dass er an Simmerath nicht vorbei rollt, sieht der Besucher auf den ersten Blick; vor allem wenn er zum Frühjahrs- oder Herbstmarkt kommt. Dann sind die Straßen mit Büdchen voll gestopft, als gäbe es zu viele T-Shirts auf der Welt. Bedruckt mit Fratzen und dummen Sprüchen, nackt weiß oder lila fadenscheinig. Überall baumeln sie – und dazu Knöpfe, Unterhosen, Socken – als wenn der Mensch sonntags ausgerechnet Socken bräuchte oder Hosenträger oder Musikkassetten oder, oder, oder...

Als seien die Bewohner gerade auf dem Feld: Das Bauernmuseum in Lammersdorf.

Er braucht alles und nichts – und das nicht nur sonntags. Das wissen die Simmerather. Deshalb zelebrieren sie ihre Märkte schon seit Jahrhunderten und lassen ganze Lastwagen voller Utensilien anrollen. Im Geschrei der Händler flattern Spitzenblüschen, Püppchen und Stoffelefanten im Wind. Die Dame im Modegeschäft nebenan, weiß gekleidet bis zum Knöchel, hebt müde die Augen: Gaffer gibt's viele, aber gibt's auch Käufer?

Tausende zieht es in jedem Frühling und Herbst zum Markt nach Simmerath. Und wenn die Buden wieder das Feld geräumt haben, gibt's immer noch etwas zu kaufen, denn in der Innenstadt reiht sich Geschäft an Geschäft.

An dieser Konsumlust hat auch der Zweite Weltkrieg nichts ändern können – obwohl er in Simmerath alles verändert hat. Mehr als vier Monate waren die Ortschaften in vorderster Kampflinie, bis die Front in Richtung Osten in Bewegung geriet. *„Zurück blieben Ruinen, verminte Felder und Wälder und bis zur Unpassierbarkeit zerbombte und von Panzern zerfahrene Straßen"*, schreibt traurig Leo Jansen in Simmeraths Geschichtsbücher.

Die Romantik ist den Simmerathern dabei abhanden gekommen. Nur das älteste noch erhaltene Gebäude, die Johanneskapelle, erzählt in der Ortslage von der „guten alten Zeit". Bis 1968 stand die Kapelle noch etwa 100 Meter von ihrem jetzigen Standort entfernt; musste aber dem Ausbau der B 399 weichen und sieht heute prächtig aus wie einst das Original.

Beim Wiederaufbau der Häuser in Simmerath war Zweckmäßigkeit Trumpf und eine kühle Moderne, die selbst dem 1975 erbauten Rathaus wenig Lieblichkeit, aber viel Pflaster verpasst. Dafür erzählt der Brunnen am Vorplatz, auf welche

Standbeine sich die Gemeinde heute stützt: Land- und Forstwirtschaft, Fremdenverkehr, Handel und Industrie heißen die Sinnbilder, vor denen Architekt L. Johnen die Quellen sprudeln lässt.

Die größten Sehenswürdigkeiten liegen direkt vor den Toren des Zentralortes an ruhigen Oasen wie Strauch, Rollesbroich, Steckenborn oder Hammer, wo die Steine der Uhusley senkrecht zum Fluss abfallen und sich zu Felskulissen stapeln, die den eigentümlichen Reiz der Region untermalen. Abseits der Verkehrsströme verträumt auch Hirschrott seine meist stillen Tage – nur unterbrochen von Ausflügler und Wanderern, die hier ihrer Wege ziehen.

Ein Touristen-Magnet ist der Rursee (siehe auch „Die Seen" auf S. 95) der wie ein glitzerndes Band in den saftigen Weiden liegt. Er bietet alles, was die Simmerather schätzen: Wasser, Natur und die Chance auf ein gutes Geschäft.

In der Faust die Mistgabel: Der Sömmer Kraremann

Eifelblicke

Schöne Aussicht: Blick in das obere Rurtal und auf den Nationalpark. Wer am Parkplatz an der B 266 zwischen Einruhr und Kesternich oberhalb des Stausees parkt, findet Schilder, die zum Aussichtspunkt führen.

Wolfshügel: Blick über Einruhr auf die Rurtalsperre. Parken an der Rurbrücke in Einruhr. Von dort dem Hauptwanderweg 11 nach Süden folgen, www.eifelblicke.de.

Sehenswürdigkeit

Johanneskapelle: Das Kapellchen aus dem Jahr 1665 in der Nähe des Marktplatzes ist das älteste Gebäude in Simmerath.

Museen

Rathaus Simmerath: Ständige Ausstellung im Rathaus-Foyer.

Bauernmuseum Lammersdorf: Der Verein für Heimatgeschichte und Dorfkultur Lammersdorf e.V. hat 1983 das Bauernmuseum eröffnet. Mehr als 3.000 Exponate zeugen

Naturkundliche Bildungsstätte Nordeifel

vom oft beschwerlichen Leben früherer Generationen. Das Museum erweckt den Eindruck, als seien die Bewohner gerade zum Feld gegangen. Nichts ist abgesperrt, nichts in Vitrinen versteckt. Frisch restaurierte Großgeräte und ein Kräutergarten runden das Ambiente ab. Für angemeldete Gruppen werden ganzjährig Führungen angeboten. Eine besondere Attraktion ist das Knipplatzbacken im Bakkes.

Bauernmuseum Lammersdorf, Bahnhofstraße 3,
52152 Simmerath-Lammersdorf, Tel. 02473/8078,
geöffnet: 1.4. - 31.10.: So. und feiertags 11 - 18 Uhr,
www.bauernmuseum-lammersdorf.de.

Naturkundliche Bildungsstätte Nordeifel: Wer die Eifeler Tierwelt kennen lernen will, ist in der Naturkundlichen Bildungsstätte Nordeifel in der Gemeinschaftsgrundschule in Simmerath-Lammersdorf willkommen. Das Museum mit seinen mehr als 100 Exponaten zeigt eine Vielzahl einheimischer Vögel. Auch Waldführungen vor Ort sind nach Absprache möglich. Alle Veranstaltungen sind kostenlos.

Naturkundliche Bildungsstätte Nordeifel,
Im Pohl 7, 52152 Simmerath-Lammersdorf,
Tel. 02473/607199.

Ortsteile

Die Seeorte **Einruhr**, **Rurberg** und **Woffelsbach** werden im Kapitel „Zum Kaffee ein schöner See" auf Seite 83 beschrieben.

Hammer: Der Name Hammer wird von dem ehemaligen Werksgebäude des Hammerwerkes abgeleitet. Es dokumentiert die Arbeits- und Produktionsverhältnisse im 18. Jahrhundert. Die Landschaft ist hier besonders schön: Die Felsen der Uhusley geben dem Ort seine malerische Kulisse.

Dedenborn: 1952 machte der Landesgeologe Dr. Wolfgang Schmidt eine Entdeckung: Die Mullion-Strukturen in den Schiefern. Dieser Felsen weist eine tektonische Struktur auf, die in dieser Ausbildung im ganzen Rheinischen Schiefergebirge sonst nicht mehr angetroffen wird. Sie besteht aus einer Zerlegung einer Grauwacken-Bank in parallele Wülste, die auf einer steil stehenden Fels-Wand übereinander liegen (mullion = Bündel von Pfeilern an gotischen Kirchenfenstern).

Etwas abseits von Dedenborn liegt die ehemalige Ölmühle im Tiefenbachtal zwischen Dedenborn und Kesternich. Die Anlage besteht aus dem dreigeschossigen Wohnhaus aus dem 17. Jahrhundert mit links anschließendem zweigeschossigen Anbau. Vor dem Haus steht ein hölzernes Kruzifix aus der 1. Hälfte des 19. Jahrhunderts. Vom Haus, in dem das Mahlwerk untergebracht war, sind nur noch die Grundmauern erhalten. Gegenüber dem Wohnhaus steht ein kleines Bruchsteinhaus als einzig erhaltener Rest eines größeren Gebäudes aus dem 19. Jahrhundert. Da es sich um Privatbesitz handelt, ist eine Besichtigung nicht möglich.

Rollesbroich: Sehenswert sind alte Bauernhäuser, die mit bis zu zehn Meter hohen Buchenhecken als Windfang umstanden sind. Die Kalltalsperre in Rollesbroich bietet dem Wanderer einen schönen Rundumweg. Vom Wanderparkplatz Kallbrück aus ist die Kalltalsperre zu Fuß gut zu erreichen. Besichtigungen der technischen Anlagen oder Führungen können auf Anfrage bei der Energie- u. Wasserversorgung GmbH Stolberg vereinbart werden. Tel. 02402/1010.

Lammersdorf: In der kleinen Hofmolkerei in Lammersdorf werden neben dem eigenen Bauernkäse auch weitere Qualitätsprodukte aus hofeigener Milch hergestellt. Die Führung dauert je nach Wissensdurst 1 bis 2 Stunden.

Hofmolkerei, Schießgasse 11,
52152 Simmerath, Tel. 02473/1342.

Felsenlandschaft bei Hammer

Besondere Sportmöglichkeiten:

Die **Wassersportmöglichkeiten** am Rursee werden in Kapitel „Zum Kaffee ein schöner See" auf Seite 95 beschrieben.

Oak Tree Farm, Dartmoor- und Highlandponygestüt: Das ganze Jahr über bietet die Oak Tree Farm Reitunterricht in Kleinstgruppen für Kinder ab sechs Jahre an. Die Ponies sind aus eigener Zucht.

Oak Tree Farm, Paustenbacher Straße 33,
52152 Simmerath-Paustenbach, Tel. 02473/7533.

Langlaufloipen: Gespurte Loipen im Bereich Jägerhaus.
Rursee-Touristik, Tel. 02473/93770,
Wetterlage: www.eifelwetter.de

Nationalpark-Gastgeber

Campingplatz „Camp Hammer": Idyllisch gelegen inmitten von Wäldern, Bergen und Wiesen.

Camp Hammer, Katja Ellinger, An der Streng 7,
52152 Simmerath-Hammer, Tel. 02473/929041,
www.camp-hammer.de.

„Eifel-Chalet": Ferienhäuser in Baumstammarchitektur
In den Birken 4, 52151 Simmerath-Rurberg,
Tel. 02444/910 56, www.eifel-chalet.de.

Besondere Veranstaltungen

Frühjahrs- und Herbstmärkte. Informationen im Verkehrsamt

Von Seepferdchen und Göttinnen

Nettersheim: Eine Gemeinde im Zeichen des Naturschutzes

Naturzentrum Eifel

Haben Sie Phantasie? Wunderbar. Dann ist alles ganz einfach. Sie brauchen in Nettersheim nur über einen Acker zu gehen und schon finden Sie den Beweis, dass genau hier einmal ein Korallenriff war. Das glauben Sie nicht? 50.000 Besucher sind schon eines besseren belehrt worden. Sie haben den Workshop „Fossilien find ich gut" gebucht und ausdauernd im Erdreich gesucht: Spätestens wenn sie eine versteinerte Seelilie in Händen hielten, war das Staunen groß: Fast 400 Millionen Jahre alt sind die Fossilien aus dem Mitteldevon. Und sie sind in Nettersheim zu finden, weil die Gemeinde südlich des Äquators in der sogenannten Eifeler Meeresstraße lag.

Wie die Landschaft damals aussah, zeigt heute eindrucksvoll ein vier Meter langes Meerwasser-Aquarium im Naturzentrum. Rund 70 verschiedene Arten präsentieren sich hier in beeindruckender Pracht. Stein-, Busch-, Mosaik- und Krusten-Korallen wetteifern mit ihrem Farbenreichtum um die Gunst der Besucher. Sie werden an Schönheit nur von den Fischen übertroffen: Kaiser- und Lippfisch, Doktor- und Kaninchenfisch, der Zwergbuntbarsch, Anemonenfische, ein Leier und ein Schleimfisch sind zu sehen. Dazu Seepferdchen, die den

Männchen die Eier zum Austragen anlegen. Und der Star: Ein Paletten-Doktorfisch, der Vorbild für die Zeichner des Trickfilms „Nemo" war, und zu Dori, der Freundin Nemos, avanciert ist.

Wer weiß was? Beim interaktiven Archäologiequiz

Auch wer lieber des Menschen Werk aus frühen Jahren betrachten möchte, kann in Nettersheim das Staunen lernen: 2009 entdeckten Archäologen eine römische Siedlung, die ihresgleichen sucht. Das spätantike Kastell wird derzeit freigelegt und ergänzt den geheimnisumwitterten Matronentempel „Görresburg", der malerisch auf einer Anhöhe gelegen, viele Neugierige anzieht: Hier errichteten die Römer den zu ihrer Zeit verehrten einheimischen keltischen Göttinnen eine Weihestätte, die eindrucksvoll vom Kreislauf des Lebens erzählt. Wer ein Stück weiter wandert, findet den „Grünen Pütz" und damit Reste der römischen Wasserleitung, die das antike Köln mit frischem Eifelwasser versorgte. Ebenfalls sehenswert: Ein original fränkisches Steinplattengrab aus dem Gräberfeld „Gleisiger Heck" bei Zingsheim.

Doch damit nicht genug: Was Nettersheim vor allem bekannt gemacht hat, ist die Liebe zur Eifeler Natur und Tradition. Mit Gründung des Naturzentrums 1989 hat sich die Gemeinde ebenso frühzeitig wie konsequent der Umweltbildung verschrieben; ein Grund, warum die Landesregierung NRW dem Ort 2004 ein Gütesiegel verliehen hat. Seitdem sind unzählige Workshops und Kurse angeboten worden: Die Vorzüge eines Bauerngartens stehen ebenso auf dem Programm wie Ernährung, Gesundheit und Wohlbefinden, Landwirtschaft und Landschaftspflege, Einblicke in Pflanzen- und Tierwelt sowie Kreatives Gestalten. Im Holzkompetenzzentrum diskutieren Fachleute verschiedener Disziplinen vor allem eine Frage: Was kann man mit heimischen Hölzern machen.

„Wir wecken nur dann Verständnis für die natürlichen Zusammenhänge, wenn wir die Menschen in die Natur führen und ihnen ihre Wunder zeigen", nennt der Leiter des Naturzentrums, Wolfgang Düx., die Devise: „Man ist nur bereit etwas zu schützen, was man lieben gelernt hat."

Nationalpark-Infopunkt Nettersheim: Naturzentrum Eifel, Urftstraße 2-4, 53947 Nettersheim, Tel.: 02486/1246.

Ausschnitt aus dem Korallenriffaquarium

Informationen:
Das Besucher- und Veranstaltungszentrum umfasst Museen zu Natur-, Archäologie, Erd- und Kulturgeschichte. Zudem werden Veranstaltungen angeboten zu den Themen „Tiere, Pflanzen, Lebensräume", „Fossilien und Gesteine", „Neandertaler, Römer, Franken" und „Alte Traditionen und Handwerk". Im Angebot auch ein Schmetterlingspfad und ein Hochseilgarten.
Außerdem gibt's spezielle Angebote für Schulklassen und Gruppen.
Naturzentrum Eifel, Urftstraße 2-4, 53947 Nettersheim, Tel. 02486/ 1246, www.naturzentrum-eifel.de.

Übernachten in Nettersheim
Das Jugendgästehaus bietet 200 Betten in modern und funktional ausgestatteten Zimmern.
Der Jugendzeltplatz liegt in schöner Lage an der Urft.
Das Eifelhaus ist ein Selbstversorgerhaus für Gruppen bis 40 Personen.
Der Wohnmobilhafen Nettersheim liegt in einem ehemaligen Steinbruch, umringt von Grün.

Literaturverzeichnis

Arlt, Jochen und Manfred Lang (Hg.): Vaters Land und Mutters Erde, Eifel-Lesebuch, Rhein-Eifel-Mosel-Verlag

Arntz, Hans-Dieter: Ordensburg Vogelsang 1934-1945: Erziehung zur politischen Führung im Dritten Reich, Kümpel-Verlag, Euskirchen 1999

Becker,Christoph und Karin Besel: Unterwegs in Eifel und Ardennen, Grenz-Echo-Verlag, Eupen

Böll, Heinrich: „Heimat und keine – You enter Germany", dtv

Bunzel-Drüke, Margret, Joachim Drüke: Eisvögel, G.Braun-Verlag

Dettmann, Rolf und Matthias Weber: Eifeler Bräuche, J. P. Bachem Verlag, Köln

Die Eifel 1888 – 1988, Eifelverein, Düren

Förderverein Nationalpark Eifel (Hrsg.): Tier- und Pflanzenwelt im Nationalpark Eifel, J. P. Bachem Verlag, Köln 2006.

Gastro Guide Eurogio: 5. Ausgabe 2007, Grenz-Echo Verlag, Eupen

Gavin, James: „On to Berlin". www.abebooks.de

Heinen, F.A.: Vogelsang – Von der NS-Ordensburg zum Truppenübungsplatz in der Eifel. Eine kritische Dokumentation. Helios-Verlag, Aachen 2005

Hemingway, Ernest: 49 Depeschen – Krieg an der Siegfried Linie, Rororo

Naturfreunde Internationale (Hg.): Landschaft ohne Grenzen: Eifel – Ardennen, J. P. Bachem Verlag, Köln

NRW-Stiftung/Eifelverein: Themen-Touren, J.P. Bachem Verlag

Pippke, Walter und Ida Pallhuber: Die Eifel – Entdeckungsreisen durch Landschaft, Geschichte, Kultur und Kunst, Dumont Kunst-Reiseführer

Saupp, Norbert: Heimbach – Geschichte einer Stadt, Stadt Heimbach

Schmitz-Ehme, Ruth: Die Ordensburg Vogelsang, Architektur – Bauplastik – Ausstattung, Arbeitsheft der rheinischen Denkmalpflege 41, Wernersche Verlagsgesellschaft, Worms

Schwieren-Höger, Ulrike: Unterwegs in der nördlichen Eifel, Grenz-Echo-Verlag, Eupen

Stollenwerk, Peter: Hinter Hecken – Momentaufnahmen aus der Eifel, Grenz-Echo-Verlag, Eupen

Zierden, Josef: Die Eifel in der Literatur, Geschichtsverein Prümer Land

Abbilundgsverzeichnis

Heimbach
Historische Stadt im
Nationalpark Eifel

A5, 48 Seiten
978-3-935873-24-6
4,95 €

Bad Neuenahr

A5, 48 Seiten
978-3-935873-13-0
4,95 €

„Gottlos, schamlos, gewissenlos"
Zum Osteinsatz der
„Ordensburg"-Mannschaften
von F.A. Heinen

24x16,5 cm, 152 S.,
32 Abb., gebunden,
978-3-935873-27-7
18,80 €

Ein Jahr an der Ahr
LandFrauen-Rezepte und
Andekdoten von Blankenheim
bis Sinzig

24x20 cm, 144 Seiten,
illustriert, gebunden
978-3-935873-10-9
14,80 €

Moderne Architektur in Köln
1990 - 2010
Ein Wegweiser zu den
interessantesten Bauten
um die Jahrtausendwende

19x11,5 cm, 120 Seiten
978-3-935873-37-6
9,80 €

Auf den Spuren der Rheinromantik um Bonn

21x14 cm, 160 Seiten
978-3-935873-33-8
12,80 €

Kottenforst
13 Wanderungen durch eine
historische Kulturlandschaft

20x12cm, 128 Seiten
978-3-935873-21-5
9,80 €

Bildschönes Altenberg
750 Jahre Klosterlandschaft
im Tal der Dhünn

27,5x21,5 cm, 96 Seiten,
122 Abb., (Fotos, hist. Fotos, Stiche)
1 Ausklapptafel, gebunden
978-3-935873-40-6
19,80 €

weitere Informationen unter >>www.gaasterland-verlag.de

Nationalpark-Tore

Nationalpark-Tor **Gemünd** (im Haus des Gastes)
Kurhausstraße 6, 53937 Schleiden-Gemünd, Tel. 02444/2011

Nationalpark-Tor **Heimbach** (im Bahnhof)
An der Laag 4, 52396 Heimbach

Nationalpark-Tor **Monschau-Höfen**
Hauptstraße 72, 52156 Monschau-Höfen, Tel. 02472/8025079

Nationalpark-Tor **Nideggen**
Im Effels 9, 52385 Nideggen, Tel. 02427/3301150

Nationalpark-Tor **Rurberg** (am Eiserbachdamm)
Seeufer 3, 52152 Simmerath-Rurberg, Tel. 02473/93770

Nationalpark-Infopunkte

Bad Münstereifel
Kölner Straße 13, 53902 Bad Münstereifel, Tel. 02253/542244

Kall
Bahnhofstrasse 13, 53925 Kall, Tel. 02441/777545

Hellenthal
Rathausstr. 2, 53940 Hellenthal, Tel. 02482/85 115

Hürtgenwald-Zerkall
Auel 1, 52393 Hürtgenwald-Zerkall, Tel. 02427/909026

Marmagen
Dr.-Konrad-Adenauer-Str. 1, 53947 Marmagen, Tel. 02486/71-0

Mechernich-Firmenich
An der Zikkurat 2, 53894 Mechernich, Tel. 02256/957 90

Mechernich-Kommern, Freilichtmuseum
Auf dem Kahlenbusch, 53894 Mechernich-Kommern, Tel. 02443/99800

Mechernich
Bleibergstraße 6, 53894 Mechernich, Tel. 02443/48697

Monschau
Stadtstraße 16, 52156 Monschau, Tel. 02472/8048 0

Nettersheim
Urftstr. 2-4, 53947 Nettersheim, Tel. 02486/1246

Roetgen
Bundesstraße 18a /Ecke Mühlenstraße, 52159 Roetgen, Tel. 02471/13 22 76

Schleiden
Am Markt 13, 53937 Schleiden, Tel. 02445/850977

Schmidt, Kath. Pfarrgemeinde St. Hubertus
Monschauer Str., 52385 Nideggen-Schmidt

Simmerath-Einruhr
Franz-Becker-Str. 2, 52152 Simmerath-Einruhr, Tel. 02485/317